泉城文库

濟南出版社

傳世典籍叢書

〔清〕王鎮／修
〔清〕馮雲鵷／撰

濟南金石志

圖書在版編目（CIP）數據
濟南金石志 /（清）王鎮修；（清）馮雲鵷撰．
濟南：濟南出版社，2024. 7. --（傳世典籍叢書）.
ISBN 978-7-5488-6591-9
Ⅰ．K877.24
中國國家版本館 CIP 數據核字第 2024BG2671 號

濟南金石志
JINAN JINSHI ZHI
〔清〕王　鎮 / 修
〔清〕馮雲鵷 / 撰

出 版 人　謝金嶺
出版統籌　葛　生　張君亮
責任編輯　趙志堅　李文文
裝幀設計　戴梅海

出版發行　濟南出版社
地　　址　濟南市二環南路一號（250002）
總 編 室　0531-86131715
印　　刷　山東黄氏印務有限公司
版　　次　2024 年 7 月第 1 版
印　　次　2024 年 7 月第 1 次印刷
開　　本　160mm × 230mm　16 開
印　　張　42.5
書　　號　ISBN 978-7-5488-6591-9
定　　價　198.00 元（全三册）

如有印裝質量問題 請與出版社出版部聯繫調换
電話：0531-86131736

《濟南金石志》出版説明

爲深入學習貫徹黨的二十大精神，認真落實習近平總書記關于推動中華優秀傳統文化創造性轉化、創新性發展的重要指示要求，貫徹落實濟南市委『强省會』戰略及全面提升城市軟實力、推動文化『兩創』工作的要求，濟南出版社推出濟南文脉整理與研究工程《泉城文庫》。《傳世典籍叢書》是《泉城文庫》之一種，包含歷史上有重大影響力的濟南先賢著述以及其他地區人士撰寫的有關濟南的重要著作，有着較高的學術研究價值，對我們傳承傳統文化、樹立文化自信具有重要的意義。

『金石志』是記録特定區域金石的文字，包括刻于鐘鼎、戈戳、量度、雜器、泉刀、璽印、鏡鑒、碑碣瓦磚等器物上的文字，以供人們鑒賞、研究的專門性志書。清道光年間纂修《濟南府志》時，原擬將馮雲鵷搜集纂成的《金石志》四卷納入府志中，但因其篇帙較繁，爲了方便，便于道光二十年單刻成書，定名爲《濟南金石志》。

《濟南金石志》記録了濟南府的金石碑刻，共分爲歷代金，歷城石，章邱石、鄒平石、淄川石、長山石、新城石、齊河石、齊東石，濟陽石、禹城石、臨邑石、長清石、陵縣石、德州石、德平石、平原石等四卷，約十七萬字，將清道光年間濟南府屬歷城、章邱、長清、濟陽、鄒平、淄川、長山、新城、齊河、齊東、臨邑、陵縣、德平、平原、禹城、德州等十六州縣所存歷代鐘鼎碑碣做了較詳盡的記載。由于該志是有史以來首部系統總結濟南地區金石文字的專志，因此有着極其重要的參考價值。它不但可用來考訂文字的源流變化，而且可以訂正補充史書的錯漏。例如在濟南佛慧山下唐代名刹開元寺内的南壁上保留有『宋人題名五種』，其中最有名的是宋代著名學者李格非的題名石刻，可惜該石刻現今僅存十餘字，且已不易辨識。我們借助清道光年間成書的《濟南金石志》便可得以窺見其原文。已故濟南文史大家徐北文先生在關于李清照祖籍歷下的考證文章中，就使用了《濟南金石志》中李格非題名石刻的文字，來作爲李氏在宋代居齊州歷城縣的佐證。再如濟南新『七十二泉』之一的白石泉，其泉畔早已失落的清代知名書法家桂馥于嘉慶二年秋撰文并書寫的白石泉碑的碑文，也完整地記載于該書之中。由此可見該書輯録資料之珍貴。

濟南出版社

二〇二四年七月

目録

道光庚子新鐫

濟南金石志

郡齋藏板

濟南金石志序

道光庚子春二月既望濟南郡志告成或有問於余曰郡志所載自星野疆域山川至經籍藝文共七十卷又有雜記補遺二卷凡關乎郡境者其備矣乎抑猶有漏略者乎余應之曰志之爲體因乎地因乎時

者也古人有言詩無達詁春秋無達例郡志何獨不然如山東通志所載海防之事登萊諸志皆有之濟南無有也河防之事曹單各志皆有之濟南無有也此因乎地者也至因乎時者如金石一類杜氏通典不載而鄭氏通志始創其例後世作志者

因之以山左而論通志金石附古蹟類中寥寥數條迨阮芸臺相國提學山東始有山左金石志之刻鼎彝碑誌燦然可觀而郡邑各志因之如東昌沂州諸城掖縣或一二卷或三五卷以濟南言之若胡書巢歷城志金石三卷已開其先近則吳香岫

章邱志沈台簪臨邑志搜羅繁富或生平篤嗜手自鈔錄或素所不好無以公事鞅掌輒假手於人以為之莫不加意搜討登諸邑乘以備續修通志郡志之採擇此皆前人所略而後人所詳所謂因乎時者也余自束髮受書務通大義以求施諸實用

一名一物非所介意第近年以來閲歐陽公集古錄洪氏隸釋等書又似吉金樂石有裨於經史亦志乘所不可廢也集軒馮君既校定郡志七十二卷復裒集金石志四卷余謂金石所以資文人考覈一入郡志則成官書取求不便今為另刻單行則

家家案頭可置一册然而仍名爲志者從其朔也則此書與郡志以爲二書也可以爲一書也亦無不可時在

道光二十年歲次庚子五月朔日分守山東登萊青整飭海防兼管水利兵備道前知濟南府事大興王鎮中峯撰

濟南金石志序

山左金石自北平翁覃溪學士眎學茲土始輯兩漢金石記好古之士漸知向方厥後孫淵如觀察黃小松司馬來者接踵曲阜顏運生司馬桂未谷大令滋陽牛階平大令褚千峯居士俱各著書竝行於世至儀徵阮芸臺相國提學來東始集其成作山左金石志自漢至元吉金樂石粲然大備嗣是崇川馮晏海明經好古博學編金石索十有二卷引經證史撰述彬彬列于大雅顧志名山左不專一郡索遠略近不記後人蓋舉圖注篆博古之書考獻徵文志乘之例博古之書斷自前代志乘之例歸美

本朝此馮集軒大令濟南金石志與其兄金石索之刻體例不同視昔人金石之書所爲別指也集軒與余幼而同學長而同年居

則同志仕則同道跡其生平始宰滋陽繼長曲阜假官滕令權牧膠州忠信之長慈惠之師敀敀稱善遭家多難蓼儀抱痛吹壎無人棄官來游著書歷下束帛交聘輯志濟南輿地之書裒然成帙惟金石四卷或因其繁別錄刊行昔偃師武君虛谷出宰山左厥名神君博山罷官安陽著志金石一書亦屬別行馮君繼起編纂郡志後先同揆卓犖一時武君喆嗣世其家學馮君伯氏有開必先斯景伯昆季可云競爽明誠再傳難與并論者已喜孫少承家訓畢力古文東明之尊陳逆之簠躾陽片石華山遺拓陳列几案心摹手追壯歲北上舟次宿遷三代彝器一炬而空因之束書高閣不復孰何猶憶丁卯之歲曾葺廣陵圖經邗江金石坿書以傳後之來者編輯方志未墨於板選樓藏本化爲煙雲越三十四年

熹孫督漕臨清獲覩新志以視圖經今昔同感或存或佚傳與不傳孰爲爲之爰序簡端以示奕世閎通博雅來䑛斯文

道光二十年五月八日戶部員外郎甘泉汪喜孫孟慈譔

濟南金石志目錄

濟南金石志卷一

金石一

按山左金石志云山左金石甲於天下故論金石於山左誠衆流之在渤海萬峯之峙泰山也第金石並稱而碑碣則屹立不移彝器則轉徙無定故舊志所載有石而無金殆難言之矣然濟南在周爲齊秦漢以後爲郡爲國爲州爲軍雖建置不一而吉光片羽間有存者如有虞之幣商湯之金殷盤畫濕田之界周鼎標太師之名父辛祖庚爵角攸分彭女仲駒甗敦彝列戈稱秦子亦有㠯山匜號永年一名錫祚不獨管仲有盤伯兪稱簠也至漢而熗盧鐎斗內府所藏方壺圜范外觀亦雅官印自君侯以下至於尉候明鏡則尚方而外不廢青羊三國之弩機

錯出西晉之幸善咸誇洛及六朝迴文互讀面具傳形唐則玉臺圓鑑尚記後庭會郡縮章閒留守藏五代之瑩質猶存北宋之太平僅見金源則提控副統之官蒙古則梵唄國書之字莫不鏤文三品比重連城大約三代以前之古文有裨經學三代以後之款識可證史書惟有明一代事不師古識者譏之然野製流傳亦足爲志乘光也

國家憲章稽古歷代法物竝載

西清古鑑辨宣和圖錄之誤證歐薛諸說之訛雖管窺蠡測莫覩高深而體例攸存不容缺略茲廣搜博採彙爲一帙亦以補舊志所未備云爾

有虞氏幣

文曰乘馬貨金五十二當幣

按此幣見之濟南路史云舜作策馬貨卽此金石索云舜幣有五種五二金者重貨也一金者輕貨也當金者當壹金也攷之管子可見

夏禹幣

文曰安邑貨二金

金石索云禹都安邑當爲禹幣傳稱禹鑄歷山之金湯鑄莊山之幣是也此幣亦於濟南見之

商湯幣

文曰湯金

金石索云湯金二字左讀鄭氏通志云商貨五品湯金第四此

其是歟或呼為全湼非也此器歷城李翰青珍藏

商斧木爵

銘曰斧木

金石索云此爵以漢建初尺度之連柱高八寸八分口徑長七寸六分闊三寸三分重今庫砝二十四兩三錢兩柱三足有流有鋬銘二字在其鋬之內嘉慶二十一年得之平陵

商父辛爵

銘曰父辛舟作尊

金石索云此爵有二嘉慶中長山縣人畊地得兩爵一卣一鬲皆於歷城市肆兗州司馬謝龍門獲此二爵可云合璧爵而曰尊古人多通用之二器銘同

商子孫角

銘曰子孫父乙

博古圖録云凡觴一升曰爵二升曰觚三升曰觶四升曰角五升曰散在夏曰琖在商曰斝在周曰爵名雖殊而用則一

金石索云角者飲器禮記云卑者舉角疏云四升曰角是也形制兩端如角鋭不似爵之有流也銘在其鋬之内向外處

按此角以漢尺度之高九寸五分兩端高起一寸五分足高五寸二分口徑長八寸六分與金石索所載葉東卿器相似惟此多父乙二字非一器也浙江秀水錢有山治光於濟南得之以水量之一角可容四爵之水孔疏非虚語矣

商祖庚角

銘曰舉祖庚

按此角形製與前器相似惟器上有蓋蓋當流口為犧首形覆於器上又中當兩柱之間與器合符巧妙不可思議道光十八年夏陽城張小餘見於濟南市中以京蚨百緡得之可以補博古圖錄所未備

商蠆觚

銘曰蠆

金石索云此觚濟寧衛守備張夢熊得之德州市上銘一字在足圈之內底之外

商父辛卣

銘曰孫占作父辛尊彝

金石索云此卣出於長山縣田野中惜爲農民鋤破其腹長山
齊之於陵地也

商元戳

銘曰元

按古者戈戳並用戈有胡而戳無胡此與金石索所載商寶戈
戳相似當爲商時物也以漢尺較之長九寸六分中闊二寸陽
城張小餘得之濟南市中

商散氏銅盤

銘曰唯王九月辰在乙卯大倬義祖爵旅誓曰我既付散氏田
器有國寶余有散氏心賊則鍰千罰千天王于豆新宮東廷義
祖微西宮和武父登師氏右及左執彝史正中相小門人奚唯

原人嘘寒淮人虞考懷貞傳詒之義祖爵旅則誓迺畀西宮和
武父誓曰我既付散氏濕田牆田余有讀爯鍰千罰千西宮和
武父則誓乃亂圖司空虎之子和豐父鴻乃有司刑考田井十
有五夫正㯱上大舍散田司徒若畢司𢓊單衆易出入司空駝
羣宰德夫散入小子境上田戎微父教槼父夒之有司包州京
攸選器皿散有司十夫用太僕畫治散邑迺卽散用境上自瀆
涉以南至于大沽一封已陟二封至于徹𢑴復涉瀆陟于𠭯原
陵以西封于𢿢城楃木封于若逨封于若道內涉若登于厂源
封都斥陜陵上岡㮰封于單道封于原道封于曾道以南封于
㳍東疆還封于㯱上衛以南封于卻逨衛以西至于鴻鄭境上
邢邑田自槁木道左至于井邑封道以東一封還以西一封陟

岡三封降以南封于同道陟州岡登栫降棫二封大入有司境
上田
吳穎芳釋文云散氏本有邑益以十五夫之邑則成國故云有
國十五夫掌田井之官卑微故稱人奚唯原等皆邑聚名邢邑
五夫已具器皿故頒予十夫
金石萃編云是銘爲散氏表正疆域而作故文中詳紀地至其
見於經史者曰瀆漢志千乘馬車瀆水水經注今淄水也今在
樂安縣曰栁屬勃海今鹽山縣地曰𨞪漢志作酇屬沛郡今永
城地曰黎屬魏郡今濬縣地曰東彊即棗強屬清河今棗強縣
曰鄚屬涿郡今任邱地曰槁即高邑今栢鄉地曰橐即高平今
鄒縣地曰鬲屬平原今德州地曰濕即漯字又作隰左傳襄公

十年趙鞅伐齊取犁注犁一名隰濟南有隰陰二十三年晉伐齊取犁邱注犁即隰也今隰邑地漢志千乘又有濕沃今蒲臺地皆在齊魯燕趙之間又并通作邢今盂鄉地是時諸侯封域互相侵奪故表正之以播告于衆殷人作誓此其證矣

按散氏之地在齊魯燕趙之間而齊地爲多故錄之以補圻封之缺

商鼎

薛氏鐘鼎款識濟南鼎二向蘊傳本釋云右二銘字畫奇怪未容訓釋以鼎出濟南姑以名之本以一器緣傳寫不同聊並存之

香祖筆記云薛尚功鐘鼎款識第二卷有濟南鼎二其文如五

岳眞形圖此吾郡典故也然二鼎今不知所在或已入宣和内府矣

周魯公鼎

銘曰魯公作文王尊彝

山左金石志云右方鼎籀文銘七字器爲錢塘馬比部履泰得於東昌攜至濟南濼源書院孫淵如見而拓之

周伯呂皇父鼎

銘曰伯呂皇父作畢姬尊鼎其萬年子子孫孫永寶用

山左金石志云右銘文十九字伯呂皇父必周之卿士爲畢姬作尊也靈作令見齊侯鐘金石文字謂令者嫁女納婦之詞錢塘馬比部得於濟南作盤式似古器敀造者

周太師鼎

銘曰太師小子望作子子孫孫永寶用之

金石索云此鼎於道光辛巳得之平陵與博古圖太師望簋銘相似或即其人歟

按博古圖錄載周太師望簋銘云太師小子望作䵼彝釋云太師者語其官也望者語其號也小子則孤寡不穀侯王自稱之義也

周子孫卣

銘曰子子孫孫永寶用

金石索云此卣得之章邱器連柄通蓋高漢尺一尺四寸一分橢員而匾腹廣徑九寸重今秤七斤有半蓋底二銘如一

周父丙卣

銘曰父丙作之尊

山左金石志云右父丙卣利津縣丞葉承謙得於山東

周彭女乙觶

銘曰彭女乙舉

金石索云此觶齊河縣令蔣伯生所藏梓人爲飲器勺一升爵一升觚三升鄭康成注勺尊升也觚當爲觶薛氏曰二升曰觚三升曰觶

周五同爵

銘曰五同

金石索云此器齊河令蔣伯生以百金得之黃縣周書上宗奉

同瑁傳云同爵名正義曰三祭各用一同非一器而三反也此其第五同歟其形似爵琖以爲斝者誤

周兕觥

金石索云齊河縣令蔣伯生所藏博古圖錄謂之犧首杯

周師田父敦

銘曰惟五月既望師田父命小臣斬析余惠

山左金石志云右敦高七寸連耳寬八寸內深四寸四分摹之於歷城肆中有葢銘在葢內

周仲駒父敦

銘曰彔旁仲駒父作仲姜敦子子孫孫永寶用享孝

博古圖錄云左傳有駒伯爲郤克軍佐功臣表有騏侯駒幾則

駒其姓也齊景公子駒奔衛則駒其名也豈非公子駒以伯仲而曰仲駒父耶仲姜者蓋仲駒父之母或祖母也鄭康成云敦瑚璉簠簋皆黍稷之器

積古齋鐘鼎款識云仲駒父敦有二器一爲錢塘陳曼生搨本一爲東昌太守官五所藏敦銘十八字案旁通防又通房彔旁蓋邑名

金石萃編云按前後二銘字文相同前銘在蓋者皆反文左讀後銘在敦口內者則正書也此器流傳頗多博古圖錄薛氏款識有三品其二蓋器皆全

西清古鑑亦有此敦又有仲駒尊銘文並同惟大小輕重不等耳仲駒之名不見經傳博古圖錄引駒幾駒伯公子駒爲證是姓是名

不可遽定齊之公子亦出於姜同姓無婚姻之禮則仲駒不得爲仲姜作敦也

按仲駒父敦博古圖錄載有二器此前一器也通蓋高九寸一分深四寸三分口徑六寸五分腹徑九寸六分容七升九合共重一十七斤六兩兩耳有珥三足蓋與器銘共三十六字道光丁酉得之濟南肆中

周綰綽眉壽敦

銘曰子孫作尊敦綰綽眉壽永寶用享

山左金石志云東昌章司馬典得之於濟南

周雞彝

山左金石志云東昌張同知得於濟南

周永年匜

銘曰錫祚永年

山左金石志云右匜高五寸口徑六寸三分有柄有流無文飾底有銘四字登州藍太守嘉瓚得之於濟南市中

周公子戈

銘曰相公子之造

山左金石志云右戈胡長二寸七分內亦如之援長四寸五分博一寸吳江陸直之繩得於濟南

周艮山戈

銘曰艮山疆千車戈又曰七十三

金石索云此戈嘉慶丙子初秋見於濟南市肆開文九字在其

胡與芊子戈形製同盞周制也今壽張縣舊名壽良因梁孝王田獵於良山攺爲梁是漢以前皆稱良山矣

周泰子戈

銘曰泰子之造戈用左右王室用征宜

按許氏說文泰䅗籀文泰字從二禾伯益之後所封國地宜禾史記秦本紀非子居犬邱周孝王使主馬於汧渭之閒分土爲附庸邑之秦是秦之始封自非子始也是戈蓋周初物道光戊戌張小餘於濟南市中見之

周伯愈父鬲

銘曰曾伯愈父作周嫗年鬲其永寶用

按此鬲三足高五寸銘十五字在口上道光十一年夏陽城張

小餘得於濟南市中

周伯愈父簋

銘曰曾伯愈父作敺年簋其萬年眉壽永寶用

按此簋惟存器底銘詞與前高略同張小餘得之濟南或云此滕陽人掘土所得器毀而銘存亦一異也

周管仲煮鹽銅盤

萊州倭穆止登岸拔乘云西由場鹽大使官署蘆房舊有銅製鹽鍋二十餘枝乾隆中尚存其二底平面色綠每件口徑四尺二寸高三寸重二百二十斤傳爲齊管仲煮鹽鍋雖未能確其爲古物無疑案史記平準書因官器作煮鹽官與牢盆注如淳曰牢廩食也盆者煮鹽之盆也其所謂盆者或即此物嘉慶初

年鹽大使汪德潤運至省垣現存運使署中

按管仲銅盤有二現在運司署內也可園中向值鹽院按臨用以盛鹽橡有木架二其一完善其一有璺俱無款識每逢雨後水滿亦巨觀也

周仲㪟父盤

銘曰仲㪟父作婦姬尊盤黍粱稻麥用吻飼仲氏饗

按此盤似敦有兩耳無蓋篆銘十八字銘在器內陽城張小餘得之歷下

周饕餮尊

按此器以漢尺度之高九寸二分口方徑二寸六分底方徑二寸八分腹徑四寸九分兩旁有耳銘十六字模糊難辨重四十

九兩六錢九分徐孝廉稚良得之歷下

周齊刀

文曰齊寶貨

金石索云此齊刀往往得於章邱臨淄等處嘉祐雜志稱爲齊太公杏九今人呼爲齊吉化皆非也漢志太公爲周立九府圜法退又行之於齊今觀此刀頭有環卽圜法也桓公令輕罪者贖以金刀故齊刀爲多焉

秦半兩錢

文曰半兩

金石索云漢食貨志云秦錢質如周錢文曰半兩重如其文今觀此錢背平無郭恰與周之寶六貨相似員徑一寸三分半金

石記云秦半兩稍重漢半兩稍輕大約以建初尺度之徑踰一寸三四分者秦錢也徑一寸二分以內者漢呂后時所行耳

按此錢見之歷下以漢尺度之徑一寸五分又有半兩二字左讀徑亦如之眞秦錢也

秦鏡

侯穆止掖乘云張之維竹廬晤語抄曰淄川人袁籓於掖縣購得秦鏡一枚作詩紀之任塗山劉麗生皆有和篇案籓字松籬康熙癸卯舉人漁洋山人有秦鏡辭爲袁松籬作又松籬自作詠鏡詩當時和者成帙刻有古鏡詩至鏡之形製題字則莫得而詳

按博古圖錄載古鏡最多皆自漢以來至唐而止竝無秦器此

鏡阮亭先生定爲秦時物或別有考歟

漢菑川太子鑪

銘曰菑川太子家金鍮鑪容二斗米重十斤八兩

積古齋鐘鼎款識云案漢書王子侯表龍邱侯等皆菑川懿王子陸元侯等皆菑川靖王子北卿侯菑川孝王子此菑川太子不知何屬鍮字字書所無

按漢書地理志宜成縣屬濟南郡菑川懿王子有宜成康侯偃武帝元朔三年受封未知是否

漢鐎斗

銘曰內者樂臥重一斤十四兩第卌四

金石索云鐎斗溫器也似銚而無緣有柄而三足元康鐎斗銘

在柄下此鐎斗銘在底內者係造器之官樂臥未詳或長樂宮臥處所用之鐎斗也

按此器本黃小松司馬所藏道光乙酉於歷下見之

漢長宜子孫鉤

銘曰長宜子孫

積古齋款識云右長宜子孫鉤銘四字黃小松所藏器案此鉤嵌金銀絲篆法奇古每字兩旁皆有粟點制作之工非漢以後所能也

按此鉤以漢尺量之長七寸中闊一寸二分螭首闊六分尾闊五分鉤中空重四兩五銖道光已亥夏五得之歷下

漢永興銅釜

銘曰永興二年堂福造作工

山左金石志云右釜口徑七寸五分底徑五寸七分高七寸二分有耳無足篆文銘九字永興漢桓帝年號堂福乃作者姓名詩傳有足曰錡無足曰釜鄭箋謂烹飪羹之芼器見於濟南市

漢銅釜

齊河縣志縣丞山陰沈孟球銅釜記云雍正壬子爲鄉比之年秋八月邑張村民人於地中得銅釜其制仿彿古鉶式圓徑尺許大腹六耳平綴於外邑侯上官公召匠斲木爲几致之大成殿中殿故有銅瓶二今得是器爲不孤矣

漢方壺

明禹城劉士驥所藏有漢方壺歌見山左明詩鈔

漢永元鷺魚洗

銘曰永元十三年三月廿四日造

山左金石志云永元爲後漢和帝年號右作鷺形左作魚形

金石索云金石志載此器右鷺而左魚爲黄小松司馬藏茲則右魚而左鷺爲齊河縣令蔣伯生藏

漢壓勝錢

金石索云余得此錢於歷下與博古錄所收第五壓勝錢相似上爲龍中爲馬下爲盤花界以粟紋其似花瓣者乃空處耳博古錄不能定時代然亦取天用龍地用馬之義可知爲漢制也

漢正師戈

銘曰正師

金石契云此戈嘉慶丙子夏日在濟南與保少柏王雲濤登歷山間見此戈得之銘二字在其援正師造戈者名也此戈形製與周秦諸戈不同葢漢時物也

漢元康弩機

銘曰元康元年考工工賢作六石鐖主令長平丞義右尙方乘廿三

金石索云此鐖濟東觀察何緩齋先生所藏郭銘隸書二十三字重文一字在其左耳銘篆文一字在其右曰陰

漢建始弩機

金石索云此鐖亦何緩齋先生所藏字迹細微郭面可見者建始三年六月尙方八字及所作二字依稀可辨以上二鐖皆屬

西漢

漢建安弩機

銘曰建安廿三年四月十三日所市八千五百師稽福

積古齋鐘鼎款識云師者工師弩柄曰臂鈎鉉者曰牙外曰郭造臂者曰臂師造牙者曰牙師造郭者曰郭工稽姓未審所出漢貨殖傳有稽發呂氏春秋有秦賢者稽黃此銘可加證矣市字或以爲第字或以爲制之半文

按此鐖道光丁酉陽城張小餘得之濟南

漢半兩錢範

翁園日札云嘉慶己巳庚午之閒漢東平陵故城西南有莊曰顏莊居人於城隅內得半兩錢範甚多眞西漢故物也近世所

出大泉十五貨泉五銖諸笵竝以銅爲之此獨用石一笵用兩石刻錢圜兩行或七或八圜中分刻半兩二字考漢書東平陵有工官鐵官孝文帝鑄四銖錢文曰半兩除盜鑄令使民放鑄則郡國有鼓鑄宜矣濟南國治平陵則平陵錢笵之多又宜矣余得一副辛未歲以贈吾友葉東卿

金石索云漢半兩錢笵此葉東卿所藏土笵面刻半兩錢四行二十八枚中有凹道背正平無文可以入銅鑄錢其製以土爲之類於磚所謂笵金合土也

按此笵或以爲石或以爲土然土可鑄而石不可鑄也葉東卿以爲土者近是

漢五銖錢笵

金石索云此銅笵以漢尺度之長一尺一寸廣三寸三分今秤二斤有半內列五銖十二陰文反字有凹道支流可以入銅鑄錢每穿孔內有細眼者所以納尖丁約之使兩片不游移也嘉慶己卯得之歷下此字笵也其幕笵則失之矣笵背正平無文中間微隆又凸起一鼻有穿孔可以貫索

新莽刀笵

文曰一刀平五千

金石索云此齊東少尉陸春舫議所藏面列金錯刀一正一背背上有二莖貫之一刀二字陰文蓋以爲嵌金之地平五千三字陽文

漢建信侯印

文曰建信侯印

按漢書婁敬齊人高祖時封建信侯今長清有其墓詳人物此

印見吳郡徐氏西京職官印録

漢平津侯印

文曰平津侯印

按漢書公孫宏淄川人武帝時封平津侯詳人物印見徐氏印

録

漢大中大夫給事中印

文曰大中大夫給事中

按漢書百官公卿表大中大夫秩比千石東方朔傳平原厭次

人武帝時爲大中大夫給事中詳人物厭次今陵縣境印見徐

氏印錄

漢濟南太守印

文曰濟南太守章

按此印見徐氏印錄濟南太守前漢鄭當時王賢夏侯藩後漢王梁劉詡耿艾曾爲之並詳宦蹟

漢平原太守印

文曰平原太守章

按此印見徐氏印錄平原太守前漢蕭望之後漢伏湛趙憙陳紀曾爲之並詳宦蹟

漢齊郡太守印

文曰齊郡太守章

按此印見徐氏印録齊郡太守前漢京房曾爲之詳宦蹟

漢濟南都尉印

文曰濟南都尉

按此印見徐氏印録前漢濟南都尉甯成見酷吏傳

漢平原文學印

文曰平原文學

按此印見徐氏印録平原文學前漢匡衡曾爲之詳宦蹟

漢平昌君印

文曰平昌君印

按此印陽城張小餘得之濟南平昌屬平原郡今德平縣境漢書有平昌侯王無故此平昌君不知何人張小餘需次濟南得

漢印一百二十方韓張氏玉印軒印存一卷茲就其有關考證者錄之

漢安武君印

文曰安武君

按此印瓦鈕朱文與秦漢印統所載安武君玉印相似惟武字反文與彼不同耳道光己亥得之歷下

漢樂平君印

文曰樂平君印

按此印銀質壇鈕方徑漢尺八分歷下朱季直珍藏以殉

漢關內侯印

文曰關內侯印

按此印銅質龜鈕白文山陰王㚖之得於濟南

漢龍頟矦印

文曰龍頟矦印

按漢書功臣矦表韓瀆當之孫譊武帝時封龍頟矦考漢龍頟縣在今長清縣境此印於濟南得之見陽城張氏印存

漢宜成長印

文曰宜成長印

按漢書地理志宜成縣屬濟南郡此印亦於濟南得之見張氏印存

漢後將軍假司馬印

文曰後將軍假司馬

按漢宣帝時趙充國爲後將軍封營平侯考營平城在今歷城縣東此云後將軍假司馬則其屬也印見張氏印存

漢濟南相印

文曰濟南相印

按此印見金石索本印彙前漢韓千秋後漢荀緄曾爲之並詳宦蹟

漢濟南候印

文曰濟南候印

金石索云濟南候印一見印統一爲桂氏所藏

漢弋陽侯家印信

文曰弋陽侯家印信

按此印道光戊戌嘉平月得之濟南市中以漢尺度之長一寸六分寬一寸二分辟邪鈕高一寸八分篆文六字二行後漢志弋陽侯國屬汝南郡魏分置汝南江夏爲弋陽郡此云侯家則漢時印也

漢劉勝印

文曰劉勝私印

山左金石志云右印瓦鈕購於濟南市劉勝潁川人見後漢書杜篤傳盛熙明法書考予得古銅章有劉勝私印前印劉勝二字作白文而此印惟勝字作白文與曲阜孔廣栻所藏者同

漢大將軍竇武印

文曰竇武印

山左金石志云右漢大將軍聞喜侯竇武名印白文乾隆甲寅元得於濟南銅質龜鈕較他印較大文字整齊毫無缺爛非後人撥蠟所可彷彿則金錫之齊得也大將軍當龜鈕銀印此用銅者以私印之故

漢觟陽充印

文曰觟陽充印

山左金石志云右印白文元購於濟南市按後漢書儒林傳中山觟陽鴻字孟孫注云姓觟陽名鴻觟从角不从魚音胡瓦反不音圭可以證鄭樵氏族略之誤

漢公孫益壽印

文曰公孫益壽

寶華碑館印考云公孫益壽漢宣帝時人通鑑本始二年祁連將軍田廣明出塞千六百里至雞秩山斬首虜十九級逢漢使匈奴還冉宏等言雞秩山西有虜衆祁連即戒宏使言無虜欲還兵御史屬公孫益壽諫以爲不可祁連不聽遂引兵還上以祁連知虜在前逗遛不進下獄自殺擢公孫益壽爲侍御史案通鑑所載出前漢書匈奴傳此印自本始至今千九百餘年章法整齊淳古樸茂洵西漢物可貴也

按此印龜鈕篆文以漢尺按之方徑七分厚分半通鈕高六分重五十銖得之濟南見張氏印存

漢泠氏宗印

文曰泠氏宗印

按漢書藝文志云洽豐淮陽人宣帝時爲淄川太守詳宦蹟此
云宗印蓋其宗子所用也此印得之濟南見張氏印存

漢王武印

文曰王武

按山左金石志載王武印有三釋云宣帝之舅封樂昌侯此印
得之濟南徑六分字有界畫與金石志異見張氏印存

漢但禁印

文曰但禁之印

按此印道光十四年夏濟南西關外居民掘土得之又有但晏
印考但氏姓苑云漢但巳爲濟陰太守禁與晏豈其族歟王莽
傳有都護但欽宋有但中庸俱見姓氏急就篇禁晏二印陽城

張氏珍藏

漢旦禹印

文曰旦禹之印

按此印與但晏但禁二印同時出土俱爲陽城張氏珍藏考古無旦姓或卽但之省文歟

漢射賓印

文曰射賓之印

按此印見張氏印存三輔決錄云漢末大鴻臚射咸本姓謝名服天子以爲將軍出征故爲射見姓氏急就篇

漢蟜溥印

文曰蟜溥私印

按此印見張氏印存國語少典取有蟜氏禮記曾有蟜固漢百官表有蟜望竝見急就篇

漢偃殷印

文曰偃殷

按此印瓦鈕道光己亥得之歷下與程蒻江秦漢印譜所載同偃字字書不載姓氏譜中亦無此姓俟考

漢校志印

文曰校志私印

按此印見張氏印存考姓氏急就篇校氏周禮校人之後唐有校傑此印得之濟南觀其筆意蓋漢印也

漢日有憙鏡

銘曰日有憙宜酒食長貴富樂無事

山左金石志云右鏡徑五寸七分蟾蜍鈕篆文銘十二字何元錫拓之於德州錢可盧大昭定以爲漢鏡古喜字亦作憙說文憙悅也

漢樂無極鏡

銘曰新銀玆竟子孫衆多賀君家受大福位至公卿修祿食幸得時至獲嘉德傳之後世樂無亟大吉

山左金石志云右鏡徑四寸八分鼻鈕內篆書十二辰外圓四靈八乳篆文銘三十七字何元錫得之於山東亟是極之省文

漢十二辰鏡

金石索云此鏡中央方圖篆書十二辰之名其四旁作四神之

狀加以麟鳳及五銖錢文之飾得之歷下

漢尚方盤龍鏡

銘曰尚方作竟眞大無傷巧工刻之成文章左龍右虎辟不祥朱鳥元武順陰陽長保二親貴富昌如王矦兮

金石索云此鏡得之歷下篆銘四十字中作兩層盤龍之飾起伏異狀有在馬背上作角觝者

漢龍氏鏡

銘曰龍氏作竟佳且好明而日月世少有刻治分守悉皆在長保二親宜孫子大吉羊兮

金石索云此鏡得之平陵翁氏兩漢金石記所收龍氏鏡與此畧同而讀爲如

漢鄒氏鏡

銘曰騶氏作竟四夷服多賀國家人民息風雨時節五穀孰長保二親得天力傳告後世樂無亟兮

金石索云洪氏隸釋騶氏二鏡銘文與此同惟少末句史記齊有三騶子後漢書春秋家有騶夾班史並作鄒二字通用亟即極之省

漢張氏鏡

銘曰張氏作竟大無傷湅㠯銀錫清且明上有天守傳相受東王父西王母令君長遂宜孫子明如日月

金石索云此鏡德州刺史徐蘇亭所藏

按此鏡三層內層作龍虎之形中層六乳四神及麟鳳之形刺

史令嗣稚艮孝廉世守勿失今寓濟南

漢盍氏鏡

銘曰盍氏作竟兮眞大孜上有東王父西王母仙人子喬赤松子絳節雲衣長保二親兮利紓子吉昌

金石索云竟分四格其二格爲二神人四侍從一格似供奉之物有光燄亦有二人跪其旁

按此鏡與金石索所載字畫少異道光己亥孟秋得之歷下

漢緱氏鏡

銘曰緱氏作竟眞大巧上有山人不矢老兮又云長宜子孫

按此鏡三層長宜子孫篆書四字在內層緱氏作竟篆書十五字在外層中層則六神也巧卽好字山卽仙字矢卽知字俱省

文陽城張小餘得之濟南市中令嗣伯訓世守之

漢日光鏡

銘曰見日之光所言必當

金石索云此鏡得之歷下當字作平聲讀

漢青羊鏡

銘曰青羊作竟四夷服多賀國家民人息風雨時節五穀熟傳告後世得天福

金石索云是竟嘉慶丙子夏得之濟南婁氏漢隸字原載青羊鏡銘與此略同又云青羊即青陽古漢印有青羊君殆其人歟

蜀漢虎步搜捕司馬印

文曰虎步叜搏司馬

山左金石志云右印方八分篆文六字與搜通搏與捕通按虎步之設不見漢晉二志水經注引諸葛亮表云臣遣虎步監孟琰據武功水東又與張飛書曰須先教中虎步兵五六千人則是虎步之官蜀漢所設內有監有搜捕司馬也

按此印陽城張小餘得之濟南見張氏印存

蜀漢虎步將軍印

文曰虎步將軍章

按此印亦見張氏印存以漢尺度之方一寸篆文五虎步既有司馬必以將軍統之則將軍為虎步一軍之主也

蜀漢景耀弩機

銘曰景耀二年六月卅日中作部左典業劉純業史陳深工蒲

細所作八石重三斤

金石索云此鐖係齊東少尉陸春舫在甘肅時掘土所得一獲五弩三弩無文此其一器景耀二年爲後主之三十七年也

蜀漢平西將軍印

文曰平西將軍

金石索云先主以馬超爲平西將軍督臨沮因爲前都亭侯

按此印龜鈕白文方徑漢尺一寸一分道光己亥見之歷下

魏正始弩機

銘曰正始三年五月十日左尙方造監作吏鼂泉牙匠馮廣師郭亥臂匠江子師項稱

按此鐖亦見金石索本涇陽尉姜小珊得於長安者道光丁酉

於濟南見之牙匠臂匠各有一師惟不言郭工耳

魏毋邱儉印

文曰毋邱儉

山左金石志云右印三字白文按儉字仲恭河東聞喜人封平原侯見魏志

晉殿中都尉印

文曰殿中都尉

按山左金石志云晉書輿服志次殿中司馬中道殿中都尉在左殿中校尉在右左右各四行又云按晉置殿中司馬二員大駕出則居華蓋後乘輿前楯弩閒與殿中都尉校尉共一行此印得之濟南見張氏印存

晉木工司馬印

文曰木工司馬

山左金石志云木工司馬無專官豈晉因漢制適有木工之事而司馬督之故刻此印歟

按此印道光己亥見之歷下

晉率善胡王印

文曰晉率善胡王

按山左金石志有晉歸義胡王印釋云武帝紀咸寧五年冬十月戊寅匈奴餘渠都督獨雍等帥部落歸化封之必此時不然後此劉元海起胡王不復歸義於晉矣此云率善當亦同時見

張氏印存

晉率善氏阡長印

文曰晉率善氏阡長

按此印見張氏印存山左金石志亦載之

晉率善氏邑長印

文曰晉率善氏邑長

按山左金石志有晉蠻夷率善阡長印釋云武帝紀咸寧三年西北雜虜及鮮卑匈奴五溪蠻夷東夷三國前後千餘輩各率種人部落歸附印必此時所置千夫長之所佩歟又有晉率善氏伯長印此云邑長蓋又在千長百長之上也見張氏印存

晉銅瓦

銘曰漢朝正殿筆爲銅瓦

山左金石志云右銅瓦二元得之於濟南市中朝正殿筆雀字俱不可考詳其筆畫必是劉淵李壽劉智遠劉文諸漢時物斷非兩漢時制

桂未谷札樸云案晉懷帝永嘉二年劉淵僭帝號自稱大漢淵死子聰立咸康四年李雄從弟壽僭立自號曰漢壽死子勢立瓦即此僞漢時造其字作楷體有古格故知爲晉時物玉篇爲即雀字

六朝虬花鏡

銘曰長宜子孫君宜高官

山左金石志云右鏡徑三寸鼻鈕虬紋篆文銘八字相間書之中有花紋何元錫得之於山東今贈馬比部履泰

六朝吉禽鏡

銘曰良日吉禽乃作竟東王公西王母天公廿一幽湅三商見具師長其保百昌

山左金石志云按二十八宿建除家謂之演禽吉禽猶吉辰也夏邑張度購於濟南

六朝迴文鏡

銘曰淨逾秦鑒明齊素月正影澄波采流花發

金石索云此鏡嘉慶丁丑春得之於濟南與濟寧菱花鏡可云雙璧

六朝嬌來鏡

銘曰團團寶鏡皎皎昇臺鸞窺自舞照日花開臨池似月覩貌

嬌來

按此鏡亦見金石索道光乙酉得之濟南

南宋典祠令印

文曰典祠令印

按此印見印統金石索云鍾嶸詩品有宋典祠令任昺緒陽城

張小餘得之濟南見張氏印存

南梁大同銅佛座

銘曰大同二年像

按此像以晉尺度之高三寸五分有座背銘五字徐孝廉稚長

所藏在濟南見之

北魏淩江將軍印

文曰凌江將軍章

山左金石志云右印徑八分銅質龜鈕白文篆五字桂未谷曰

北史劉庫仁字沒根建國三十九年道武未立苻堅以庫仁爲

凌江將軍關內侯史作陵誤

金石索云淩字從水宋書褚叔度傳淡之自假淩江將軍字亦

從水通鑑作陵注引沈約志云魏置淩江將軍爲四十號之首

言欲陵轢江流以蕩平吳會也

按此印臨邑令沈台曾得之濟南山左金石志屬之北魏是也

沈約宋書百官志亦作淩江通鑑注誤

北魏龍驤將軍印

文曰龍驤將軍章

桂未谷札樸云余在洛陽得古印涂金龜鈕文曰驡驤將軍章德州封氏有北魏高湛墓石刻亦作驡驤六朝文字好增偏旁無它義也

按此印陽城張小餘得之濟南見張氏印存

東魏京兆郡開國公印

文曰京兆郡開國公章

金石索云東魏天平中高祐子敖曹以司徒公爲京兆郡開國公魏官氏志開國公爵第一品

按此印龜鈕白文方徑晉尺一寸四分道光己亥見之歷下

北齊銅面具

按掃紅亭吟稿有銅面具歌序云蔣伯生大令於濟南市肆購

得銅面具一片考面具之制漢已有之用以驅儺北齊蘭陵王貌如好女乃帶假面具所向無敵宋時狄青征西夏亦作銅面具此銅質形狀類六朝造佛像與蘭陵較合歌以誌之攷北齊書蘭陵武王長恭一名孝瓘文襄第四子也累遷并州刺史見文襄六王傳

北周永通萬國錢

文曰永通萬國

金石索云永通萬國錢周宣帝所鑄背有爲元武斗劍之象者又鑄永通泉貨背有龍鳳之形

按此錢見之歷下背文有將軍二字兼畫大將并立弓之形與金石索所載不同

北周庚子山印

文曰庾信

按此印瓦鈕白文陽城張小餘得之濟南以贈臨邑令沈台贊觀察吳仲昀有題辭

唐銅節印

山左金石志云右節長四分寬一分半作虎形按周禮山國用虎節續漢書輿服志有銅竹之分蓋合勘以辨眞僞者淄川慶生高晏讃所藏

唐顏魯公私印

文曰眞卿

金石索云此印有三而字畫相同曲阜顏翰博振吉藏其一顏

心齋藏其二相傳以爲顏魯公印未知是否也

按顏魯公名眞卿字淸臣爲平原太守詳宦蹟

唐鐵砧

歷城舊志云鐵砧方二尺許厚尺餘在城東高見莊相傳唐太宗東征高麗鑄兵器之具方大叅守地移置于家

唐開元銅佛座

銘曰開元十六年正月十二日鄭引惠爲己造彌陀一區

山左金石志云右涂金銅佛座高一寸五分縱如之寬三寸字徑一分正書二十字造像記往往曰上爲皇帝國主否則曰爲師僧父母爲一切衆生爲合家眷屬而此獨曰爲己異甚吳江陸古愚繩得於山東又一涂金銅佛座字多模糊可辨者開元

十八年九月字而姓氏不可辨吳江陸古愚繩得於濟南

唐玉臺鏡

銘曰絕照覽心圓輝屬面藏寶匣而光掩挂玉臺而影見鑒羅綺於後庭寫衣簪乎前殿

山左金石志云右鏡徑四寸三分螭鈕四獸正書銘二十八字外圖十二辰像詳其銘詞乃唐時供御物也拓之於濟南潭西精舍

五代周元通寶錢

文曰周元通寶

金石索云周元錢柴世宗毀天下銅佛鑄

按初氏吉金所見錄云周元錢背有龍鳳文此錢見之歷下作

二龍形叉與所見錄不同

前蜀寫眉鏡

銘曰鍊形神冶瑩質良工如珠出匣似月停空當眉寫翠對臉傅紅綺窗繡幌俱含影中

山左金石志云右鏡徑五寸鼻鈕內作海馬蒲萄外正書銘三十二字按此鏡與學齋佔畢及太平廣記鳳州逥跡山郭家崖景德二年軍人揚起所得之鏡銘詞竝同惟易幌爲晃涵爲含與博古圖所載瑩質第二鏡但末句俱照秦宮爲稍異耳元和蔣蔣山徵蔚云十國春秋前蜀後主幸秦州賜王承休妻嚴氏鏡銘詞與此正合故定爲前蜀時物器爲吳江陸繩購於濟南今贈仁和馬員外履泰

宋太平鏡

銘曰安邦定國天下太平

按此鏡見金石索徑二寸三分正書銘八字兗州別駕王璲舟得之於濟南

宋壽星鏡

銘曰清靜富慶積善之家

按此鏡亦見金石索徑四寸篆書銘八字內層畫北斗象有壽星二字嘉慶己卯於濟南得之

宋滿江紅詞鏡

詞曰雪共梅花念動是經年離析重會面玉肌眞態一般標格誰道無情應也妒暗香埋沒教誰識卻隨風偷入傍粧臺縈簾

額　鷟醉眼朱成碧隨冷煖分青白嘆朱絃凍折高山音息悵望關河無驛使剡溪興盡成陳迹見似枝而喜對楊花須相憶

金石索云此竟得之濟南詞家雪梅清雋類宋人故以爲宋器鏡邊作梅花飾

宋雙魚鏡

按此鏡以宋尺度之徑四寸中刻雙魚在水浪中一升一降與金石索所載略同道光己亥得之歷下

金提控所印

文曰提控所印

按此印陽城張小餘得之歷下以宋尺度之方徑二寸五分金石索有金提控所維字印考金制提控不一如提控烏魯古則

正四品提控南京規運柴炭使則從五品之類

金東足院記

文曰東足院記

按此印亦張小餘得之歷下者方徑宋尺一寸二分金史百官志云凡朱記方一寸銅重十四兩天德二年行尚書省以其印小遂命改鑄此朱記也方徑一寸以上當爲改鑄時物

金副統印

文曰副統之印

按此印道光戊戌季秋得之歷下以宋尺度之方徑二寸二分都統之制始於金太祖收國元年以經略遼地置天輔五年始有內外諸軍都統之名其後行軍則立兵罷則省金石索有金

成字都統所印正大四年十一月行宮禮部造又有副統約字之印元光二年正月行宮禮部造此印背刻貞祐二年十月日山東路監造則在其後也

金清素鏡

銘曰清素傳家永用寶鑑又曰福壽家安

山左金石志云右鏡徑四寸八分鼻鈕內篆文銘四字外篆文銘八字近義雲章篆法似金元之物

按此鏡道光乙酉得之於濟南與山左金石志所載同惟右邊有歷亭縣官匠五字爲小異耳

金官局鏡

銘曰鏡子局官汲

按此鏡徑三寸五分作雙魚在水浪之中一向上一向下重四兩四錢道光己亥得之歷下金石索載金官鏡有二一曰任城縣官匠一曰韓州主簿驗記官高造考金史食貨志大定八年民有犯銅禁者上曰銷錢作銅舊有禁令然民間猶有鑄鏡者非銷錢而何遂併禁之則其有官造可知此亦官鏡也汲乃官之姓氏耳

金鄒平桃花寺鐵鐘

鄒平志云明昌六年歲次乙卯三月十五日造高五尺八寸螭鈕高一尺四寸腰圍一丈一尺四寸廣四寸

金鄒平桃花寺銅佛

鄒平志云桃花寺銅佛有二一高二尺八寸乾隆三十六年出

自蝦蟆汪土崖中一高一尺二寸嘉慶元年邑人漁於蝦蟆汪得之

金臨邑泰和鐵鐘

銘曰泰和二年十一月初二日

臨邑志云鐘款識爲金泰和二年質重一萬七千斤連合龜螭蟠紐奇古俗傳大水順流而至意有神物憑之矣城南彌陀寺尚有鐵鐘相傳爲唐時物惜剝蝕太甚無款識可攷

金德州永慶寺鐵鐘

銘曰大金國景州將陵縣延壽院并講經僧大沙門定善等九人怕斤馬等男女十六人各人各家增善劉存等十人修弍[illegible]尉郭大珪等男女十二人施主梅詢等男女七人周氏張氏二

人周氏弟男女六人忠武校尉監務李平同母張氏妻申氏縣
尉崇進同妻王氏兒承壹郎主簿鄒彤同妻歐陽氏安遠大將
軍知縣加古阿里同妻師石氏兒各官吉平安景州將陵縣
鑄大鐘一顆本縣裏外蘇春廿名發虔意爲一切衆生造成佛
道并亡過父母早離三塗見在父母家眷各得平安增延善道
鑄鐘一顆貞元二年四月廿九日也鑄鐘大鑑焦義副大鑑陳
進等九人施主安遠大將軍知千戶所沙剌同母那馬并弟三
百戶晉喁施沙百戶亞谷剌弟捕速同母老娘子耶律威同母
乙輦安樓閣真言消灾真言延壽真言滅罪真言
山左金石志云按永慶寺在德州治衙後明永樂十年修邑人
張惠記曰寺舊在濟河之西乃唐臥雲禪師所創元季燬于兵

火然則此鐘非永慶寺舊物明矣

按此鐘銘山左金石志分爲上八段下八段茲撮其大要節錄

如右

元行軍萬戶印

文曰輕字號行軍萬戶所印

按此印道光己亥仲春得之歷下方徑宋尺二寸五分鈕長一寸篆文九字背刻正書九字金石索有萬戶之印引元史百官志太祖起自朔土惟以萬戶統軍旅佚穆止掖乘又有天字號行軍萬戶所印翟文泉以贈許珊林據金史百官志金牌以上萬戶則萬戶之名不始於元矣

元蒙古字印

按此印道光己亥孟夏得之歷下方徑宋尺二寸五分蒙古篆文六字或以爲達魯花赤之印未知是否背面隱約有行省等字二行模糊難辨

元大德權

銘曰濟南路總管府較勘相同大德九年造

金石索云權稱錘也此權扁而六觚重今庫砝二十三兩六錢正面六字背面九字大德爲元成宗年號史稱其爲守成令主則其較勘權衡以同天下宜矣

元至元鏡

銘曰至元四年

金石索云此鏡得於歷下徑六寸三分內層方正書四字外層

爲雙龍之飾繞以雲氣絢以四時花卉考元世祖至元三十年順帝至元六年今但稱四年未知其爲前爲後也

元準提鏡

呪曰南無颯哆喃三藐三菩駝俱胝喃怛你也他唵折隸立隸準提娑婆訶部林

金石索云中心篆書佛字四方環書準提呪南字起林字止外層乃梵書二十六字未識

按此鏡道光己亥見之歷下與金石索所載略同惟彼鏡無柄此鏡有柄爲異耳

元梵字鏡

按此鏡徑二寸五分見之歷下內層一字中層十六字外層二

十字皆梵書與前準提鏡中字又不同蓋亦釋家咒語也

元梵唄錢

文曰吉神長祐又曰婆珊婆底演

金石索云此錢得自歷下疑釋家壓勝錢

元詩仙銅牌

銘曰價重篇篇玉聲傳字字金江山爲我助無日不高唫

按此牌以宋尺度之長一寸三分廣一寸銘二十二字背面刻詩仙握筆書屏風像嘉慶初濟南西關人掘土得三銅牌一詩仙一酒仙一拔宅仙惠印山都尉以重價得其一今爲歷下李翰青珍藏餘二牌不知所在

元陵州至元鐵鐘

德州志云陵州鐘樓鐘上鑄有至元年號

明靈山衛百戸印

文曰靈山衛中千戸所百戸印

按此印道光己亥仲夏得之歷下方徑宋尺二寸七分篆文十字背刻正書十字旁刻洪武三十五年十月日禮部造靈字二十八號考明史職官志洪武七年申定衛所之制每衛設前後中左右五千戸大率以五千六百人爲一衛一千一百二十人爲一千戸所一百一十二人爲一百戸所每百戸設總旗二人小旗十人又云計天下內外衛凡五百四十有七所凡二千五百九十有三此明制也

明臨淄縣印

文曰臨淄縣印

按此印方徑宋尺二寸六分篆文四字背刻正書四字江南武進人法炤亭就幕新城縣署道光元年七月十六日遣人於城外掘土得之重濟平十五兩其子麗生世守之

明永樂鐵權

山左金石志云明永樂九年濟南府鑄權亦有較勘相同等字

明象首鼎

銘曰大明永樂年製

按此鼎高七寸製似鼎而三象首向下爲三足又似鬲形有高至三四尺者俗名爲象鼻鼎竝永樂年製俱見之濟南市中

明青馬鏡

銘曰青馬

按此鏡徑三寸五分正書二字濟南市中多有之

明銅佛像

銘曰正德九年六月初三日造佛偉

按此像高七寸銘在座後佛偉乃造像之名道光己亥見之濟南市中

明宏治銅鼎

德州志云永慶寺唐貞元元年建內有大鐘本在運河西岸明永樂十年僧古峰移建州治後宏治間鑄有銅鼎三

明宏治鐵佛

德州志云鐵佛寺在東關宏治年建像高一丈八尺

明宣德銅爐

銘曰大明宣德年製

博物要覽云宣德銅器以爐鼎爲首如魚耳爐鰍耳爐乳爐百摺彝爐戟耳爐天雞彝爐方員鼎石榴足爐橘囊爐香奩爐高足押經爐皆上品也角端爐象鼻爐獸面爐象頭爐扁爐六稜四方直脚爐漏空桶爐竹節爐分襠索耳爐馬槽爐臺九爐三元爐太極爐井口爐皆下品也

按宣德爐形製大小不一濟南市中多有之

明嘉靖華林寺鐵鐘

按此鐘在歷城南關華林寺中嘉靖二十五年三月二十六日造濟南衛百戶汪文廣豐倉大使夏時和副使段仲艮廣儲倉

大使張文昇德府信官張鈞王淮馬用等增鑄大鐘一口磬二口香爐二共一千二百斤

明濟南府學銅祭器

天啟五年樊太守碑云府學祭器傳自先代古色照入恐歲久湮遺銘勒於石計開大銅香爐一銅犧罇六銅奠池一大方銅香爐七銅象罇六大鐵香爐二大銅花瓶二銅簠五十八大鐵方香爐四大銅燭臺九對銅簋三十六副大鐵花瓶二銅瓶三小銅燭臺六十八中鐵香爐三十八中銅香爐十一銅籩豆三百一十九小鐵花瓶二對銅盥洗盆三銅小香案一副大鐵鐘一口銅燈六副銅燭臺三對銅雲雷罇十三銅鉶十七銅爵盞一百一十三鐵雲板一塊

按以上共二十七種計七百四十七件俱見天啟碑今觀其器銘有云中大夫濟南路總管張澤監造司吏翟智此元器也有云成化九年夏六月己未山東布政司補造此明器也餘俱無銘亦殘缺不全矣

明崇禎鐵砲

一題崇禎二年八月軍門王造一千三百斤佛山鐵匠陳啟方徐泰梁德奇

一題崇禎十年十月密鎮捐造七十二號虎砲兵部右侍郎吳阿衡巡撫順天等處都察院御史陳祖苞戶部管糧郎中段承光密雲兵備副使劉鎬鎮守西協總兵吳國俊標下督造守備米祿等用藥二斤鉛子四斤合口大彈一個

一題崇禎十二年總督兩廣軍門張行委左布政姜恭將王化行督同指揮蘇萬邦紀錄聽用守備陳玉英鑄造七十八號四百五十八

按以上鐵砲俱在濟南東南各城上敵樓前

明壓勝錢

文曰受天百祿又曰錫爾繁禧

按此錢徑一寸二分面背正書各四字大興馮秋槎得之歷下

國朝重建濟南西關鐵塔

銘曰濟南西關　關帝廟前舊有鐵塔一座創鑄未卜何年作成適際此地崢嶸北籠堯峞南標而吾街遂藉以得名由來遠矣猥以歲久傾圮基址僅存過往賓旅累足至止者聞所聞而

來遂不復見所見而去名仍實亡魏子廷鍾恒傷之雍正乙卯是邦人立意重建顧事有急緩先圖厥要鳩工庀材神像廟貌煥然一新焉厥工未竣而力告竭十載以來未能如願今則慶擇吉日協力鼓鑄共七級高丈餘鎮以金罡綴以風鈴開利益之門環及肩之垣退瞻邇矚煌煌乎巨觀也哉余昔聳之　帝君忠心炳日義胆凌霄塔影崚嶒庶幾乎仿佛如在神光所凝與塔影上下休祥普被永永無極而吾是街之藉以得名亦將實與名稱矣因援筆而爲之記昔乾隆九年歲次甲子清和月

立劉培宗王承祖賈振基

按此塔五級連座高一丈零五寸上層周圍三尺三寸中層四尺四寸下層五尺五寸八稜銘刻第二層陽文塔在西關外大

街

國朝濟南爐神廟鐵鐘鐵磬

按爐神廟在城內豐儲二倉閒本鑄錢局中塑女像順治十一年三月造鐵磬一口重十二斤順治十八年孟秋善士趙宗美等造鐵鐘一口鐵香爐一重十斤

濟南金石志

卷二

歷城石

濟南金石志卷二

金石二

按山左金石志云金之爲物遷移無定皆就在山左者爲斷石之爲物罕有遷徙皆就目驗者爲斷其石刻拓本并毀者槩不入錄然所稱山左有秦石二西漢石三東漢不勝指數皆不在濟南境内而趙相之碑平陵之碣又以拓本不存見棄此統山左計之非專爲濟南言也通志所載濟南石刻自漢以來半入藝文而樹立何處撰書何名其地其人乃志乘所最重況山崖石壁前人遊覽所不及與沈薶土中後人掘地所新得如東漢畫象北魏磨崖隋唐眞跡宋元遺刻創獲非一更不可令其湮沒無傳也兹合而觀之山左金石志所載濟南各屬自東魏迄

元石刻二百九十九種孫氏訪碑錄所載又增五十九種合三百九十四種鈔錄成帙已稱巨觀惟山左金石志無禹城訪碑錄無長山殊爲缺典今以十六屬志校之加以漢晉遺跡與新得各種并前明一代附載於後約而計之不啻倍蓰而

國朝名公巨製勒在豐碑事關建置尤不可闕而不詳故近年以來訪求捶搨眞本訂正舊志缺譌不一而足備存其目亦所以示信於將來也至於石之高廣字之分寸考古家類有成書已詳晰言之固非大義所存姑從其略而考證各條亦擇其要者存之繁者芟之其有未備俟好古之士自爲訪求焉

歷城

漢趙相劉衡碑

君諱衡字元节濟南東平陵人也厥先尙矣聖漢龍興爰啓冀
土遷於岱陰自康侯以來奕世丕承君丁炎運乎稟發於成就
纂周行而彌長不繇師訓之范而踐四教人道所謂壹力維備
協服莫不歸稱勃海王帝之冢弟不遵憲典君以特選爲郎中
令彈枉糾慝以兄瑯琊相亡郎日輕舉州察茂才除脩令遷張
掖屬國都尉以病徵拜議郎遼東屬國都尉不行拜趙相在位
三載拜議郎連徵不就君之始仕爲吏師陟功而尉渠搜荒服
來王後遷于趙敘民種德威懷竝立宜錫厥福三壽作朋昊穹
不弔年五十有三以中平四年二月戊午卒其四月己酉葬梁
木圯墜閔嗣幼孤無所自律琹勒詒聲伐于後昆其辭曰
於穆我君邦家之基正君帥義求福不回言以道遠百候僉咨

舍德何取殁而名譽爰勒金石千載遺芳

洪景伯隸釋云右趙相劉君碑在齊州歷城縣劉君名衡字元宰為渤海王郎中令察茂材除脩令歷張掖屬國都尉議郎遼東屬國都尉趙相再為議郎以靈帝中平四年卒渤海王名悝威宗之母弟也碑以范為範碎即卒字桒即刋字

趙氏金石錄云趙相劉衡墓與碑在今齊州歷城縣界中古平陵城傍余嘗親至墓下觀此碑因摸得之墓前有石獸制作甚工云

按歷城舊志云漢趙相劉衡碑在平陵城傍然則葉氏作志時猶完好如故也後為不知者碎之分為三歷下先輩猶有得其拓本者朱季直嘗見之今不知所在茲據洪趙諸本節

錄如右

漢樂安任照先碑

水經注云東平陵縣城東門外有樂安任照先碑

按歷城舊志云樂安任照先碑在平陵城今佚

漢畫像石刻

按此刻在西關外十王殿旁高一尺三寸五分廣三尺五寸五分上層線文交互中有錢十枚中層分二格一刻五人中一人微小上有成王二字隱約可辨左右各二人拱立絕似嘉祥洪福院中成王周公魯公畫像一刻一車兩馬有二人坐車上又一人騎馬前導亦與武梁祠第二石所畫丞相車與門下功曹車相似其爲漢刻無疑也

漢吳子蘭碑

按此碑相傳在城南完備山吳子蘭墓旁土人掘地出之旋卽掩埋今遍訪不知所在又歷城志云酉陽雜俎引皇覽商太甲陵在歷山冢旁有甘露井石鐫天生自來泉五字乃古銘也按皇覽作於魏文帝所謂古銘其來遠矣姑附於此

北魏齊州刺史韓麒麟碑

酉陽雜俎云歷城縣魏明寺有韓公碑太和中所造也魏公曾令人徧錄州界石碑言此碑辭義最美常藏一本於枕中故家人名此枕爲麒麟函韓公諱麒麟

歷城志云韓麒麟爲齊州刺史卒於官而寮屬豪家爲之立碑其製必精故魏公寶之如此然自歐陽公已不著於錄則其亡

久矣

北魏齊州刺史拓拔子華頌德碑

魏書艾陵伯萇子子華字伏榮襲爵孝莊初除齊州刺史齊人樹碑頌德後除濟州刺史尒朱兆入洛齊州人趙洛周逐刺史丹陽王蕭贊表濟南太守房士達攝行州事洛周子元顯先隨子華在濟州邀路改表請子華復爲齊州刺史

歴城志云子華官刺史其碑宜在境內故錄之又趙洛周及子元顯齊州人事不足立傳附見於此

又云舜祠東有大石廣三尺許有鑿不醉不歸四字於其上公曰此非遺德令鑿去之見段成式酉陽雜俎所謂公指魏收也不知石何年刻姑附於此

北魏黄石崖造像題名三種

一題大魏孝昌二年九月丁酉朔八月甲辰帝主元氏法義卅五人敬造彌勒像一軀普爲四恩三有法界衆生願值彌勒都維那比邱静志等四十二人

一題大魏孝昌三年七月十日法義兄弟一百餘人各抽家財於歷山之陰敬造石窟彫刊靈像上爲帝主法界羣生師僧父母居家眷屬咸預福慶所願如是都維那張神龍等十六人

一題維大魏建義元年五月四日清信士佛弟子齊州泰安人王憎敬造尊像一軀上願皇祚永隆歷劫師僧七世父母兄弟姊妹妻子女及善友知識邊地衆生常生佛國彌勒出世龍華三會共登施堂

按孝昌北魏孝明帝年號建義北魏孝莊帝年號

東魏天平四年汝陽王叔造像記

山左金石志云右刻在龍洞後磨崖十一行祇存上截造像者爲汝陽王叔而後有車騎將軍乞伏銳及征西將軍衛名當是助資之人

東魏黃石崖造像題名二種

一題大魏元象二年歲次己未三月廿三日假伏波將軍魏郡丞姚敬遵敬造彌勒像一區晝餝訖功上爲七世父母現在眷屬常與善居値佛聞法一切衆生咸同斯福息暉辰意空僧寶

一惠鳳清虜子林

一題興和三年九月十七日清信士女趙勝習生二人敬造彌

勒石像三軀願生生世世竝遇彌勒現世在居眷常與居時應
佛

東魏武定二年楊顯叔造像記

武定二年三月乙卯朔十四日戊辰冠軍將軍司空府前西閤
祭酒齊州驃大府長流參軍楊顯叔仰爲亡考忌十四日敬造
石像四軀願令亡考生常值佛

山左金石志云石刻在神通寺東四門塔內正書十五行葢楊
顯叔爲其亡考忌日作也戊卽戊字驃卽驃字皆別體

授堂續跋云魏書地形志齊州治歷城此記今在神通寺正歷
城界也官氏志司空皇之子開府祭酒記稱司空府前西閤祭
酒葢與志合而驃大府長流參軍名號志所未備也

按天平元象興和武定俱東魏孝靜年號

隋開皇二年齊州刺史唐公墓誌

歷城志云右碑近人於龍山鎮東南掘地得之云唐公諱恭嘗三刺齊州精琴理多惠政葬襄城之南土人旋掩之實以土失其全文

隋開皇六年鉛珍墓誌

元遺山濟南行記云王舍人莊道旁一石刻云鉛珍墓誌云葬峋山之西以歲計之隋開皇六年丙午至今甲午碑石出壙中蓋十周天餘一大衍數也

隋開皇七年比邱靜元等造象記

大隋開皇七年歲次丁未二月癸酉朔十五日丁亥比邱尼靜

元洛法僧欽僧妃智最清信女姚姬趙文姜等敬造釋迦像區
軀彌勒佛一軀上爲皇家及七世師僧父母現存眷屬法界有
形咸同斯福清信士女孫白諸人

按此刻正書十行在東佛峪懸崖

隋千佛山造像摩崖九種

一題大隋開皇七年歲次丁未七月十五日弟子劉景茂知身
非恒疾踰露葉是以敬造彌勒像一區二菩薩爲皇帝陛下臣
僚百官七世師僧父母法界衆生共同斯福

一題開皇八年五月十五日時吉敬造釋迦像一區

一題維大隋開皇十年歲次庚戌八月丙辰朔八日癸亥弟子
李景崇知身非永固素體難存機變無留生化有易是以敬造

阿彌陀像一區并二菩薩上爲皇帝陛下師僧父母見存眷屬
一切衆生咸同斯福
一題開皇十一年五月廿三日宋叔敬爲亡父母亡姑敬造彌
勒像一區上爲國王帝主師僧父母見存眷屬咸同斯福
一題大隋開皇十三年四月廿一日大像主宋僧海妻張公主
敬造釋迦像一區上爲皇帝臣僚百官師僧父母居家眷屬法
界衆生咸同斯福
一題大隋開皇十三年歲次癸丑九月戊戌朔十二日己酉佛
弟子楊文蕃領都二人爲亡父母敬造彌勒像一軀并二菩薩
上爲皇帝陛下師僧父母見存眷屬遍地衆生咸同斯福
一題大隋開皇廿年歲次庚申二月十三日大像主吳敬造阿

彌陀像一區爲合家眷屬生同於此共得天壽

一題唵嘛呢巴彌吽

一題解省躬記妻鄧同禮

按以上九種皆在千佛山洞壁內外山左金石志只載七種

而無劉景茂宋叔敬二種玆續訪得之所謂古蹟失於耳目

前者可以補其缺矣

隋大業三年智照造像記

一題比邱僧智供養

一題大業三年十月十八日智照敬造

按此刻在龍洞後門口北六十餘步石崖下

又按龍洞後門口北七十餘步石崖下有隋開皇三年五月

八日騎則苟粲虎威來禮拜觀正書墨蹟三行縣志云則字
疑本射字騎射官名苟粲人姓名虎威疑其字來禮拜觀當
謂上層佛像附記於此

唐房元齡神道碑

歷城志云石碑褚遂良書在龍山鎮見陳思寶刻叢編按元齡
不葬於縣神道碑不知何以在此姑錄之以備考

唐神通寺千佛崖造像題字十九種

一題大唐武德二年桒門沙棟厥年七十下缺

一題大唐貞觀十八年僧明德知風燭難倚艁石像兩軀瞻顏
祀禱

一題顯慶二年南平長公主爲太宗文皇帝敬艁像一軀

一題大唐顯慶三年九月十五日齊州刺史上柱國駙馬都尉
渝國公劉元意敬造佛像供養

一題大唐顯慶三年行青州刺史清信佛弟子趙王福爲太宗
文皇帝敬艁彌陀像一軀願四夷順命家國安寍法界衆生普
登佛道

一題像主清信女段沒爲亡父母敬艁一軀

一題元毛德供養德妻田供養

一題李樹生敬艁像一軀

一題恭禮聖像張直方題

一題陵感敬造彌陀像一軀

一題像主劉操亡妹順妃供養

一題高道卯爲比邱尼眞海沙彌感師敬𤌇像一鋪普及法界

衆生咸同斯福

一題大唐顯慶二年僧明德敬𤌇

一題像主前旅師上騎都尉劉君操供養

一題像主周世軌爲父母敬造

一題像主王元亮被蠱魅得差𤌇像設齋願合家平安法界衆

生咸同斯福

一題文明元年四月趙昨妻羅爲亡父母敬𤌇佛像一軀

一題永淳二年六月內爲天炎旱側近諸村史同王方百餘人

等於朗和尙广所祈請遂蒙甘澤發心設齋造像造經

山左金石志云案唐書公主傳太宗第三女南平公主下嫁王

敬直以累斥嶺南更嫁劉元意錢辛楣云唐制帝姊稱長公主南平蓋長於高宗矣舶古文造字趙王福唐書有傳失書顯慶時行青州刺史段瓚卽段婆變體也淂卽汧字玉篇汧乾也

授堂續跋云宰相世系表河南劉氏政會子元意字深之汝州刺史駙馬都尉政會本傳封邢國公後追襲渝國子元意襲爵尚南平公主高宗時爲汝州刺史此題渝國公襲父爵也表傳皆稱汝州刺史記作齊州其由齊州終於汝州歟

一題像主行章邱令王懷賢妻鄧敬造像兩軀

按以上一條爲山左金石志所遺今補錄之

又按縣志云神通寺在城東南八十五里千佛崖造像記凡二十皆唐刻也然二十條中有濟南沅君王一條卽沅君正

之訛乃宋大觀四年所刻今改正之

唐總章二年歷城令劉文恪清德頌

按此碑載金石錄無書撰人姓名通志作彥恪云在齊州今

佚

唐總章二年齊州刺史薛寶積清德頌

按此碑亦載金石錄無書撰人姓名今佚

唐垂拱二年造像石刻

垂拱二年十一月廿五日王青玉爲身非恒久敬造彌陀一像

上爲國王帝主師僧父母法界有形咸同斯福

按此刻在府城東北權富莊中上刻一佛二菩薩記文八行

在座前又有石臺佛像題字在莊東亦唐刻也

唐長安二年馬舉墓誌銘

大周故上柱國馬君之誌并序

君諱舉字肆仁齊州歷城人也原夫臣虞粉化爰降德於伯儀分晉隆基載延祥於萬舞自軍興馬服樂奏武溪莫不代襲冠冕名光史冊曾祖仕通隨任魏州司馬祖德琮唐任揚州江都縣尉或榮高展驥或職叅馴翟旣蘭薰而桂馥並玉潤而金聲君河岳炳靈乾坤誕秀紹白眉之俊宏絳帳之風雖績茂昭陽勳高桂國自得邱園之逸方遺簪笏之榮嗟乎神昧福謙天欺輔德哲人斯殄梁木其摧嗚呼哀哉粤以萬歲登封元年三月一日春秋六十有七卒於神泉里第夫人項氏沂州司戶叅軍第二女也演慶重瞳凝姿淑眘明艷侔於朝日峻節貫於秋霜

婉彼幽閑作嬪君子婦德彰於舉案母儀見於斷機俄沈東逝之川遽掩西山之石長安二年三月廿五日終於前第即以其年十一月廿二日合葬於流山之陽禮也孝子元景元愛元藺等泣思極摧蘭悲深淚柏將申罔極之報寄刊無媿之詞其詞曰

天道悠悠人生若浮奄辭千月俄成一邱匪露輿感揚風動愁儵遷陵谷廡表徽猷

按此刻正書十九行嘉慶二十一年歷城華不注東臥牛山下出此石據文知山在唐世名爲流山也誌中如天人國臣年月日等字皆用武后所製以其駭俗故易之

唐景龍二年神通寺四門塔造象記

維大唐景龍二年歲次已酉七月戊午朔四日甲寅比邱尼元畏沙彌尼妙法奉爲已過比邱僧思元敬造彌陀像一鋪觀世音大勢志二聖僧上爲國王帝主師僧父母下及全家眷屬法界蒼生咸同斯福

山左金石志云在神通寺東四門塔内此刻縣志失載

唐乾元二年佛峪造象記

大唐乾元二年佛弟子遇緣爲國王帝主大地苦衆生敬造阿彌佛一軀三月五日建

山左金石志云右刻在縣東南佛峪

唐大歷九年顏魯公竹山連句石刻

竹山連句題潘書光祿大夫行湖州刺史魯郡公顏眞卿敘并

書

竹山招隱處潘子讀書堂 眞卿 萬卷皆成帙千竿不作行 處士陸羽 練容飱沆瀣濯足詠滄浪 前殿中侍御史廣漢李萼 守道心自樂下帷名益彰 前梁縣尉河東裴脩 風來似秋興花發勝河陽 推官會稽康造 支策曉雲近援琴春日長 評事范陽湯清河 水田聊學稼野圃試條桑 釋皎然 巾折定因雨屐穿宜爲霜 河南陸士修 解衣垂蕙帶拂席坐藜牀 河南房夔 檐宇馴輕翼簪裾染宿芳 顏粲 草生還近砌藤長稍依牆 顏顓 魚樂憐清淺禽閑意頡行 顏須 空園種桃李遠墅下牛羊 京兆韋介 讀易三時罷圍碁百事忘 洛陽丞趙郡李觀 境幽神自王道在器猶藏 詹事司直河南房盈 晝歡山僧茗宵傳野客觴 河南柳淡 遥峯

對桄席麗藻映縑緗　承穆丞顔帳　偶得幽棲地無心學鄭鄉述

上會大歷九年春三月

右顔眞卿書竹山書堂詩眞跡臣米友仁鑒定恭跋

竹山連句墨蹟安麓邨得自太倉王氏正定梁相國曾借摹於秋碧堂帖中後不知所在今年夏余乃得自山右高姓曩觀梁刻如圍穿諸字幾不成文竊疑其贗今觀眞本乃翦横卷改裝成冊凡諸訛謬皆褾工以意綴成之如馴之豎筆拂字左方又因蠹蝕處用墨塗傳故稍肥計不過十許字無損於全帙也曲阜桂未谷擬重摹上石盩曾公琅邪人欲存其手澤於山左遂鐫石嵌置潭西精舍其裝本之謬則仍之梁刻之失則正之不敢以私意遷就其閒也刻始於九月成於十二月同觀者徐暢

庵大榕張春田度劉松嵐大觀徐蘇亭紹薪刻者楊敬畤年八十乾隆甲寅津門吳八驥識

乾隆乙卯阮元觀於潭西精舍

按此刻正書六石詩五石每石十二行跋正書二行行書十五行八分書一行在五龍潭西精舍東壁上

唐開成三年金剛會碑

濟州歷城縣維那劉長清等八人爲邑會之長曾同十數人俱禮南靈臺山大德師以太和六年受靈岩寺請命詣闕進本寺圖將謝聖旨再許起置鎮國般舟道場之鴻澤首末三秋無疾謝世維那劉公等率邑內諸人建此彌勒像一軀侍菩薩兩軀於南靈臺山先師宴坐之地上荅生前法誨之恩惠矣

歷城志云題名有蹇秀誠其人杜詩濟南名士多自注時邑人蹇處士輩在坐或謂後人僞爲以此碑證之知當時固有蹇姓而公自注爲不實也女弟子有曰淨花林常歡喜如蓮花等名頗新麗宋元已後北方女子罕以小名傳矣

按此碑在東佛峪懸崖記後有石彌勒像讚并序今不錄

唐開元寺汰僧碑

江萬里宣政雜錄云濟南府開元寺因更修掘地得古碑蓋會昌中汰僧碑也字皆刓缺摩滅惟存八字云僧盡烏巾尼皆緣鬢僧惡而碎之後有詔改德士遂符碑云

唐齊州刺史封公德政碑

按金石錄云李迥秀撰李思惲行書通志作封禪德政碑又

訛思㦃爲思憚云在齊州今佚

唐李太白詩刻

按齊乘云華不注山前道院中有石刻李太白諸賢詩今佚

唐瑞氣觀碑

按此碑見齊乘今佚

唐吳道子畫像石刻

宋元祐五年立

按此刻在府署馬王廟中

五代唐同光四年陀羅尼經幢

佛頂尊勝陀羅尼咒咒文不錄

先有願造孔雀院菩薩前面香幢子一永充供養清信男弟子宋

處温妻女弟子裴氏長男延祚新婦劉氏院主尼智佺功德主
善德廣嚴妙惠廣遇妙證

同光四年二月九日建

按此刻八面每面字四行行二十三字舊在北極閣旁道人
醉琴以贈陽城張小餘茲據拓本錄之

周齊州防禦使郭瓊頌德碑

宋史郭瓊平州盧龍人周世宗時歷絳蔡齊三州防禦使在齊
州民饑瓊以己俸賑之人懷其惠相率詣闕頌其德政詔許立
碑

歷城志云按魏晉禁私立碑銘其後禁弛而唐人諛墓及頌德
者尤多觀此則五代時蓋亦嘗禁之故民詣闕以請而後許立

也

宋齊州防禦使李漢超頌德碑

宋史李漢超雲中人宋初爲齊州防禦使在郡十七年吏民詣闕求立碑頌德太祖詔徐鉉撰文賜之

宋陳摶福壽字碑

歷城志云右碑在按察司土地祠内字刻兩面徑四尺三寸福字旁有陳摶書三字徑二寸五分

宋乾德四年觀音經幢

按此刻本在東門内馬訓導歇店中靈山巡檢張祿卿見之請移置按察司署内東廳前石本六面現存半截立石者李姓失其名後題云道光丁亥長樂梁章鉅自城東廢廠移此

宋淳化五年咒水眞言石刻

咒水眞言

淳化五年五月立

山左金石志云右刻乾隆乙卯歷城旱出井方九寸陰刻明萬歷閒益陽知縣王廷薦題字八行朱朗齋云黃小松司馬所藏碑拓亦有咒水靈石贊得於兗州城外井中玩其筆蹟正與此同然則此刻非祇一石矣

宋大中祥符元年眞宗御製元聖文宣王贊石刻

立言不朽垂教無疆昭然令德偉哉素王人倫之表帝道之綱厥功實茂其用允臧升中旣畢盛典載揚洪名有赫懿範彌彰

癸卯年中元日立石

按此刻正書六行在府學戟門内東壁考闕里志宋眞宗大中祥符元年十一月十一日御製御書元聖文宣王賛并序而歷城志據後人立石之年月定爲咸平六年七月非也

宋天聖二年大佛山立幡竿記石幢

伏以國泰時康煙嵒勝寺大佛遺蹟古老相傳社衆結無等之心幡竿立有縁之地謬慙殊石具對斯名大宋歲次甲子天聖二年五月丁亥朔八日甲午立

社頭張燮副社鄭德等二十七人刋石出手買幡竿人劉遂出耳幡竿人劉武立幡竿木匠靳山濟南進士王崇述并書

按此刻在西門内鞭子巷義井旁高一尺五寸八稜週圍二尺八寸每面正書三行每行十一二字不等

宋蘇東坡書柳州羅池廟迎送神辭石刻

金石萃編云此碑韓文蘇書嘉定丁丑刻於柳州馬平縣羅池廟舊說相傳估客過柳江者搨一紙卽無風波之虞

按此刻明正德十一年重摹上石在濟南書院廊間

宋熙寧五年曾文定公齊州北水門記石刻 記見藝文

宋熙寧六年曾文定公齊州二堂記石刻 記見藝文

歷城志云右二碑久佚今存者乃明人重刻

宋熙寧六年曾文定公齊州雜詩序石刻 序見藝文

歷城志云右見本集石刻已亡

宋勅龍洞壽聖院六大字石刻

歷城志云右正書勒錦屏山北懸崖無書人姓名舊志云熙寧

聞蘇軾書不知何據

宋熙寧七年齊州閔子廟記碑 記見藝文

潁濱蘇轍撰

明天順四年歲次庚辰七月巡撫山東都察院左都御史賈銓

等重立石

按此碑正書二十行在閔子墓前

宋蘇東坡枯木石刻

歷城志云按東坡熙寧十年過濟南蓋自密州赴京師取道於

此集内有和李公擇詩是其時也亭主劉招不知何如人考趙

清獻公集有寄題劉詔寺丞檻泉亭詩招蓋詔之誤耳

按禹城志有于棨所作東坡先生枯木記詳禹城

宋龍洞題名九種

一題元豐戊午仲冬廿六日度支郎中知齊州韓鐸奉朝命以
冬旱躬詣龍洞祈雪大理評事知歷城縣趙齊賢前潁州團練
推官李毅同拜祠下

一題誠應岳 篆書三大字徑一尺八寸
尙書兵部郎中知軍州事韓鐸命名元豐二年夏四月何拱辰
奉命書院主智全上石劉守新刻

一題元豐二年二月八日知齊州事韓鐸再奉聖旨以春旱禱
雨靈祠前潁州團練推官李毅歷城尉李景隆陪謁鐸題男文
炳文蔚文通文仲侍行

一題元豐辛酉四月二十日朝散大夫直集賢院知齊州范純

仁朝請大夫通判州事閻邱孝修同謁順應侯祠朝奉郎張起
權齊淄二州都巡檢康詡承事郎知歷城縣趙齊賢觀察支使
孫述前潁州團練推官李堅歷城縣尉李景隆從至
一題朝請大夫通判齊州權發遣軍州事閻邱孝修宣德郎知
歷城縣事單鎔觀察支使權通判軍州事孫述節度推官田備
新定陶縣丞薄處厚司法參軍陶聖臣同詣順應侯廟祈雨因
遊龍洞至此男前賓州錄事參軍頓新晉州司法頌堉進士高
元溥孫男郊社齋郎琳次孫璋璪瓌琥侍行元豐五年三月二
十六日元溥書
一題大宋崇寧二年六月晦日張頡子與李倚艮輔范庭堅悅
道劉琮元方李佳美仲聯轡來游

一題華陽王有道林邑夏侯景彥同明慧大師來游政和八年五月十二日題

一題潘世美崔子明崔端禮張澤民癸酉清明日同遊

一題長樂張勱深道問農禱雨至龍洞大梁劉公彥君貺郡人張仲綱彥正韓思誠存仲杞世享延國李孝鶴王有方承之繹郡史安民惠叔長樂李撰德修大梁宋宗年嘉紹趙士銑彥威趙公同子發同來政和七年四月二日龍洞在府城東南三十六里山長而深獨秀峯最高峻其北爲天門又高以峻至者必緣崖躡蹬盤折而上祠橫山腰百數十步湫在後澗半里餘水色黝然大旱不枯古傳黑龍淵云深道題

山左金石志云案韓鐸以元豐元年十一月奉朝命祈雪二年

二月再奉命禱雨皆有應於是題誠應岳三字此崖以昭誠應

仍奏請朝廷賜額順應事詳壽聖院勅牒碑范純仁宋史有傳

神宗朝嘗知齊州舊府志以爲哲宗時者由未細檢耳

按縣志又有大乘師演老呂正書六大字在獨秀峯亦宋刻

也

宋范純粹律詩石刻

歷城志云右見濟南行記謂純粹有題張掞讀書堂詩考德孺

知滕縣在熙寧中而其直龍圖閣及知慶州皆在叔文沒後或

是忠宣詩遺山誤以爲德孺耳

按范文正公四子長純祐字天成次純仁字堯夫知齊州論

忠宣次純禮字彝叟次純粹字德孺縣志辨之是也

宋歐陽文忠公舜井詩石刻 詩見藝文

歷城志云濟南行記云舜井有歐公詩大字石刻按詩載本集而石刻已不見於舊志

宋熙寧十年蘇子瞻書讀書堂石刻

讀書堂 正書三大字字徑一尺

熙寧十年二月朔子瞻書

山左金石志云縣志云張揆讀書堂碑明萬歷初掘地得之乃宋龍圖張揆舊隱處也案宋史列傳揆卒於熙寧七年距東坡書碑時已三年矣東坡以熙寧九年十二月離密州此或是道經龍圖故里感舊而書未可知也

歷城志云右碑舊在王舍人莊今在儒學橋門外

宋元豐三年神在二大字石刻

神在 草書二大字字徑二尺七寸

興德城南泰山廟東廊壁上神在二字世傳郭恕先之筆命意既異固非凡俗所能爲者因模刻以存不朽元豐三年四月望日尚書兵部郎中直昭文館知軍州事上柱國王臨題

金石萃編云按此碑在濟南府城内舜井前今之濟南在宋元豐時爲齊州興德軍王臨史附王廣淵傳大名成安人弟臨字大觀起進士治平中知順安軍後改知齊州

歷城志云碑後又刻涬神二字大小與神在字同

宋元祐名士軒碑

歷城志云右碑見齊乘今佚

宋元豐三年王臨讀書堂詩刻

題故龍圖侍郎張公舊隱讀書堂魏國王臨

熙寍逸老舊門牆少日窮經歷水陽負笈便爲稽古地躬耕兼是養親堂已將賢業歸青史尚有陳編秘縹囊嗣子縠難承世學至今人愛鄭公鄉

元豐庚申五月廿日與德平易堂大觀書

歷城志云右碑在王舍人莊中大路旁時齋爲興德軍平易堂州治堂名而大觀則臨之字也

宋紹聖五年三壇寺窣堵波銘

補陀子潘古撰應鄉貢進士馮睿書

窣堵波者比邱福林爲父母所造也福林俗姓鄭父諱朝宗素

學傳經稱爲長者元豐五年六月二十四日卒於俗舍年七十五時當溽暑及斂浹旬顔色如生蠅蚊不近福善之所感也母畢氏持齋事佛布施勤約元祐六年前八月初四日卒於俗舍年七十六福林受業齊州歷城縣神通三壇寺近四門石塔東北隅三十餘步就山鑿石成瘞坎以藏之運盤石以覆之起七級窣堵波以表之補陀子潘古尉於茲邑乃爲作銘銘於塔曰號無量壽四十八願普度羣有罪滅三途業資無垢福林建塔上爲父母一善從心千佛授手刼火雖焚此塔不朽

按此刻正書三十九行在神通寺東南青龍峽塔座上

宋元符三年勅封順應侯牒碑 牒見藝文

山左金石志云右碑在龍洞壽聖院勅文後列銜三行曰右諫

議大夫參知政事蔡者蔡確也曰禮部侍郎平章事王者王珪也曰工部侍郎平章事吳者吳充也勅下於元豐二年七月至元符三年六月始爲立石碑陰記爲決曹掾李元應所撰中敘立碑事甚詳又有元人張泰亨重摹本亦在院中

宋佛慧山題名五種

一題崇寧十年六月知州事吳拭同僚屬會食佛慧山飲茶泉上

一題大觀二年三月八日左散大夫知州事梁彥純之來遊與會者六人朝請大夫新差知濮州武安國元禮朝奉大夫新差知金州張朴朝請郎李格非文叔朝議郎向沈伯武節度書記李機文淵錄事參軍宋昭叔明

一題政和二年仲春旣望張勱深道招王勤無逸張仲綱彥正杞世亨延國王有方承之韓思永子長洪炎玉文周洵彥眞史安民惠叔同贍石龕大佛登覽晚還城中

一題政和四年三月知州事蔡居後七人勸耕於此飯寺中

一題政和五年七月季德修五人就甘露泉試北苑茶

宋大觀四年神通寺題名

平原鄭秉德濟南沈君正同弟天粹自四禪寺登奉春岩同詣靈岩道場大觀庚寅三月廿三日

宋大觀御製碑

齊乘云憲府東宣聖廟有宋崇寧賜辟雍詔大觀御製政和手詔三碑在焉

歷城志云按大觀碑山左學宮往往有之蔡京題額曰大觀聖作之碑今惟政和碑尙存大觀碑與崇寍賜辟廱詔碑皆亡矣

按崇寍賜辟廱詔詳陵縣大觀御製詳臨邑

宋政和六年報恩塔記碑

林棣開元寺東大聖院講經論僧宗義行業特異所在有聞又念君以安治親以生育師長以誨導檀信以資給此恩不報何德可酬遂罄所有於齊之龍洞山寺鷲棲巖頂葬舍利數十粒起石塔七層置觀音像於龕中名之曰報恩塔以成其志也政和六年歲次丙申四月吉日濟南王澄記

按此刻正書二十行在龍洞東峯

宋政和八年御書手詔碑

朕承祖宗遺休餘烈崇經術設學校興賢能以待天下之士高爵重祿承之庸之以待士之任官者盡與之修政事理人民以立太平之基致唐虞三代之隆宜有豪傑特立之才忠信志義之人比肩相望焜燿一時爲世盛事而比年以來懷僭亂之異謀干誅死之極憲者如趙諗儲倖王寀劉昺之徒或賢科異等勳閥世冑或出入禁闥侍從之領袖爲搢紳士大夫之大辱閭巷無知愚夫愚婦之所憤疾武夫悍卒未嘗知書者咸羞道而喜攻之其故何也豈利心勝而義不足以動之歟抑勸導率勵之方有所未至歟夫經傳所載君臣之分忠義之訓榮辱禍福之戒豈不深切著明今誦其言而不能效之行事深慮薄俗浸漬士風陵夷失崇養之指害教化之原爲天下後世笑卿當師

儒之任以學行致大官其思所以勸勵興起俾知尊君親上之美無復暴厲邪僻之行以居德而善俗以化天下與後世稱朕意焉故茲詔示奉行無忽

付李邦彥

政和八年夏六月上親御翰墨作訓于四方多士以其詔屬臣邦彥使奉行之秋七月被旨揭示於太學暨辟雍仍著之石九月臣以職事進對便朝上諭臣曰前日詔書學者宜識所以訓迪之意且暴戾邪僻豈士人所爲臣頓首謝曰陛下興學造士澤之入人深矣孰不能惠上德而化之聖詔一頒鼓舞丕應咸目愉而心成咨嗟諷詠者不可一二數憤激而勸以義者慨然相先也蓋教育之道素明而理義之感人若是其敏願詔儒臣

作記以揚厲休蹟俾天下後世無忘其章越二日御筆委臣識之而臣疏遜一介擢長師儒毫髮未報宸翰所及獎飾踰分眷任之意不替益事且不以蕪累取玷上寵俾加序述惟是不腆末學固不足以辱命而載名其下有榮耀焉臣之幸也謹拜手稽首而言曰臣聞三代之學皆所以明人倫人倫治化之本義命之大戒存焉士之所學學此者也上之所教教此者也政事之興風俗之醇皆源於此周監二代禮樂庶事備矣而教養之治加詳法象所示雲漢其章人才之成金玉其質拔奇取異序爵而官使之名正分辨咸懋嘉德故服事其上而下無覬覦羔羊節儉正直之風有辭于永世知所以尊義而立命故也治降叔末君臣信義之論策名委質貳辟之責猶行於區區戰國之

閒時以爲美談豈餘波遺澤燕及來葉而人倫之教在人心者未熄耶上以神明淵懿之資發揮前聖光大之烈勵賢崇化一本於學所以風天下而善萬世者三代不足進也邪謀弗臧既底于憲而訓辭諄切必勤勤于庠序師儒之官宸慮所圖至深且遠矣譬猶慶霄清明白日中照有目有趾者待是焉顧非甚愚孰不知嚮是宜革心滌慮祇奉明德戒懼而不敢少易也嗚呼士之取重於世者以義命在我物無得而移之故尊君親上之心常存而不喪嗜逐末者義以利勝樂于時者命以故滅陵夷漸漬始失其常心越乃誕作狂僭矯誣之行而階之爲禍屢稜之施金桄之戒罔不在厥初則天心仁愛之篤形於詔諭其爲惠可勝既耶書曰王言惟作命不言臣下罔攸稟令夫以九

輦之近幹制四海之遠德意志慮非言弗宣稟令之臣所當奉
以周旋靡遑夙夜矧奎章洛畫昭布於上下而文勒諸琴玉垂
範將來疇敢不力臣績文末工愧無以形容聖作之萬一然戒
告之嚴委寄之重尚俾來者勿怠于成以奉揚丕顯休命於億
萬斯年之永則是記也豈特侈上之賜使後世歆艷其美而已
哉
冬十月己卯朔十五日癸巳朝議大夫試大司成同修國史隴
西縣開國子食邑五百戶賜紫金魚袋臣李邦彥奉御筆記并
書
保和殿直學士朝請大夫提舉上清寶籙宫編類御筆兼禮制
局詳議官校正內經同詳定官汝陽縣開國子食邑六百戶賜

紫金魚袋臣蔡翛奉聖旨題額奉議郎試辟廱司業臣李隲奉議郎試辟廱司業臣程振

山左金石志云右碑上截刻手詔二十二行下截刻李邦彥記二十九行李邦彥在當時有浪子宰相之號而此碑勵賢訓士君臣褒頌雖古之聖君賢相不是過也文辭飾美不足取信於後世大率類是題額者蔡翛卽蔡京之子也

宋宣和三年磚塔題名

濟南府長清縣天花中管和平鄉稅戶劉宗妻么氏男助教孫男小哥次男二哥合宅再修塔須彌座伏保合宅吉慶

宣和三年四月十五日畢

按此刻在城東南八十五里海羅峪村西北磚塔石座上

宋宣和三年黄石崖題名

劉明叔李子瑛宣和三年三月廿三日題

宋徽宗畫花鳥石刻

宋康與之題云玉輦宸遊事已空尚餘奎藻繪春風年年花鳥無窮恨盡在蒼梧夕照中又王盧溪題云宣和殿後新雨晴兩鵲飛來東向鳴人間畫工總不成君王筆下春風生

按此刻在濟南書院西廊壁上

宋紹興五年岳武穆王詩石刻

送紫巖張先生北伐詩云號令風霆迅天聲動北陬長驅渡河洛直擣向燕幽馬蹀閼氏血旗梟克汗頭歸來報明主恢復舊神州紹興五年秋日岳飛拜

金石萃編云按此詩刻者三處一在湯陰一在錢塘墓祠一在濟南府署紫巖即張浚號宋史高祖紀及張浚傳紹興五年秋皆無北伐之事至其署欵尤非宋人體製似是明人僞託然碑已傳久忠武詩蹟又爲人所重故特辨之

按此刻詩三行前後題名二行在府署土地祠內蓋祠本前明天啟六年樊太守所建精忠祠也

宋紹興六年高宗賜岳武穆王書石刻

三年之喪古今之通禮也卿母已終天年連請守制者經也然國事多艱之秋正人臣幹蠱之日反經行權以墨縗視事古人亦嘗行之不獨卿始何必過異之邪且足以練兵襄陽以窺中原乃卿素志諸將正在矢師効力卿不可一日離軍當以恢復

爲念盡忠於孝更爲所難卿其勉之

紹興六年五月廿八日皇帝書賜岳飛

按宋名臣言行錄云信國武穆王紹興五年封荊襄招討使六年兼營田使除宣撫副使駐襄陽丁母憂即日起復命職位中增河東路節制河北路又云母喪既葬廬於墓側御札數四强之而後起此刻高宗賜書舊爲濟南高太守所摹今移置精忠祠內

宋景祐二年大佛山寺石刻

齊州大佛山寺自景祐二年正月十五日命匠人下手重鐫大佛頭至景祐三年丙子歲六月戊申朔畢功據糺首僧用言同糺首僧瓊江并化到結緣僧尼俗人姓名具列如後

按此刻正書二十一行在開化寺絕頂大佛頭旁

金天眷元年泰山元陽子張先生坐化記碑

元陽子者先生之法名也張姓齊右長清縣盧鄉人生而聰明長而慈愛七歲無怙十歲無恃孤養於祖考叔父之側十六歲爲商抵闕右鳳翔不意羅織充軍存心忠孝武藝絕倫戰功出衆不以官爵利名爲心不以家產子孫爲計自此闡揚正道隨世化人享年百十有餘歲不食五穀自然饜足已有八歲丙辰十二月二日午時於濟南歷城縣本菴焚香坐化門生建塔事之時天眷元年歲次戊午仲冬上弦日門生朱守默李蟻記

按此碑正書文二十一行在城東南子房菴東

金皇統三年白雲菴主慶八十禮塔會碑

白雲菴大論師義公傳殘缺不錄

按此碑正書文二十行在龍洞報恩塔側

金名泉碑

齊乘云歷下名泉總七十二見名泉碑蓋殘金俗筆

按七十二泉名詳山水茲不具錄碑今無存

元憲宗四年龍洞靈惠公廟碑

濟南路叅議前進士長山張泰亨謹撰并書宣授濟南路總管

民長官襲爵張開躬立

按此刻正書三十行在龍洞山門內

元重刻宋勅封順應侯碑并碑陰記

府學生進士李敬簡撰寫并篆額監造官都紀劉江董貴郝存

何金崔登張泉許津刋

按此二刻與宋碑同在龍洞壽聖院山門内西側

元憲宗四年秦氏先塋碑 文見藝文

宣差東平路行軍萬戸總管府叅議宋貞撰前德州司判董銓書丹武略將軍前泰安州倉使秦忠弟秦均秦泉同立石奉國上將軍山東西路東平府德州防禦使秦津立石

按此碑正書十六行在城東北四唐王道口東

元至元元年濟南安氏先塋碑 文見藝文

歷城志云右碑見中州名賢文表馬祖常撰不知其墓所在

元至元十八年重修東嶽行宮三門碑 文見藝文

濤亭李書撰歷山李孟璋書丹并篆額

至元十八年辛巳五月甲午二十二日丙辰龍水科針筆王澤
錄事司首領董俊立石

按此碑正書二十行在南關東嶽廟東墀下

元至元十八年舜泉詩石刻

重華昔向歷山耕泉水今猶以舜名山色石如頒玉色泉聲清似鼓琴聲化流天下皆知孝德洽人心盡好生千載歐公詩石在南風祠下爲重賡宜山徐世隆

舜泉在歷下古今題詠固多干戈以來惟歐公詩刻在至元辛巳孔文貞從善來任郡幕訪求遺文詩今內相宜山先生唐律一篇勒諸翠玉期與歐詩爲不朽若從善者可謂好古君子也

至元辛巳閏八月三日邯鄲張之翰敬書濟南路總管府經歷

孔文貞立石歷城簿董士良監造

按此刻行書十八行在舜井北壁

元元貞元年朱宅狻猊贊石刻

乙未夏六月獲石璞於南山周圍厚有尺餘高可四五尺於是傭功刻狻猊像既成因係之以贊曰天地之璞雄成犖确虎旋其毛麟闕其角銅頭鐵額斗尾踞牙永豎門首辟彼妖邪元貞元年秋七月朔朱宅立殷瑞刊

按此刻正書十一行在藩署土地祠門外石狻猊座旁

元元貞二年進義副尉張儀神道碑銘 文見藝文

國子司業劉敏中撰湖州路儒學正河內曹質書丹并篆額男守約輩立石

按此刻正書二十四行在城東北張家莊東

元趙子昂詩刻

抱膝獨對華不注孤襟四面天風來泉聲振響暗林壑山色滴翠落莓苔散髮不冠弄豪翰舉杯向日臨空堦有時扶筇步深林長嘯袖染烟霞回　竹林深處小亭開白鶴徐行冢紫苔羽扇不搖紗帽側晚涼青鳥忽飛來　同知濟南路總管府事趙孟頫題

香祖筆記云歷下孫氏有別墅在濟南郡城西北十里而近其地四面皆稻塍與鵲華兩山相望園中有泉相傳趙松雪洗硯泉也一日園丁治蔬畦得石刻於土中洗剔視之乃松雪篆書二詩松雪篆不多見此石刻缺處惜爲石工以意修補寖失古

意今其地名硯溪在濼口之北

歷城志云右刻篆書十一行今在臧家屯

元趙子昂趵突泉詩刻

濼水發源天下無平地湧出白玉壺谷虛久恐元氣泄歲旱不愁東海枯雲霧潤蒸華不注波濤聲震大明湖時來泉上濯塵土冰雪滿懷清興孤

予聞趙松雪趵突泉詩久矣謂濟上必有嘉刻可玩乃癸丑來此求之弗得頗惜之至丙辰復來求之又弗得邑人薛君測予意請爲補亡礱石以待予遂不辭而漫書之嗟乎松雪詞翰之妙誰不知者顧吾蹈珷玞之誚哉聊存燕泉故事俾好事者有所考見云爾時嘉靖戊午午月上日東省左司參知無錫俞憲

識

按此刻草書十九行在趵突泉上

元大明湖三大字刻

山東東西道肅政廉訪使王書都轉運使壽僧立

歷城志云右刻正書字徑一尺一寸五分在鵲華橋西

元大德四年鎮撫張仁神道碑銘

行中書省掌書記濟南李吉撰鄉貢進士濟南張巨淵書丹并

篆額男張信張進立石侄男張宏祖張顯祖同立石

按此碑正書文二十五行在城東北張家莊東

元大德十年通理妙明禪師淳愚長老雲公碑銘

前曹州儒學教授智京撰金輿海月圓明長老智澄巨源書丹

歷山進士姚仁篆額

按此碑正書文二十八行在神通寺大殿後

元大德十一年普巖大師寶公塔銘并序

按此碑正書文二十五行在神通寺北

元大德十一年加封大成至聖文宣王制詞碑

上天眷命皇帝聖旨蓋聞先孔子而聖者非孔子無以明後孔子而聖者非孔子無以法所謂祖述堯舜憲章文武儀範百王師表萬世者也朕纘承丕緒敬仰休風循治古之良規舉追封之盛典加號大成至聖文宣王遣使闕里祀以太牢於戲父子之親君臣之義永惟聖教之尊天地之大日月之明奚罄名言之妙尚資神化祚我皇元主者施行

大德十一年七月十九日

按此刻正書二十二行刻碑上層在府學東廡前

元至大四年加封孔子詔石刻 詔見藝文

中奉大夫前河南河北等處行中書省參知政事劉敏中撰并書題額

至大四年歲次辛亥秋八月日資善大夫山東東西道肅政廉訪使師著等立石

按此刻正書二十七行刻前碑下層在府學東廡前碑陰有都轉運鹽使以下題名

元延祐五年僧普光龍洞造象記

按此刻正書文十行在龍洞後門口側

元延祐五年普光石刻

薛禪皇帝欽崇三寶至元十三年設大金輪聖會飰僧百億天牟尼皇帝御印聖無量壽經四十二章經七佛名經普賢行願品等經勑給僧尼披誦延祐五年寺僧普光發菩提心捨有限資命工造佛龕報廕祐之德

按此刻正書十行在五龍潭

元延祐六年故敏公監寺壽塔記

勑賜神通寺住持金輿長老智澄撰并書丹

按此刻正書四面記十五行在神通寺西北

元至治二年勑賜神通寺祖師興公菩薩道德碑

臨邑縣尹邢天佑撰平陽路税務大使杜艮書丹

按此碑正書文二十五行在西大殿西壁下

元至治三年勝果院僧明通勤績記碑

黄花後人熊岳王炤撰書丹并額

按此碑正書在城東北五十里董家莊東院中

元泰定三年淸慧明德大師敬公山主壽塔銘

智澄撰并書篆

按此碑正書十九行在神通寺西北

元至順二年張文忠公祠記碑記見藝文

侍講學士婺州黄溍晉卿撰

元後至元六年金壇縣尹段君墳道志銘

歷城志云石碑在城東武家村南葢蔽之族也

元後至元六年王氏先塋碑銘

歷城志云右碑掘土得之在城東七十里龍山鎮西北

元至正二年濟南路廟學新垣記碑文見藝文

御史中丞張起巖撰　山東東西道肅政廉訪副使文書訥書

丹　副使史經篆額

按此碑正書二十行碑陰上層十五行下層二十二行在府

學泮橋西

元至正十年山東鄉試題名記碑記見藝文

儒林郎山東東西道肅政廉訪司經歷許彧書并題額

從仕郎翰林國史院典籍毛元慶撰

至正十年十月立

中奉大夫山東東西道肅政廉訪使八都　奉議大夫山東東西道肅政廉訪使八篤邇實理　承德郎僉山東東西道肅政廉訪司事環州閭　奉訓大夫僉山東東西道肅政廉訪司事拜住　奉議大夫僉山東東西道肅政廉訪司事林茂　儒林郎山東東西道肅政廉訪司經歷許彧　將仕佐郎山東東西道肅政廉訪司承發架閣兼照磨事童二

考試官　通議大夫禮部尚書梁宜彥中乙卯進士茌平人

奉訓大夫國子助教黃昭觀瀾庚午進士臨川人　從仕郎翰林院國史典籍毛元慶文在壬午進士廬陵人

監試官　奉訓大夫僉山東東西道肅政廉訪司事拜住明善

壬午狀元　書吏趙鑄元治眞定人　楊權可立胥盂人

知貢舉官　正議大夫山東東西道宣慰使司同知副都元帥
别速堅　令史莊全　奏差苗紹宇
收掌試卷官　承事郎般陽路淄川縣尹仕翺戊子進士
受卷官　濟南路儒學教授賈暻大名
彌縫官　從仕郎高密縣尹秦裕國子生
謄錄官　從仕郎棣州無棣縣尹李勉中
對讀官　從仕郎德平縣尹蘇霖　從仕郎霑化縣尹王士彦
從仕郎江西榷茶提舉賀天民　承事郎濟南路濟陽縣尹
王曰正　閔子書院山長曹贇東平解元　憲司通事旭出帖
木兒　書吏王誠等十五人　奏差王守仁等三人　典史李
中

通榜進士　蒙古色目九名

第一名保安奴山東人　第二名阿禮濟南人

第三名藥師奴博興人　第四名栢就濟南人係阿禮弟

第五名煥著濱州人　第六名合徹的斤色目人

第七名塔僊濟南人　第八名燭理達般陽人

第九名普顏八達耳滕州人

漢人七名

第一名李國鳳濟南人　第二名鞠思誠盐海州人

第三名姜允祖般陽人　第四名孟華沂州人

第五名張泰萊州人　第六名陳克敬萊州人

第七名劉遵魯登州人

提調試院官　中憲大夫濟南路同知總管府事蕭完者不花

承直郎濟南路總管府推官楊翀　承事郎濟南路總管府

經歷鄭允德　府吏王裕仁等四人

監門巡綽官　武略將軍濟南總管府判官揑古伯　武德將

軍守鎮千戶都剌帖木兒

搜撿懷挾官　進義副尉濟南路歷城縣達魯花赤天保　進

義副尉濟南路錄事司判官趙思明

供給官　朝列大夫濟南路總管府達魯花赤火你赤　武德

將軍濟南路總管府副達魯花赤阿東　武德將軍濟南路總

管府治中塔失要　承直郎濟南路總管府推官王景安　登

仕郎濟南路知事郭從善　濟南路架閣所照磨邢思齊　司

吏張恭縣　貼書趙瑞等七人

供給屬官　文林郎濟南路歷城縣尹閻仲榮　進義副尉濟南路歷城縣主簿張逵　濟南路錄事司達魯花赤買住　從仕郎濟南路錄事鄺公讓　督工府吏傅浩伯深　貼書劉佐

按此碑正書凡四層一層三十行二層四十行三層十九行四層二十七行在府學明倫堂東壁上

元至正十三年重建五龍堂碑

孔顏孟三氏教授趙本撰翰林直學士段弼題額

按此碑行書篆額在五龍堂前廳東壁

元至正二十二年山東鄉試題名記碑記見藝文

朝列大夫刑部侍郎孫翥撰　徵仕郎河南江北等處行中書
省儒學提舉吳禹題額　奉訓大夫中書右司員外郎權左司
員外郎趙恒書丹

至正二十有二年歲次壬寅秋九月朔旦書於濟南之明遠堂

總行提調官　總兵官光祿大夫中書平章政事兼知河南山
東等處行樞密院事皇太子同知詹事擴廓鐵穆邇

提調官　從仕郎僉行樞密院事完哲　承事郎衛輝路總管
權中左司員外郎張守禮字志道　奉訓大夫中書右司員外
權左司員外郎趙恒　奉訓大夫中書右司支質字仲缺　行
科舉省掾台缺

考試官　朝列大夫刑部侍郎孫翥蘭陽人　徵仕郎河南江

北等處行中書省儒學提舉吳禹字伯璋
監試官　承德郎戶部侍郎倪璐
守禦提調官　中議大夫河南江北等處行中書省右丞察缺
　中奉大夫山東等處行中書省參知政事恒缺
收掌試卷官　奉訓大夫淮南江北行中書省左右司郎中陳
缺
受卷官　將仕佐郎河南行樞密院缺
彌縫官　太保府掾史王煥　鄒平縣儒學教諭缺
謄錄官　敦武校尉皇甫缺字希尚
對讀官　河南山東行樞密院都事缺暹
閔子書院山長張缺

正榜十三名

劉韶　劉謙　楊天翼禹城人餘俱缺

副榜六名

段顯禮濟南人　周密東平人　孫用貴鄒平人　周熹齊河

人　馬缺濟南人上缺

供給科舉一應事務官　奉直大夫濟南路總管府達魯花赤

諸軍奧魯管內勸農事俞仁字道宗　濟南府總管府經歷缺

提調科舉官　亞中大夫濟南路同知總管府事程翊字鵬缺

濟南路總管府知事石德環字君琚　照磨張從義字立禮

搜檢懷挾官　濟南路總管府知事孫福

監門巡綽官　歷城縣尹脩榮祖字從仁　縣丞秦九成字鳳

缺　主簿衛權字從道　前濟南路錄事司達魯花赤保缺

掾史時九凱字舜卿

按此碑正書凡四層一層二十八行二層二十九行三層二十一行四層十六行在府學明倫堂西壁上

元濟南忠襄王張榮墓碑

大元勅賜故山東行省兼兵馬都元帥加贈推忠宣力正義佐

命功臣太師開府儀同三司上柱國濟南忠襄王碑

歷城志云右碑在城東三十五里和山前張林邨村北僅存篆額四行榮贈王及謚忠襄不見於本傳得此可以補史之闕

元至正十四年張宓神道碑

大元故中奉大夫山東東西道宣慰使贈江浙等處行中書省

叅知政事護軍追封濟南郡公謚宣懿張公神道碑銘
賜同進士將仕郎翰林國史院編修官李國鳳撰文　翰林學
士承旨榮祿大夫知制誥兼修國史張起巖篆額　從子景德
拜手稽首書丹　孤子元輔立石　孫男樞督工

按此碑正書三十三行在張林邨村北

元張氏先塋碑

歷城志云右碑在章邱縣東南相公莊東張萬墓旁明正德中
文忠公裔孫摹刻立石篇首云維我張氏之在濟南其宗屬有
二一居陽邱一居歷城居陽邱者則伯祖父歷城則祖父也伯
祖父諱萬其世行具見翰林承旨姚燧所撰陽邱張氏先塋碑
祖父年九十一卒子二長興葬泰安梁氏村父郁字威卿以中

統年卒觀此知歷城故有是碑且可知文忠之居於歷城蓋自
其祖而舊志之列於流寓誤也

元張文忠公家訓碑

歷城志云右碑正書文十八行額八分書在張文忠公祠內

元張文忠公擬雅詩刻

擬雅古詩一篇晨興五言今律一篇先文忠公所遺翰墨也引
恐其久或靡沒命工摹勒於上嗚呼先公遂閒之情取友之誼
於此庶見其一端矣至正十四年甲午春三月良日朝請大夫
陝西諸道行御史臺監察御史嗣男引百拜謹誌

按此碑草書詩二層每層十五六行正書跋十行並勒家訓
碑陰

元張文忠公自壽詞碑

自壽感皇恩　林壑八年閑吟殘山色無處烟霞不相識正懽清福舉世誰人會得天教分付與雲莊客　萬室侯封九華仙伯未必情懷似吾適扁舟風月好景初無今昔遐齡原不在餐松柏　雲莊老人書

按此碑草書十行在文忠公祠內

元張文忠公七聘堂記碑 記見藝文

趙郡蘇天爵記　江右諭立書　朝請大夫陝西諸道行御史臺監察御史嗣男引立石

按此刻正書二十二行與前自壽詞並刻一石

元蜀郡虞集題張文忠公詩刻 詩見藝文

自築層臺草棘閒興來時復一躋攀不知老眼高多少脚底雲生無數山　薄暮池亭獨倚筇寒山遠火透林紅却愁今夕雲霄外萬叠屏風一炬空　雲莊老人書

按以上二種並刻七聘堂記碑陰

元雞鵲睡犬石刻

歷城志云元李宗實周炤所畫雞犬曹希谷題其端寓諷刺謂之三絕今壞

元太師郭公墓碑

歷城志云石碑在老僧口西南七里

元總管府斷碑

總管府知事郭榮　濟南路總管府事蕭完者不花　總管府

達魯花赤管內勸農事塔海

歷城志云右斷碑在龍洞聖壽院佛殿臺基牆內

元大佛山磨崖題字

長生泉 正書字徑三寸

廉使察罕普華書

按此刻正書二行在大佛山壁石佛旁泉上

明洪武二年重建城隍廟碑

濟南府知府廣信陳修撰歷山陳汝言書并篆額

按此碑在城隍廟西壖下碑陰列山東省官按察司官濟南

守衛官歷城縣官共二十二人

明洪武十八年題山東布政司堂前鳳翥石

文淵閣大學士豐城朱善題成化十三年左布政使陳儼右布
政使阮勤等立石經歷樊輔書

明景泰五年釋至昂枯木堂銘

濟南僧綱司都綱至昂集

按此碑正書十三行在太平寺殿基後

明至昂和尚牧牛圖詩序石刻

歷城志云石刻在太平寺殿基後

明天順四年重修城隍廟碑

前禮部左侍郎兼翰林學士河東薛瑄德嘉撰山東布政使司
左叅政鳳陽柳春孟端篆濟南知府成臯陳銓文衡書

按此碑在城隍廟大殿東墀下

明天順五年重修布政司堂記碑記見藝文

太常少卿安成彭時撰文南京戶部左侍郎東萊譚溥書丹山

西按察使濟南王允篆額

明天順五年布政司題名記碑記見藝文

吏部尚書南陽李賢撰文陝西叅知政事東魯許彬書丹通政

司左叅議濟南尹同仁篆額

明天順六年濟南府重建張文忠公祠堂記碑

陝西叅知政事前禮部左侍郎兼翰林學士東魯許彬道中撰

山東都轉運使前戶部郎中金臺董昱篆額濟南知府前兵部

主事成阜陳銓文衡書丹

按此碑正書文二十三行在張文忠公祠內

明成化九年修大清河記碑記見藝文

太子太保壽光劉珝撰文

明成化十五年歷城新遷儒學記碑記見藝文

按察司僉事廣信畢瑜撰僉事衛輝劉璋書歷城知縣賈宣立石

按此碑正書十七行在縣學內

明成化二十一年新建按察分司記碑記見藝文

按察司僉事潘禎撰文按察使石渠書丹副使許進篆額

按此碑正書在運司署土地祠內

明宏治元年欽准張文忠公春秋祭祀檄文石刻

濟南知府睢陽蔡晟立石

按此碑正書文二十四行在張文忠公祠內

明宏治二年運使王臣去思碑

德府長史大梁艾俊撰文

明宏治六年祭張文忠公墓文石刻

致仕吏部尚書尹同仁撰

按此碑正書十二行在張文忠公墓前

明宏治十七年趵突泉詩刻

晚到濼泉次趙松雪韻

濼源特起根虛無下有鼇窟連蓬壺絶喜坤靈能爾幻 却愁地脉還時枯鶩湍怒湧噴石竇流沫下瀉翻雲湖月色照衣歸獨晚溪邊瘦影伴人孤 餘姚王守仁

玉壘嶙峋半有無金聲鏜鞳擁氷壺源通渤澥誰眞見老盡乾坤勢未枯萬斛明珠浮泡沫一川輕浪接平湖公餘坐倚觀瀾石四面清風與不孤　江東陳鎬

宏治甲子八月吉日題

按此刻行書九行正書九行在趵突泉上

明正德元年都司題名記碑 記見藝文

提督學政副使陳鎬撰左布政使劉璟篆按察使賈錠書

按此刻正書在今濼源書院内

明正德三年按察司續建題名記碑 記見藝文

按察使周東撰文左布政使賈錠篆額副使王揞書丹

明正德四年臬署洗心亭記碑 記見藝文

按察使周東撰并書

明正德四年都司新建牌坊記碑　記見藝文

學政江東陳鎬撰布政使車璽篆按察使周書書

按此刻正書在今濼源書院內

明正德八年趵突泉詩刻

趵突泉次趙松雪韻

濯盡塵襟一點無皎如寒露在冰壺風鳴谷涌聲先到歲旱山

童澤未枯定有靈根連海岱應教餘潤比江湖他年策杖遊王

屋解道尋源興不孤　太原喬宇

正德癸酉四月吉日立石

按此刻正書十一行在趵突泉上

明嘉靖元年聖賢道統贊石刻

伏羲贊　於惟聖神繼天立極仰觀俯察卦爻斯畫始造書契以代結繩開物成務萬古文明

神農贊　聖皇繼作與天合德始嘗百草以濟夭札農有耒耜市有交易澤被生民功垂无極

黃帝贊　帝德通變神化宜民垂裳而治上乾下坤井野分州迎日推筴百度惟熙萬世作則

帝堯贊　欽明揖遜德協萬邦巍乎成功煥乎文章天地之大日月之光允執其中道冠百王

帝舜贊　重贊協帝授受于唐惟精惟一濬哲文明兩階干羽九部鳳凰恭己南面萬世綱常

禹王贊　文命四敷三聖一心有典有則克儉克勤成功不伐
善言則拜九州攸同萬世永賴

湯王贊　勇智天錫聖敬日躋建中於民萬邦惟懷顧諟明命
肇修人紀垂裕後昆道統斯啟

文王贊　天德之純於穆不已肅肅雝雝緝熙敬止後天八卦
昭如日星大哉彖繫式開太平

武王贊　丕顯文謨丕承武烈偃武修文天下大悅丹書之受
洪範之咨百王遺緒一代丕基

周公贊　天生元聖道隆德備制禮作樂經天緯地上承文武
下啟孔顏功在萬世位參兩間

孔子贊　道冠古今德配天地刪述六經垂憲萬世統承羲皇

源啟洙泗報德報功百王崇祀

顏子贊　天稟純粹一元之春精金美玉和風慶雲博文約禮超入聖門百王紹法萬世歸仁

曾子贊　守約而博學恕以忠聖門之傳獨得其宗一貫之旨三省之功格致誠正萬世所崇

子思贊　精一之傳誠明之學聖門嫡派斯道有託發育洋洋鳶飛魚躍慎獨之言示我先覺

孟子贊　哲人既萎亞聖斯作距跛闢衺正端諤諤堯舜之性仁義之學烈日秋霜泰山喬岳

嘉靖元年歲次壬午夏五月望嘉議大夫巡撫山東都察院右副都御史後學廬陵陳鳳梧贊

按此刻篆書三層每層二十一行在府學戟門外東側一刻縣學內正書三層文竝同

明嘉靖元年鳳翥石銘刻

巡撫山東前左布政使廬陵陳鳳梧題并跋云東藩露臺久有鳳翥石高尋丈許如端人正士立乎其前相傳爲張文忠公雲莊奇品坐對之餘肅然起敬爲賦一律以寓化世之懷云

明嘉靖元年閔子墓詩刻

巍然郈墓歷城東瞻仰衣冠萬世同德行　聖門眞首選爵名先代有休風班班苔蘚碑文古鬱鬱松楸享殿崇南望孔林應不遠瓣香端拜一誠通

嘉靖改元孟春後學廬陵陳鳳梧謹題

按此碑正書八行在閔子墓前碑陰跋云嘉靖三十二年余初補博士弟子員聞學宮有陳中丞題閔子詩業已鐫石欲移祠下尋代去不果索讀竟不可得後四十年乃得之塵埃中孫生董其事諸君贊成之按中丞題詩歲在嘉靖改元歷隆慶至萬歷庚子幾八十年矣始遂中丞本謀亦黃泉高原意也未齋居士周繼書

明嘉靖元年濟南名宦祠碑

巡撫山東都察院右副都御史陳爲查考名宦鄉賢以勵風化事本院謹考一統志參之名臣錄所載得漢平原太守蕭望之而下十二位甚爲名宦俱合崇祀每遇春秋二丁致祭

明嘉靖二年運使向文璽去思碑

杜泰撰文

明嘉靖四年冠豸二大字石刻

按此刻左冠右豸在按察司署宅門外

明嘉靖五年世宗敬一箴石刻

敬一箴有序

夫敬者存其心而不忽之謂也元后敬則不失天下諸侯敬則不失其國卿大夫敬則不失其家士庶人敬則不失其身禹曰后克艱厥后臣克艱厥臣五子之歌有云予臨兆民如朽索之馭六馬爲人上者奈何不敬其推廣敬之一言可謂明矣一者純乎理而無雜之謂也伊尹曰德惟一動罔不吉德二三動罔不凶其推廣一之一言可謂明矣蓋位爲元后受天付託承天

明命作萬方之君一言一動一政一令實理亂安危之所繫若此心忽而不敬則此德豈能純而不雜哉故必兢懷畏懼於郊禮之時儼神明之鑒享發政臨民端莊戒謹惟恐拂於人情至於獨處之時思我之咎何如改之不吝思我之德何如勉而不懈凡諸事至物來究夫至理惟敬是持惟一是協所以盡爲天之子之職庶不忝厥祖厥親由是九族親之黎民懷之仁澤覃及於四海矣朕以冲人纘承丕緒自諒德惟寡昧勉而行之欲盡持敬之功以馴致乎一德其先務又在虛心寡慾驅除邪逸信任耆德爲之匡輔敷求善人布列庶位斯可行純王之道以坐致太平雍熙之至治也朕因讀書而有得焉乃述此以自勗云

人有此心萬理咸具體而行之惟德是據敬焉一焉所當先務匪一弗純匪敬弗聚元后奉天長此萬夫發政施仁期保鴻圖敬怠純駁應驗頓殊徵諸天人如鼓荅桴朕荷天眷爲民之主德或不類以爲大懼惟敬惟一執之甚固畏天勤民不遑寧處曰敬維何怠荒必除郊則恭誠廟嚴孝趨肅於明廷愼於閒居省躬察咎儆戒無虞曰一惟何純乎天理弗參以三弗貳以二行顧其言終如其始靜虛無欲日新不已聖賢法言備見諸經我其究之擇善必精左右輔弼貴於忠貞我其任之鑒別必明斯之謂一斯之謂敬君德既修萬邦則正天親民懷永延厤慶光前垂後綿衍耆盛咨爾諸侯卿與大夫以至士庶一遵斯誥主敬協一罔敢或渝以保祿位以完其軀古有盤銘目接心警

湯敬日躋一德受命朕爲斯箴拳拳希聖庶幾湯孫底於嘉靖

嘉靖五年六月二十一日

按此刻正書二十五行年月上有欽文之寶四字在府學尊經閣上

明嘉靖六年世宗注釋宋儒五箴石刻

宋儒范氏心箴　茫茫堪輿俯仰無垠人於其間眇然有身是身之微大倉稊米參爲三才曰惟心耳往古來今孰無此心心爲形役乃獸乃禽惟口耳目手足動靜投閒抵隙爲厥心病一心之微衆欲攻之其與存者嗚呼幾希君子存誠克念克敬天君泰然百體從令

宋儒范氏浚作心箴西山真氏特錄於大學衍義之中以獻時

君宋君雖未能體察而爲後世告其致意也深其用功也至是于所嘉慕而味念之箴之作本於范氏非眞西山發揚其孰能之哉嗚呼念哉

程子視箴　心兮本虛應物無迹操之有要視爲之則蔽交於前其中則遷制之於外以安其內克己復禮久而誠矣

程子聽箴　人有秉彝本乎天性知誘物化遂亡其正卓彼先覺知止有定閑邪存誠非禮勿聽

程子言箴　人心之動因言以宣發禁躁妄內斯靜專矧是樞機興戎出好吉凶榮辱惟其所召傷易則誕傷煩則支己肆物忤出悖來違非法不道欽哉訓辭

程子動箴　哲人知幾誠之於思志士厲行守之於爲順理則

裕從欲惟危遺次克念戰兢自持習與性成聖賢同歸

斯四箴者作之在於程頤以斯四箴而致其君者乃吾輔臣張璁也頤之作箴其見道之如此而勳與禮合宜朕未之言君子必知矣夫今璁以此言而告朕與夫昔議禮之持正可謂允蹈之哉朕罔聞於學特因是而注釋其義於以嘉璁之忠愛於以示君子之人嗚呼箴之功宜不在程氏而在於璁也哉用錄此於末云耳

嘉靖丁亥歲季冬越三日註

按此刻正書五石一刻二十七行二刻二十三行三刻三十三行四刻二十九行五刻三十四行在府學尊經閣上北壁及東西壁閒

明嘉靖七年建敬一亭諭奏石刻

嘉靖六年十一月十八日聖諭內閣輔臣楊一淸謝遷張璁翟鑾朕因十三日聽講官顧鼎臣解說心箴連日味思其意甚爲正心之助昨自寫一篇并假爲注釋與卿等看大學士臣張璁謹奏是月小至日伏承賜內閣范浚心箴注一通臣稽首對揚乃竊嘆曰至哉聖人之用心乎漢董仲舒有言人君所爲必求其端於天今陰極陽生實君子道長小人道消之時也在易之卦爲復曰復其見天地之心乎自非聖人心學得之天其能體悉發明如此臣愚竊有感焉臣昔讀書山舍嘗揭范浚心箴及程頤四箴實養心之大目也況人君一心爲萬化之主而視聽言動尤當加謹焉者也臣於御注心箴敬摹宸翰付工刻石傳

之天下萬世謹復錄程頤四箴乞留神省覽

嘉靖六年十一月二十二日聖諭輔臣張璁午間得卿錄來視聽言動四箴朕甚喜悅朕前日因聽講官講心箴回宮深加愛尚欲釋其義不能欲已之心未放過只勉强註略仍咨于卿等欲爲藻潤以成所作卿何便付工刻石豈不取人笑乎朕自念上荷天命爲人君長當務學以致其知待粗有領會之時再註四箴須賴卿贊之故諭　臣張璁謹奏昨者伏承聖諭仰見皇上緝熙聖學之至也宋儒朱子有言自古聖賢相傳只是理會一箇心臣竊謂范浚心箴舉其綱程頤四箴列其目相爲發明者也臣以此用功三十餘年莫之有得今聖明啟發一至於此眞盲者之日月聾者之雷霆也臣何能贊一辭第當刻石頒布

以覺斯世以廣聖學之傳耳然而人見之莫不曰聖人復生非
特堯舜之治見於天下而堯舜心法之秘道統之傳固有在矣
程頤四箴尚願聖明啟示謹當再摹宸翰與心箴註并行刻布
以為斯民斯道之幸

嘉靖六年十一月二十六日聖諭輔臣張璁卿前日所錄來程
氏四箴昨勉強解註朕復思之程氏見道分明慎敬如此以教
後人其功至矣但於濮議之中未免力爭邪說誣君奪子故朕
又述數語於末云與卿先藻潤停當然後書示內閣臣張璁謹
奏伏承頒示御註程頤四箴臣仰惟大哉皇言皆根諸身心達
諸政事眞見帝王之學與儒生大不同者也何能復贊一辭但
末嘉獎愚臣實不勝惶懼臣竊自念所務之學雖不逮程頤而

所遇之主實爲過之頤在英宗朝代彭思永爲濮議論猶未定況皇上繼統與英宗繼嗣實大不同使頤居今之世議今之禮豈得復守濮議之說哉謹將御註四箴與范浚心箴並摹宸翰竝行刻布以嘉惠天下後世

嘉靖六年十二月初三日聖諭輔臣楊一清謝遷張璁翟鑾大學士張璁以宋儒程頤所作視聽言動四箴來告朕深切有益於學朕讀已旬日輒述數語權爲註解用錄出以示卿等　臣楊一清臣謝遷臣翟鑾謹題皇上所註范氏心箴及程頤視聽言動四箴俱已刻石乞勅工部於翰林院後堂空地蓋亭豎立以垂永久仍勅禮部通行兩京國子監并南北直隸十三省提學官摹刻於府州縣學使天下人士服膺聖訓有所興起荷蒙

采納但亭宜有名伏乞聖明勅定須示內外一體遵行臣等又
仰思皇上前所著敬一箴發明心學甚爲親切宜與前五箴竝
傳合令工部將敬一箴重刻一通設於亭中五箴并節奉聖諭
共六通分列左右以成一代之制其於風化良有裨益謹題請
旨
嘉靖七年二月二十二日奉勅旨卿等所言都依擬行亭名與
做敬一禮工二部知道
按此刻正書七十五行在府學尊經閣上北壁間
明嘉靖七年鳳翥石三大字刻
左布政使慈谿沈教書
明嘉靖十一年府城隍廟禁約碑

本府帖文據道士王明倫呈稱宰牲官廳被占久假不歸批縣
丞許應奎查勘明白究報既經改正還官刻石永為遵守
按此碑正書十行在府城隍廟內碑陰有廟圖四至記十行
明嘉靖十二年按察司題名記碑
副使四明陸釴撰文副使張鯤篆額副使郭鶴書丹
明嘉靖十四年觀瀾二大字石刻
左布政使順天府通州心齋張欽書
按此刻并跋並正書在趵突泉上
明嘉靖十六年重修濟南府學記碑記見藝文
嘉靖十有六年歲在丁卯陽月一日通議大夫奉勅清理兩淮
兩浙山東長蘆鹽法都察院左副都御史郡人黃臣撰并隸

按此碑八分書二十五行在府學戟門外西側

明嘉靖十六年篆書謙卦碑

唐李陽冰書明胡纘宗學

是篆相傳自唐刻之蕪湖今其梓磨滅矣然李公筆意猶存嘉

靖初或改刻當塗梓雖新李公筆意去其四五矣纘宗爲是惜

偶於吳門舟次爲書一過視蕪湖本減小焉歲甲申李郡博一

崟見之因鐫之石而樹之吳郡學官李公筆意雖未得其一二

視梓或不易磨滅耳今歲夏司馬濟南泰見之亦以爲惜重鐫

之石而樹之濟郡學宫意欲與吳門本並行然筆意不異當塗

本不知果不磨滅否也

嘉靖丁卯秋八月既望都察院左副都御史前進士天水胡纘

宗識

可翁篆籀海内苟得一二輒藏爲墨寶泰觀此本精好入神當塗新本自難比肩矣使陽冰原本具在並置几案閒雖法眼安能伯仲之耶刻在吳東土艱得適章生至自吳泰命模勒入石置郡庠俾臨摹者把翫博雅者鑒賞百世可知也已

嘉靖丁卯夏五之朔濟南知府咸寧司馬泰謹書

按此刻篆書五層每層三字共七十五行第六層八分書十九行正書六行在府學大成殿外東壁又此刻八分書後有小印二一刻可泉精舍一刻鳥鼠山人故跋有可翁之稱學使署春雨秋陽亦稱鳥鼠山人皆其所書也

明嘉靖十六年城南詠泉詩石刻

濟水城南黑虎泉一泓瀉出玉田田巨鼇伏地來河內靈液流雲到海邊楊柳溪橋青繞石鷺鷥烟雨碧涵天金湯沃野還千里春滿齊州花滿川

嘉靖丁酉之冬天水胡纘宗偶成濟南府同知興平田畏通判武功耿朝用立

按此刻草書詩六行正書跋一行在南門外黑虎泉上

明大明湖三大字石刻

歷城舊志云一在學道東一在鵲華橋下皆天水胡纘宗書

按此二刻今俱佚

明嘉靖十七年府學胡纘宗贊石刻

贊曰一以貫之金聲玉振是謂大成賢於堯舜教在六經道該

曁聖生民以來未有獨盛
嘉靖十七年夏六月之吉通議大夫都察院左副都御史勅巡
撫山東天水後學胡纘宗謹贊并篆都察院左副都御史巡撫
遼東兼贊理軍務金城劉漳山東右布政使嶺南劉士奇左參
政南海吳章同立

按此刻篆書五行正書前後共六行在府學戟門外東側

明巡撫胡纘宗主敬石刻

主敬　正書二大字横列字徑一尺五寸

天水胡纘宗書

按此刻在府學明倫堂東壁

明嘉靖十七年貞女劉氏墓甎銘

歷城志云劉天民爲其妹作見函山文集

明嘉靖十九年江漢秋陽石刻

江漢秋陽 正書二石字徑二尺二寸

嘉靖十九年九月望日巡按山東監察御史後學洪洞李復初書濟南知府霍郡喬瑞立石

按此刻在府學戟門外東西側

明巡撫李復初八分書石刻

如青天白日如高山大川如雷霆之爲威而雨露之爲澤如龍虎之爲猛而麟鳳之爲祥 洪洞後學李復初書

按此刻八分書四行正書一行在府學戟門外西側

明嘉靖二十三年太和元氣石刻

太和元氣正書四大字橫列字徑二尺

巡撫副都御史曾銑書巡按監察御史鄭芸立

嘉靖甲辰春二月吉

按此刻在泮池前南壁

明嘉靖二十四年傅莊土地祠碑

歷城志云右碑在傅莊土地廟內是文不見於滄溟集而玩其

文義非贋作故錄之

明嘉靖二十六年運使何其高去思碑

叅政楊學禮撰文

明嘉靖二十九年按察司題名總碑

按察使歙縣鮑象賢書副使樂清趙廷松撰副使進賢張集篆

額

明嘉靖二十九年濼口批驗所增修鹽園記碑

副使劉宗岱撰文

明嘉靖三十年王陽明先生詩石刻

晚雲孤坐漫沈沈數盡寒更落葉深高棟月明時燕語古堦霜細或蟲吟較評正恐非吾力報答徒知盡此心賴有勝遊堪自解秋風華嶽得追尋

予謬以校文至此假館濟南道夜坐漫書壁間兼呈道主袁先生清教宏治甲子仲秋五日餘姚王守仁書

陽明先生作幾五十年筆精如新李中巖邵甘澤二公與予相繼分巡濟南咸愛而欲傳之一日郡守李大夫子文來因與之

言遂欣然徵工勒石以垂不朽云嘉靖辛亥季冬望日後學吳

天壽謹識

按此刻行書在運司署土地祠內

明嘉靖三十六年蘇洲菩提傳碑

五湖散人兼三十六洞天牧鶴使者雪蓑子蘇洲撰前浙江副

使岱野張一厚書丹前太常寺正卿放客中麓山人李開先篆

額

歷城志云右碑字徑寸許其文有韻每句十餘字非詩非詞多

不可解字作狂草碑額二字雙鈎奇拙如榾柮蓋皆雪蓑所爲

而託之張李也雪蓑嘉隆間遊山東人以爲神仙靑齊舊家多

藏其墨蹟李中麓爲之傳云雪蓑杞縣人徙曹縣隨其伯父賣

酒爲業偶有人醉甃困於訟乃逃散年方十一落落無依性聰穎所學必精如作字彈琴蹴踘歌唱皆可居海內第一流後洋津談內外事自負有獨得此碑在龍洞大殿前東側

明嘉靖三十七年左司叅知無錫俞憲趵突泉詩刻

按此刻草書十九行在趵突泉上

明嘉靖三十七年贈翰林院檢討殷汝麟墓誌銘

歷城志云右見葛端肅公文集李滄溟集亦有汝麟暨配墓誌銘云審理公以下葬歷城東閔子騫冢旁而公在焉辛酉十月十八日改葬於長清縣之鳳凰山在歷城西南三十里此誌但云兆域在濟南城東閔孝里負五鼎山面鵲山蓋戊午初葬歷城時用此誌及辛酉改葬長清更屬滄溟爲之耳

明嘉靖三十九年府學聖像石刻

宣聖遺像篆額四字在畫像上横列右題吳道子筆四字

既崇闕濟南郡庠一日於方伯萬安朱公衙處獲睹是像濟南爲齊魯首地又 先師所嘗遊因摹勒於石以永瞻仰嘉靖庚申歲孝豐吳維嶽識

按此刻正書題字七行在府學大成殿中

明學使吳維嶽詩刻二種

春日試士

紫駿誰言只按圖眼中奇氣濟南儒條風正豔生花筆滄海還呈照乘珠璽冠後先春服候與讀師受古文匡君王日待公車薦對爾何須賦白駒 吳維嶽

登明遠樓

洵岱登樓繹帳孤文昌清切敞瑶圖青山四郭春靄薇碧樹千門暮有無鑪氣入雲通畫邸鐘聲傍酒落晴湖憑高樂意琴編在況復和風似舞雩　吳維嶽

按此碑草書二石各五行在府學明倫堂後

明嘉靖四十二年創建許忠節公祠記碑

翰林院檢討濟南殷士儋撰巡撫張鑑巡按高應芳立

按此碑正書二十五行在三公祠內

明隆慶六年都司題名記碑

提督學校僉事關中李寵撰布政使盐海石簡篆按察使古唐劉璽書

按此碑正書在今灤源書院內

明隆慶四年殷士儋祖墓誥命碑陰記

按此碑正書在殷家小莊墓上

明萬歷二年許忠節公祠詩刻

於皇三章　侍讀學士楚鄂廖道南

樂陵令行　副使太僕何景明　南昌行兵部尚書儀封王廷相　大學士羅峯張孚敬　學士堂邑穆孔暉　編修安仁楊惟學　祭酒北海李舜臣　大學士雲莊許節　修撰進賢舒芬　吏部尚書蒲坂楊博　編修雙石陸鈇　檢討師竹王祖嫡

按此刻正書四層詩十二首共二十二行在三公祠內

明忠孝廉節四大字石刻

學士林公焯書

按此刻二石每石二字字徑五尺二寸跋三行在三公祠內

明萬歷三年祭張文忠公墓文石刻

少保兼太子太保禮部尚書武英殿大學士殷士儋撰

按此刻正書十四行在張文忠公墓前

明萬歷四年修建火神廟記碑

郡庠生王三錫撰王汝貞書丹

按此碑正書文十五行碑陰施財三百八十三人在南關

明萬歷六年太白山人潯陽歌石刻

潯陽歌十首

右濤陽歌乃孫太白山人作也余讀之至憲副臨危罵未休句輒喟然嘆曰豈忠節公之謂乎然公嘗先欲圖濠不濟竟以身殉葢亦籌之確矣豈徒慷慨於一時爲然哉善乎羅峯云殺身有難易時論者未明可謂知公矣余壯公之節又雅愛山人詩因勒石於茲以竢來者正焉前吏部郎汝南許際可謹誌時戊寅夏五之吉

按此刻正書詩二十二行跋五行在三公祠内

明萬歷六年萬方伯題許忠節公詩刻

題忠孝交輝卷詩并序

右詩并序廼射洪謝公作余一日閲東游稿懼久之弗傳也會增修公祠爰勒諸石俾千百世下知公之後尚有耀哉余之意

蓋亦茗溪公云萬歷戊寅秋七月濟南同知許際可識

按此刻正書二十五行在三公祠內

明萬歷六年新建崇正祠膳記碑記見藝文

歷城知縣曾山賀一孝撰文

按此碑正書二十行在華陽宮二門內

明萬歷七年五嶽真形圖石刻

按此刻并跋在華陽宮二門內

明萬歷七年運使賴嘉謨去思碑

副使濟南劉宗岱撰文

明萬歷十七年臬司續題名記碑

按察使東廣葉夢熊撰文副使大梁胡希舜書丹副使汝南吳

同春篆額

明萬曆十八年提學道署題名記碑記見藝文

右布政使前提學副使洪都范謙篆額南京刑部郎中前提學副使檇李屠謙書丹提督學校副使汝南吳同春撰文

明萬曆三十九年吳越人許王二公祠吟石刻

許王二先生祠吟有引

萬曆辛亥秋九月吳越人後學沈應奎撰孫惟忠書

按此刻正書二十一行在三公祠內

明許忠節公祭文石刻

過樂陵祭忠節許公文濟南府同知許際可撰歷城管工主簿張宏道刊

按此刻正書二十一行在三公祠內

明許忠節公祠詩刻

編修安城鄒守益　副使上蔡張惟恕

副使商城王浙　御史郴陽范永鑾

都給事中壽光劉祺　給事中遂陽徐景嵩

禮部郎中萬麓董中言　郎中郴城楊旦卿

按此刻正書詩八首共四十行在三公祠內

明萬歷三十九年歷山書院記碑

提督學校副使陳瑛撰萬歷歲次辛亥季夏吉旦立

按此碑正書三十七行在西關外白雪樓下

明萬歷四十年濼署土地祠靈異記碑

巡撫山東右副都御史婁上李同芳撰并書

按此碑記後附治腰疼治眼瘤二方并贈言二絕

明萬歷四十五年歷山書院記碑 記見藝文

巡撫山東監察御史新安畢懋康撰

按此碑正書二十行在西關外白雪樓下

明萬歷四十七年重修閔子墓并建祠記碑

陝西富平知縣歷下劉勅修并記

按此碑正書十八行在閔子墓前記云宇內有閔墓者三

在徐之蕭縣一在范縣據石棺之詩則此墓爲眞也

明萬歷年創建藏經堂記石刻

歷城志云石碑在神通寺西南崖藏經石室壁中

明天啟二年驛遞不許私報富戶苦累馬頭立石永禁碑

歷城志云右碑在東縣巷東南

明天啟三年州縣徵收錢糧俱官收官解聽花戶自封投櫃碑

歷城志云右碑在東縣巷南向

明天啟五年重修濟南府儒學記碑（記見藝文）

禮部左侍郎兼翰林院侍讀學士東蒙公鼐撰

天啟五年歲次乙丑季秋吉旦立

按此碑正書二十五行在府學內

明天啟五年濟南府學祭器碑（祭器詳金）

濟南府爲查覈祭器以垂永久事照得本府學宮祭器傳自先

代古色照人久光祀典但恐歲久湮遺致難稽考今乘重修

宮除書籍祭服樂器等項另載冊籍外今將一應祭器銘勒於

一石使後人知所典守不致淪沒永供祭祀謹紀其數於左

天啟五年六月濟南府知府樊時英同知蘇維梯立

按此刻正書十四行在府學明倫堂東壁

明天啟六年新建精忠祠記碑記見藝文

濟南知府武林樊時英撰後學卻大成書

按此刻正書在今府署土地祠內

明天啟末濟南樊太守去思碑

歷城志云太守名時英浙江仁和人天啟末知濟南府陞福建

提學道有去思碑在府庠

明崇禎元年重修府城隍廟記碑記見藝文

湖廣道監察御史雒州吳阿衡撰文戶部主事孫文孝書丹

按此碑正書二十三行在府城隍廟門內

明崇禎元年重修府城隍廟記碑

陝西富平知縣歷下劉勅撰庠生王惺書

按此碑正書十八行在府城隍廟門內

明崇禎元年重修府城隍廟記碑

歷城廩生楊衍嗣撰昌樂教諭張夢兆篆額

按此碑正書二十二行在府城隍廟內

明崇禎二年重修閔夫子墓舍記碑

陝西富平知縣歷下外史劉勅君授撰歷城典史趙萬方立石

按此碑正書十六行在閔子墓前

明崇禎三年越人鄭五全趵突泉詩刻

按此刻正書十一行在趵突泉上

明崇禎七年都指揮使司題名記碑記見藝文

副使兼叅議守東兖道前提督學政延陵湯道衡撰

按此碑正書在今濼源書院內

明崇禎十年釣磯石刻

釣磯　二大字正書平列字徑一尺二寸

一竿獨抱水雲偎半載爲官解綬來豈是明時甘自隱高風不讓子陵臺　明湖主人自題

明趙狀元雲近蓬萊四大字石刻

雲近蓬萊　四大字徑一尺三寸五分

趙秉忠書東萊後學孫枝豐摹

按此刻正書在縣學魁樓上趙秉忠益都人萊州掖縣亞祿山亦有此刻掖乘以爲掖人毛仲子似徐筆也

明贈山東布政司右叅議金啟倧墓碑

歷城志云石碑在黃臺張家莊西按啟倧義烏人官永平府通判天啟中以死事贈山東叅議而葬於此子孫因家焉

明大佛山磨崖題字二種

大慈大悲 四大字正書字徑一尺五寸

自有靈巖 四大字正書橫列字徑一尺五寸

按此二刻俱在大佛山古開元寺懸崖石佛旁並題東海李伯春題李亭田東作書歷城舊志以自有靈巖石刻爲宋人

晦菴書誤也

國朝順治九年山東寶源局記碑記見藝文

台州府推官王介錫撰

按此碑在豐儲二倉間爐神廟內記後刻左布政使耿焞右布政使胡章管理鼓鑄守備王桂爐商陸萬鎰等三十四人碑陰錢局書辦二十四人紅爐攬頭三十二人㷱洗攬頭二十五人

順治九年重刻義娥墓碑

濟南府理刑廳深州李施工重立府庠生張堯臣書

按此碑在城西郊靈官廟旁

順治十一年白雪書院記碑

浙江左布政使前兵部尚書衛水張縉彥撰宏文院大學士吏
部尚書渠邱劉正宗書丹宏文院學士河陽薛所蘊篆額

按此碑正書二十四行在西關外白雪樓下

順治十三年縣學重建奎樓記石刻

督學使者戴京會撰

按此刻正書二十行在縣學魁樓下

順治十三年分巡濟南道題名記碑

濟巡道僉事陞通政司右參議三韓王登聯撰

順治十四年縣學奎樓詩刻

丁酉秋九月望後歷山施閏章漫筆

按此刻草書二十三行在縣學魁樓上

順治十六年各州縣弓式碑

布政司爲欽奉

勅諭事據經歷司呈抄蒙

欽差山東察荒監察御史李憲票本院清丈東省地畝遵照

勅內款載其丈量弓尺度數長短察照該省舊行規制不得意爲盈縮

本院卽行令通省州縣丈量弓尺察照該州縣舊行規則不得

意爲盈縮恐日久弊生雖僅差毫釐漸至相遠失其舊式無憑

較證合將提到各州縣丈地弓式面註折畝舊規臚刻于石置

布政司前仍令州縣各將弓尺勒石置各州縣治前如州縣舊

有鐵五弓尺至今尚存者不必另製此係清丈第一喫緊事宜

弓尺之長短關地畝之有餘不足

國計嬴詘民生利病皆于是焉係之

天語諄切誠灼見及此也抄呈到司蒙此遵將本院發下各州縣丈地

弓尺逐一臚列勒石與通省官民永爲遵守

計開　山東壹百零肆州縣丈地弓尺舊行規則於後

濟南府叁拾州縣

歷城縣五尺爲一千二百四十千爲一官畒　金地照官畒徵

糧　銀地一畒二分折徵糧地一畒　銅地一畒五分折徵糧

地一畒　錫地二畒五分折徵糧地一畒　鐵地三畒折徵糧

地一畒

章邱縣五尺爲一岔二百四十岔爲一畒

鄒平縣五尺爲一千二百四十千爲一畒

淄川縣三尺一寸爲一千二百四十干爲一畝

長山縣大尺三尺二寸五分爲一步二百四十步爲一畝

新城縣五尺爲一千二百四十干爲一畝

齊河縣三尺五寸爲一步七尺爲一千三百六十步爲一畝每

畝折糧六分五厘

齊東縣五尺爲一步二百四十步爲一畝

濟陽縣三尺五寸爲一弓三百六十弓爲一畝

禹城縣三尺二寸五分爲一步二百四十步爲一畝

臨邑縣三尺八寸爲一步二百四十步爲一畝上地每畝折糧

一畝四厘中地每畝折上地七分二厘下地每畝折上地五分

長清縣三尺五寸爲一步三百六十步爲一畝

陵縣大尺三尺九寸爲一步二百四十步爲一畝上地每畝折糧七分六厘九毫中地每畝折糧六分六厘七毫下地每畝折糧三分七厘

德州五尺爲一步二百四十步爲一畝

德平縣四尺爲一步弓二百四十步爲一畝

平原縣三尺二寸五分爲一步二百四十步爲一畝

順治十六年閏三月日左布政使史記功右布政使袁一相分守濟南道右叅議牟廷選分巡濟南道僉事陸朝瑛都司代署屯局印務李承恩濟南知府吳南岱同知楊成盛通判薛爾賓推官徐經

按此碑在布政司經歷署內茲載濟南十六屬如右

又按漢建初銅尺載山左金石志每尺當今營造尺七寸四分晉前尺載積古齋款識當今營造尺七寸一分半宋三司布帛尺亦載山左金石志當今營造尺八寸二分半今營造尺當今裁尺九寸茲據碑文所刻以營造尺較之歷城尺當營造尺一尺零四分章邱尺當營造尺一尺一寸四分鄒平尺當營造尺一尺零二分淄川尺當營造尺一尺五寸八分長山尺當營造尺一尺六寸九分新城尺當營造尺一尺零七分齊河尺當營造尺八寸二分半齊東尺當營造尺一尺零七分濟陽尺當營造尺一尺七寸禹城尺當營造尺一尺六寸九分臨邑尺當營造尺一尺六寸九分長清尺當營造尺一尺六寸五分陵縣尺當營造尺一尺六寸五分德州尺

當營造尺一尺零九分德平尺當營造尺一尺六寸五分平原尺當營造尺一尺六寸九分其餘不備錄大約長者準白布大尺中者準裁縫廣尺而與營造尺合者甚少今臚列濟南十六屬尺式以部頒營造尺一一較準庶不至毫釐千里之差云

順治十七年示諸廣文留別詩石刻

督學使者愚山施閏章題

按此刻正書二十一行在縣學魁樓上

順治十八年重修按察司署記碑　記見藝文

按察使班璉撰文

按此碑記後題名六層上層督撫司道十五人二層府廳十

五八三四五五六層各州縣牧令等五十九人

康熙四年重修閔子墓祠記碑記見藝文

提督順天學政內國史院侍讀德水蕭維豫

按此碑正書十一行在閔子墓前

康熙八年縣學文昌樓記石刻

提督學政僉事淮陰周龍甲霖公撰

按此刻正書三十四行在縣學魁樓上

康熙十七年趵突泉詩刻

觀津袁肇修同友集飲因賦七律

按此刻草書十五行在趵突泉上

康熙十七年純陽呂祖師寶誥石刻

山東督學使者淮陰周龍甲霖公書石

按此刻正書十六行在趵突泉上

康熙二十三年施方伯重修兩學去思碑

方伯名天裔號泰瞻齊之泰安人籍隸滿洲陞廣西巡撫

兵部侍郎孫光祀撰福建漳浦知縣盛之璜書

按此碑正書五層每層十六行在府學內

康熙二十六年教授孔貞瑄演樂題名記碑

闕里六十二代裔孫貞瑄識

成樂部班長一人麾四人節五人

歌部班長一人又十人

絲部班長一人琴十一人瑟六人

擊部班長一人鐘二人磬二人鞉鼓四人搏拊四人柷三人敔三人楹鼓二人

吹部班長五人笙十一人管四人塤四人篪二人鳳簫三人簫九人笛十人

舞部班長四人左三十二人右三十二人

引導部班長二人龍旂四人燈四人拍板三人

歌一人兼笙二人笙三人兼板一人管四人簫五人笛六人

雲鑼三人行鼓四人兼提鑼爐一人掌扇三人

擎蓋二人門鐘三人門鼓四人

設懸收發部六人

康熙二十六年秋八月吉日濟南府儒學教授孔貞瑄訓導宋

義立全立

按此刻正書文十九行樂舞題名三十二行計二百三十六人在府學戟門內東壁

康熙三十一年突達時湧四大字石刻

康熙壬申冬月巡撫山東兵部尚書佛倫題

按此刻正書四大字字徑九寸年月題名二行在趵突泉上

康熙三十二年重修先賢閔子祠記碑記見藝文

都轉運鹽使李興祖撰

按此碑正書十四行在閔子墓前

康熙三十四年濟南太守重修文廟記碑

太守吳公秉謙字守貞號蕺山奉天人

按此碑正書二十行在府學內

康熙三十四年重修張文忠公祠記碑

世襲奉祀官張世禎生員才等仝立

按此碑正書在張文忠公祠內

康熙三十五年歷城闔邑捐輸爲薛公光斗贖罪碑

歷城志云右碑在縣署東側

康熙三十五年歷城知縣薛光斗德政碑

朱宏祚撰楊枝繁書丹并篆額

按此碑正書在縣署大門下東側

康熙三十五年歷城知縣薛光斗德政碑

孫光祀撰楊枝繁書丹并篆額

按此碑正書在縣署大門下西側

康熙四十一年府學重修禮樂器及增樂舞生記碑記見藝文

巡撫山東瑯琊王國昌撰并書

按此碑正書三十行在府學內

康熙四十一年重修白雪書院記碑

安邱張貞撰門人張在辛書

按此碑八分書一百三十二行後附受業門生七十八人在西關外白雪樓下

康熙四十一年徐大宗師教政記碑

六郡生童黃文淵等一百八人同立

按此碑正書十四行在西關外白雪樓下

康熙四十三年重建三皇八蜡神祠記碑
兵部尚書總督湖廣郭琇撰濟南拔貢王養純篆額歷城生員
趙聶書丹闔邑士庶仝立
按此碑正書十六行在東門外八蜡廟
康熙四十四年濟東道恭紀碑
濟東道僉事宋廣業撰并書
康熙四十五年王舍莊義學碑
歷城志云村人韓用命請以己宅換鋪司基設義學藩司委縣
勘准又十年重加修葺庠生何美俊爲之記
又云右碑在王舍人莊張撲故宅與王臨詩碑相對孫記以爲
其兄撲宅蓋因舊志而誤耳

康熙四十五年濟南府雙忠祠記碑

刑部尚書新城王士禎撰河南巡撫臨清王灝篆額候補主事

歷城朱緗書丹

雙忠祠祀前明巡按御史宋公學朱歷城知縣韓公承宣

康熙四十五年歲次丙戌十月山東闔省紳士耆老公立勒石

按此碑正書二十行在雙忠祠內

康熙四十五年宋御史傳石刻

明史宋御史傳纂明史總裁刑部尚書徐乾學撰

承德郎兵部武選司主事魚邱朱緗書丹

康熙歲次丙戌十月上澣之吉山東闔省紳士耆庶公立勒石

按此碑正書十二行在雙忠祠內

康熙四十五年雙忠泉記碑記見藝文

提督學政翰林院編修毘陵趙申季撰巡撫福建都察院右副

都御史長山李斯義篆額湖廣永州知府魚邱朱繹書丹

康熙歲次丙戌十月上浣山東闔省紳士耆庶公立勒石

按此碑正書十五行在雙忠祠內

康熙四十六年重修濟南廟學記碑記見藝文

通政司右通政兼攝奉天府丞戴璠記并書

按此碑正書二十行在府學內

康熙四十七年濟東道署詳文碑

布政使高詳奉院批咨文濟東道僉事宋廣業立石

按此碑正書在濟東道署大堂東

康熙四十七年重修閔子祠記碑

六郡士子德州廩膳生滿家燦等撰書

按此碑正書十二行在閔子墓前

康熙五十二年重修三公祠記碑

歷城知縣河東劉元琦撰并書

按此碑正書十行在三公祠內

康熙五十二年重修濟南府學名宦祠記碑

濟南知府張肅立

按此碑正書十九行在府學名宦祠內

康熙五十三年重修五龍潭記碑

布政使襄平侯居廣撰黃山胡昇義書

按此碑正書十八行在五龍潭前

康熙五十六年學使題名續記碑記見藝文

提督學政禮科給事中吳江陳沂震撰文并書

康熙五十六年重修縣學記碑

歷城知縣西河東吉州劉元琦撰

按此碑正書十六行在縣學文廟內

康熙五十六年重修縣學記碑

太僕寺正卿戴璠撰內閣中書邢曰玫書

按此碑正書十八行在縣學文廟內

康熙五十六年歷邑宰劉侯重修學宮記碑

翰林院庶吉士嶧縣李堯撰

按此碑正書文十行題名十行在縣學文廟內

康熙五十七年振英書院記碑

按察使海州黃炳撰濟南受業門生高人鑑書丹并篆額

按此碑正書二十行在景賢書院內

康熙五十八年重修府學文廟記碑

濟南太守張公重修太僕寺正卿郡人戴璠撰邑廩生楊枝繁

書丹

按此碑正書十六行在府學內張公名振偉字御傳奉天襄

平人

康熙五十八年周太功勳石刻

周太功勳 正書四大字橫刻字徑一尺

康熙五十八年孟夏濟南知府奉天張振偉重立

按歷城舊志周太功勳孔孟心傳字刻府學侍郎鄭芸題中丞曾銑書今祗存此四字且係重立非舊刻矣

康熙五十九年雙忠祠記碑 記見藝文

巡撫山東都察院右副都御史鐵嶺李樹德撰提督學政禮科給事中陳沂震篆額右春坊右贊善兼翰林院編修彭廷訓書丹

康熙五十九年歲次庚子十月上澣穀旦勒石

按此碑行書十五行在雙忠祠內

康熙五十九年雙忠祠詩石刻

雙忠祠西屋告成用少陵乾元中寓居歌韻紀事七首

康熙庚子孟冬穀旦孫男立業敬識

按此碑行書二十一行在雙忠祠內碑陰浙江紹興知府宋定業山東運河道宋基業捐銀契買仙台里宅基長蘆鹽運使宋師曾捐銀契買胡家莊田二十畝廣東肇慶知府宋志益捐銀契買胡家莊田三十畝每年租息俱交東城鄉官肇高道絳公子崇簡收掌以供歲時香火修葺公用

康熙六十年濟南府學名宦題名記碑記見藝文

戶部左侍郎兼理倉場事李永昭撰文

按此碑正書十二行在府學名宦祠內

雍正三年劉猛將軍廟記碑記見藝文

布政使布蘭泰撰

按此碑正書在鞭子巷廟內

雍正七年龍門石刻

龍門二大字字徑三尺二寸

龍門字在岷峨輿區中刻於懸崖峭壁之上山陰金公守兗郡勒於學宮余曾攝郡搨數本今遷濟南因與虛齋張公同立貞珉公諸同好云

雍正七年歲次己酉夏清和月上浣之吉沂水李大受記

按此刻在府學大成門內西壁上後有無棣李㷝記云李大受沂水人字德涵戊寅選拔擢濟南教授以小楷擅名張存仁字虛齋膠州人丁酉鄉薦秉鐸厭次攝篆濟南一時稱詞宗焉

雍正十三年河東總督禁屠戶包祭碑

歷城志云河東總督王士俊檄行春秋丁祭永禁屠戶包祭惡習以肅祀典歷城知縣王國正立石在縣學大成門外

乾隆七年薇署西園十詠石刻

盱江魏定國撰并書

按薇署西園十詠一名士軒二虛舟三小蓬萊四平臺五菊圃六池亭七水榭八半壺九平橋十石峯刻在藩署西園石臺上

乾隆七年錄四詩石刻 詩見藝文

按察使葛城陳悳撰并書刻在土地廟內

乾隆十年聽水橋記碑

鵲華山人任宏遠撰平陵後學王朝相書

按此刻正書在濼口東

乾隆十年新建忠烈祠記碑記見藝文

一忠二烈祠祀前明山東左布政使張公秉文曁其配與側室

歷城知縣會稽姚述祖撰并書篆額

按此碑正書二十行在忠烈祠內

乾隆十年歷城縣請建忠烈祠詳文石刻

巡撫都察院喀布政司喬濟南府徐批詳賣契附後

按此碑正書文三十行在布政司小街張公祠內

乾隆十五年學使院題名記碑記見藝文

提督學政晉寧李因培撰并書

乾隆二十一年趵突泉詩刻

河道總督兼署山東巡撫事三韓白鍾山題

按此刻正書詩并序二十二行在趵突泉上

乾隆二十五年嚴禁短價採買倉穀碑

歷城志云大學士尹奏准勒石永禁在縣署大門內西側

乾隆二十五年重修濟南考棚記碑 記見藝文

提督學政韋謙恒撰并書

乾隆二十五年關帝改謚新廟記碑 記見藝文

巡撫阿爾泰撰

按此碑正書在后宰門廟內

乾隆二十六年藩署嶠雲石詩刻

藩署後樂園餐秀亭落成和沈椒園廉使韻楚鄂崔應階題

乾隆二十七年趵突泉詩刻

瑯琊王國昌壬午夏次松雪韻一首再題一首

按此二刻俱行書一刻十三行一刻二十行並在趵突泉上

乾隆二十八年重修先賢閔子墓祠記碑記見藝文

山東按察使前提督山東學政吳興後裔鶚元撰

按此碑正書十四行在閔子墓前

乾隆二十八年藩署餐秀亭詩刻

藩署餐秀亭前疊一石和熊一齋韻拙圃崔應階題

乾隆三十八年壽康泉碑

壽康泉 正書三大字字徑八寸

歷下名泉七十有二營房古泉不與焉泉在鑑泉之西馬跑泉之東冬溫夏涼水清味甘居人飲之多大年而三姥爲尤著一田曹氏壽屆期頤奉

勅建坊表其門一龐楊氏一勾劉氏年俱近百齡嘗聞古有甘谷其水下流附近飲之多登上壽三姥之壽得非飲此水之故歟名曰壽康不亦宜乎爰勒石以誌之

乾隆三十八年歲次癸巳仲冬穀旦本里老人王瑞等公立

按此碑正書記文二行題名四行在南門外

乾隆四十一年蒿菴書院記碑 記見藝文

按察使吳江陸燿譔提督學政秀水錢載書

按此碑正書二十二行在景賢書院內

乾隆四十一年華山碑臨本石刻

此臨本第一百又六十乾隆廿年十一月京師旅次蘆墟陸瓚

先君手臨華山碑舊曾刻石于吳門有沈向書歸愚錢舍人訥

生兩跋此本從滇南僧介庵所索歸尤爲可寶葢吳門所刻爲

臨本第三十二此爲第一百六十歲月加久故嘗不同乾隆丙

申以淄川硯材摹勒陷諸蒿庵書院壁中二東好古之士繇此

窺尋漢法知中郎太傅去人不遠也男燿謹識

按此刻八分書八石共一百十九行行書二跋十四行正書

跋九行在景賢書院內壁上

乾隆五十一年學使題名記碑

提督學政仁和趙佑撰并書

乾隆五十一年重書杜工部詩石刻

歷下亭以杜李遊宴著名縣志載李興祖重葺古歷亭記碑有刻石刻李杜詩之語今石已無存爲補書之然北海吾宗固神秀與工部新亭結構罷乃登歷下古城李員外新亭同詩所作非大明湖之歷下亭也故專書前詩不復兼錄並記碑陰以質來者乾隆丙午初夏仁和趙佑　知歷城縣事温立石

按此刻行書四行在古歷亭前

乾隆五十三年古鑑泉碑

古鑑泉　正書三大字字徑六寸

此泉刻壽康泉迤東水淨沙明對之若鏡歷年來大雨沖損汲水者每苦其難吾街徐文舉獨力重修其有便于街里不淺也

按此碑正書記文二行題名二行在南門外

乾隆五十六年重修雙忠祠記碑

濟南知府宋思仁撰長山訓導桂馥書丹

按此刻八分書五十三行在雙忠祠內

乾隆五十六年歷城東嶽廟文昌閣記碑記見藝文

翰林院編修邑人周永年撰長山訓導桂馥書

按此碑八分書三十六行在南門外文昌閣內

乾隆五十七年重修濟南府學記碑記見藝文

知府長洲宋思仁撰并書

按此碑正書二層共二十四行在府學大成門壁上

乾隆五十七年建鐵公祠記碑記見藝文

內閣學士兼禮部侍郎提督山東學政大興翁方綱撰并書丹

篆額

按此碑正書十五行在鐵公祠內

乾隆五十七年修鐵公祠記碑 記見藝文

念湖吳人驥撰并書

按此刻正書十五行在鐵公祠內

乾隆五十七年建佛公祠記碑 記見藝文

內閣學士兼禮部侍郎提督山東學政大興翁方綱撰并書丹

篆額

按此碑正書十五行在佛公祠內

乾隆五十七年陳文勤公僧舍題句石刻

運水搬柴嘆浮生若夢何日方成解脫停車去馬看行人似織
誰會識得因緣丙午春日陳世倌題

海寧陳文勤公巡撫山東時題句濼源門外僧舍歲久漸就剝蝕公曾姪孫竹厓文駿知歷城縣事覩此遺墨俾方綱摹勒入石以永其傳乾隆壬子夏六月門下士北平翁方綱識

按此刻正書大字題句二石十六行題名并跋十一行在西關外十王殿壁上又有文駿并嘉禾周升桓二跋不備錄

乾隆五十七年藩署鳳翽池記石刻

新濬鳳翽池記

公廨二門內有石一品翼然而立以鳳翽名殆有取於詩所云鳳凰鳴矣于彼高岡之意也壬子秋余襄試事鑿池龍門內導

珍珠芙蓉二泉注之顏以華筆俾多士飲之而甘以章五色之華遂引水至鳳翥石畔瀦爲方池池依於石卽以石名名之因思古人於水鑑卽於民監余竊凜此意爲兢兢并以告往來池上者奮羽儀以鳴盛滌塵滓以揚清其源旣遠其流自長也是爲記

乾隆壬子桂月上澣東藩使者古歙江蘭謹識并書

按此刻行書十二行在布政司署二門内鳳翥池上

乾隆五十七年蘭石詩刻

憑虛向往楚江干朗讀離騷興未闌芳澤緣誰傳齒頰一番花事一神寒

乾隆壬子四月既望汝和宋思仁寫于漱六軒

按此刻在府學大門壁上

乾隆五十八年濟南府續古題名記碑記見藝文

濟南知府長洲宋思仁撰并書

乾隆五十八年七十三泉記石刻

秀水吳友松記宜興史雲虬書

按此刻行書十七行在五龍潭壁上

乾隆五十八年陸大中丞詩石刻

吳江陸燿撰曲阜桂馥書偃師武億記鳳台胥繩武跋

按此刻行書詩十一行記五行正書跋八行在五龍潭壁上

乾隆五十八年潭西精舍記石刻記見藝文

曲阜桂馥撰刻者楊敬時年七十有九

偃師武億寓穆下之歲與鳳台胥燕亭繩武吳江陸古愚繩長洲沈二香黙過龍潭看桂君書石君固以藝自累而于四人好奇之癖亦不免爲世詬病也億記

按此刻八分書六十行在五龍潭壁上

乾隆五十九年蘇常義冢記碑 記見藝文

東昌府同知天津吳人驥撰長山訓導曲阜桂馥書

按此碑八分書十七行在南門外

乾隆五十九年鐵獅峯石刻

鐵獅峯 正書三大字字八寸

乾隆五十九年甲寅六月撫東使者福寗立石

按此刻在濼源書院大門內兩側題前提督四川學政通州

劉錫嘏灤源主講刑部員外郎仁和馬履泰歷城知縣宛平吳星燿候選從九品上谷楊幹灤源監院長山訓導曲阜桂馥八分書五行

乾隆五十九年重修道口橋碑

按此碑在大清河北王二莊東

乾隆六十年歷山銘石刻

乾隆六十年龍集單閼七月庚戌朔

起居注日講官　文淵閣直閣事詹事府詹事提督山東學政儀徵阮元游登歷山勒銘樂石其詞曰

登此翠微堂基戴石岱麓分陰嬀田啟陌雷雨坐生峯巒普碧樓觀三重厓懸百尺繞廇虹落穿閣雲飛碑頭六代松要十圍

岑落藉屐天華滿衣隥隨客意嵐成佛燀下涌泉原清交水木
湖平鏡揹城回帶曲野氣沈邨林煙隱屋雨岫同秋千塍共緑
平原似海曉日開天燕齊道直蓬萊景圓山栖壽佛臺降飛仙
後之來者亦百千年　曲阜桂馥書

按此刻八分書十行在歷山上

乾隆六十年林汲泉題名

浴佛池 八分書三大字

乾隆六十年閏二月儀徵阮承信偕同里季爾慶江安焦循林
報曾弟鴻子元游佛谷訪唐石刻遂登甕臺下觀林汲泉憩此
池上因以名之

按此刻正書九行左讀在佛峪後林汲泉盤石上

嘉慶元年方伯康公龍洞佛峪二記石刻記見藝文

龍洞記　佛峪記

嘉慶丙辰合河康基田題

是記作於丙辰春承宣山左時丁巳夏晉撫三吳戊午量移東河再調南河嗣以事去官十餘年來南北奔馳迄無暇日未及書泐戊辰奉

命來江視事公餘檢閱存稿時用闕然己巳之夏溽暑鬱熱追憶前時農民望澤之殷泰岱山嶽靈秀之氣往來心目援筆書記於清江之景賢書屋泐石以志不忘基田時年八十二歲

按此二刻俱行書一刻五十二行一刻三十行跋九行在趵突泉

嘉慶元年嚴禁千佛山採石碑

署歷城縣徐爲遵札嚴禁事蒙

按察司康札開千佛山爲省城龍脈所關前經出示嚴禁採石並飭寺僧看守山場毋許作踐在案惟該寺向無香火地畝當即捐置山前地七十五畝收入籽粒以供日用仍恐日久弊生合行札飭該縣即出示嚴禁採石並前項地畝如有盜買盜賣一併治罪仍將地畝弓口四至造冊呈送備案一面照依勒石永遠遵守爲此仰住持僧人鄉約地保軍民人等知悉如敢仍前違禁開山採石及將前項地畝盜買盜賣者定行照例治罪凜之慎之毋違特示

按此碑正書二十七行在千佛山上

嘉慶二年白石泉碑

白石泉　三大字八分書字徑五寸

乾隆甲寅春夏之交偶值小旱方伯江公捐廉募夫疏濬泉源以祈渥澤旬日之內甘霖應禱於時異地有泉湧出白石粼粼味甘如醴既滋灌溉又便汲飲居人樂之因刻石記事方伯名蘭字畹香安徽歙縣優貢生前任豫滇兩省撫藩俱有惠愛二東善政尤不勝紀此特恒河之一沙耳曲阜桂馥記并書

嘉慶二年秋桂未谷自滇南作書來屬其友陳秉焯爲之立石

按此碑行書記文四行跋一行在南門外

嘉慶三年重修聽水橋記碑

候選州同知八十七歲老人黄廷桂撰文歲貢李敷榮書監生

李士謙篆額

嘉慶七年府學名宦祠題名碑

濟南知府德生重修

按此碑正書七十三行在府學名宦祠內

嘉慶七年濟南府學鄉賢祠題名碑

濟南知府德生重修

按此碑正書六十一行在府學鄉賢祠內

嘉慶十六年庚子山銘石刻

吾友錢獻之坫篆書爲今代絕手嘗云斯氷之後直至小生晚病偏廢用左手作篆此庾信東宮行雨山吹臺山望美人山三銘寫於關中節署天骨開張有垂發佩玉之度猶未病時右手

所作嘉慶癸亥夏與獻之晤於吳門索其舊跡許爲刻石辛未

正月蔣明府因培愛而刻石以廣其傳用跋于後云時六月二

十二日安德道署平津館孫星衍記陸繩書歷下楊溥勒石

按此刻篆書二石四面銘二十二行八分書跋六行在西關

外燕園

嘉慶十七年先賢閔子祠優免記碑

世襲翰林院五經博士閔廣源率族人公立

按此碑正書十六行在閔子祠内

嘉慶十八年重修賀甲橋碑

江蘇舉人李文喆撰文

按此刻在賀甲橋上

嘉慶十九年重修呂祖廟記石刻

布政使大興朱錫爵撰秀水戴春熙書

按此刻正書三十六行在西公廨昇陽觀內

嘉慶十九年華泉石刻

按此刻正書在華山下泉井上

嘉慶二十年重修崇正橋記碑

恩貢魏守清撰文處士秦塏書

按此刻正書在崇正橋上

嘉慶二十一年重修雙忠祠記碑

兵部侍郎都察院右副都御史巡撫山東兼提督軍務宛平陳

預撰提督山東學政高郵王引之書

按此碑正書十五行在雙忠祠內

道光元年燕園銘刻

投轄井齊河縣令蔣因培銘

按此刻大字二行小字七行在西關外燕園內

道光二年重修景賢書院增置膏火記碑

按察使陞河南布政使現任廣東巡撫景東程含章撰

按此碑正書三十四行在景賢書院內碑陰刻章程十條捐銀銜名各官暨引商票商共一千八百兩

道光五年重修東南城樓記碑

邑舉人花壽山撰文

按此刻正書三十二行在東南城上魁星樓壁

道光九年重修曾公祠記碑

歷城知縣盱豐湯世培撰

道光十年宋史曾公本傳石刻

布政使劉斯嵋敬錄沙遂源摹刻

道光十年建曾公專祠詳文石刻

北宋曾文定公諱鞏字子固江西南豐人出知齊州卽今濟南府在任時因濟南城内出泉甚多水無去路屢爲民修築堤堰於北城疏鑿水門并磊石爲匡挑濬深通使水從北門宣洩又設門爲扃視水高下因時啓閉宣洩有節竝建滙波橋以濟往來行人使無阻隔至今民賴以安永除水患又善於教化賊盜潛蹤良民安堵實爲地方除害經陞任歷城知縣湯世培因舊

有專祠傾廢已久追念桑梓捐廉建設在於晏公臺旁建屋三
楹立位供奉因查文定公久已入祀名宦應請每年春秋二祭
派委府學教官前往專祠一體致祭所需祭品銀兩請在藩庫
充公項下每年動支銀四兩自道光十年爲始由司詳院轉行
府縣立碑存記

布政使南豐劉斯嵋錄案上石未入流大興沙逢源攷鐫

道光十年新修貢院號舍記碑 記見藝文

武定知府前歷城知縣湯世培撰并書

按此碑正書二十七行在貢院大門內西側

道光十二年重修先賢閔子墓記碑 記見藝文

修先賢閔子祠落成墓在東郭外五里前有享殿亦漸圮鳩工

興之環墓植以柏立碑道左表焉享殿東南隅舊有屋三楹久爲廢址守墓者無所居墓旁隙地僅二大畝不足供一人之食爰構屋西偏捐置地二段合大畝四畝三分三毫六絲四微以官畝計之得十畝六分六厘檄行歷城縣過稅存案俾守墓者司啟閉謹封樹焉嗚呼先賢體魄所存莫不哀敬後之官茲土者尚其愼諸王贈芳并記

按此碑正書七行在閔子墓前

道光十二年重修先賢閔子祠記碑 記見藝文

兼護山東鹽運使濟南知府盧陵王贈芳撰并書

按此碑正書十七行在閔子祠內

道光十三年重修先賢閔子祠記碑

閔子七十一代孫襲翰林院五經博士閔昭榆率歷下族人傳

伯繼信廣成等謹述

按此碑正書十五行在閔子祠内

道光十五年重修濟南學使署記碑 記見藝文

翰林院侍講提督學政江陰季芝昌撰并書

道光十六年挑挖護城河並東西濼河記碑 記見藝文

邑人金洙楊龍雲汪珏等同立

按此碑正書十八行在府署二門内東側碑陰刻濟南府爲

倡率紳商捐挑護城等河各工詳文並捐輸人姓名

道光十六年重修歷城縣署記碑

歷城知縣韓亞熊撰并書

按此碑正書十二行在縣署大堂

道光十七年祭太公廟記碑

兼署山東按察使鹽運使李文耕記

按此碑正書上刻丹書下刻記文十二行在南關太公廟東壁

濟南金石志

卷三

章邱至齊東石

濟南金石志卷三

金石三

章邱

隋開皇十六年陳黑闥等造像記

大隋開皇十六年歲次甲辰二月甲申朔十一日甲午像主陳黑闥陳法華陳洪雅敬造釋迦像一軀上爲國王帝主刺史縣令師僧父母亡過見在居家眷屬邊地衆生有形之類咸同斯福祭酒從事陳慶遵高陽郡丞濟南郡正陳慶遠等男女十七人又爲君門眷屬門下錄事趙暉等男女三十四人

章邱志云共二石在西采石莊西南前後鐫二像

唐貞觀五年徐州都督房公碑

唐故都督徐州五州諸軍事徐州刺史臨淄房定公碑銘

易稱易之爲書也有天道焉有人道焉故君子居則觀其象動則觀其變知以藏往感而遂通是以進退之數有方存亡之幾有定昔賈生董相懷王佐之才子政子雲抱命世之道並屯邅於世故擯厭於當年軼風雹以長鳴絕雲霓而鍛翮而樂天知命順時守道體忠信而夷險阻憑清靜以安悔吝雖逝川寂其浸遠而盛德久而愈新昔也玉質金相求益友於千載蘭芳桂馥想同氣於九原則有之矣緬懷應幾之道詳觀出處之跡可以追蹤勝業繼踵清塵者其惟都督臨淄定公焉公諱彥謙字孝沖清河人也七世祖諶燕太尉掾隨慕容氏南度寓於齊土宋元嘉中分齊郡之西部置東冀州東清河郡繹幕縣仍爲此

郡縣人至於儁侯又於東廣川郡別立武强縣令子孫居之丹
陵誕聖祥發慶靈虞舜受終光啟侯服導原注壑若寫河漢之
流疏構干雲如仰嵩華之峻漢司空植公之十三世祖也積德
固其宗祊純嘏貽其長世公侯之門必復繁衍之祚攸歸高祖
法壽宋大明中州主簿武賁中郎將魏郡太守立功歸魏封莊
武侯使持節龍驤將軍東冀州刺史薨贈前將軍青州刺史謚
儁侯魏書有列傳重價香名馳聲南北宏材秘略兼姿文武曾
祖伯祖相州主簿襲爵莊武侯齊郡內史幽州長史仍行州事
衣錦訓俗露冕從戎累仁義而成基處脂膏而不潤祖翼年十
六郡辟功曹州辟主簿襲爵莊武伯宋安太守居繼母憂廬於
墓次世承冢嫡之重門貽旌表之貺鄉閭之敬有過知恥宗族

所尊不嚴而肅父伯熊年廿辟開府行參軍仍行本州清河廣川二郡太守事風神英邁器量沈遠寢門之內捧檄以慰晨昏山澤之間單車以清寇亂公稟元精之和氣體純粹之淑靈心運天機性與道合溫良恭儉應言行之端神彩風尚出儀形之表博極圖書兼綜遺逸正經義訓特所留懷絕簡研幾下帷覃思盡探隱賾畢詣精微或致元白之譏非止春秋之僻吉凶禮制今古異同莫不窮覈根原詳悉指要內外親表遠近學徒負笈擁帚質疑去惑公凝神虛受函丈無倦聲來響答幽谷對盈自還宅務土家已重世班懿十紀旌旗之盛未多陳完八葉鳴鳳之祥斯在況復里稱冠蓋庭茂芝蘭行則結駟連騎處則撞鐘列鼎雖范蠡貨財本輕卿相陰家僕隸舊比封君不之過也

公閑心閑館以風素自居淸虛味道沈冥寡欲恭敬以撙節退讓以明禮潛隱之操始挺於州閭高亮之風日聞於海內於是尋公仰德邦君致禮物色斯辯旌節盈塗郡三辟功曹州再辟主簿其後不得已而從命公明天人之際述堯舜之道其處也將委質於眾妙之門栖神不死之地其出也將宏奬名教博利生民舟楫可期英靈有感州郡之職非其志焉然公以周隋禪代之交紀綱弛紊亦既從政便以治亂爲懷眷言州壤在情彌切乃整齊風俗申明獄訟進善黜惡導德齊禮雖在鄉國若處王朝政教嚴明吏民悅伏見危拯難臨財潔己利物之仁不自爲德不貪之寶必畏人知開皇初頻詔搜揚人物秦王出至京洛致書辟詔州縣竝苦相敦逼公辭以痼疾且得遂情優仰其

後隋文帝忌憚英俊不許晦跡邱園公且權維繫方應薦舉七年始入京省授吏部承奉郎是時齊朝資蔭不復稱敘鼎貴高門俱從九品釋褐朝廷以公望實之重才藝之優故別有此授以明則哲之舉俄遷監察御史毋杖節巡省糾逖姦慝以存公正以變澆風爰轉授秦州總管錄事參軍事漢陽重鎮京輔西門管轄一方允斯盛選尋以朝集入京與左僕射齊公總論考課之法黜陟之方齊公對岳牧以下大相歎伏其後具以公言敷奏仍有升擢之辟然非知己之主竟不能見用左遷許州長葛縣令公鎮之以清靜文之以禮樂訟以道息災因德弭百姓感悅咸不忍欺愛之如慈親敬之如神明焉繈負知歸頌聲載路解代之後吏民追思惠政樹碑頌德在長葛秩未滿以考

績尤異遷鄀州司馬此州荆鄧之郊華夷踳雜習俗殘獷民情
憸詖公化之以仁愛敦之以淳厚朞月之閒咸知遷革尋以州
廢解任言歸夜觀星象晝察人事知天地之將閉望箕潁以載
懷乃於蒙山之陰結構巖穴非唯在乎避世固亦潛以相時然
大業之初始班新令妙選賢良爲司隸刺史公首膺斯舉有詔
追赴京洛公以朝綱浸以頽壞此職亦是宏濟之一方便起而
就徵覽轡登車卽有澂清天下之志於是激濁揚清風馳草偃
行能之類望景以聽升遷苛暴之徒承風而解印綬進擢者靡
爵不致謝言繩糾者受刑而無怨色自非道在至公信以被物
其孰能與於此焉旣而王政陵夷小人道長忠言靡用正士無
施大業十一年出爲涇陽縣令未幾而遘疾粵以其年歲次乙

亥五月壬辰朔十五日景午終於官舍春秋六十有九降生一
子光輔帝唐叶贊璇機燮調玉燭皇上情深遺烈用佇想於夷
門眷言才子便有懷於袁煥貞觀三年十有二月迺下詔曰紀
功褒德列代通典崇禮飾終著在方策隋故司隸刺史房彥謙
世襲簪纓珪璋特秀溫恭好古明閑治術爰在隋季時屬卷懷
柰遂迍塗奄從運往以忠訓子義垂過庭佐命朝端業隆功茂
宜錫以連率光被九原可贈使持節都督徐泗仁譙沂五州諸
軍事徐州刺史四年十一月又發詔追封臨淄公食邑一千戶
謚曰定公禮也粤以五年歲次辛卯三月庚申朔越二日辛酉
安措於本鄉齊州亭山縣趙山之陽惟公風格凝整神理沈邃
內懷溫潤外照光景追思儀範曖似文成之圖邈想風猷懷若

相如之氣時逢戰爭術匪從橫或恥問仁用安嘉遯收文武之將墜殊山林而忘反是故銷聲貴里隱異逃邦戢曜高門處非絶俗優柔六藝紛綸百氏采絶代之闕文總前修之博物雖昔之明實沈之祟識疏屬之神辯鼮鼠於漢朝彰委蛇於霸業無以尚也彫蟲小技曾未去懷時有制述將符作者致極宏遠詞窮典麗足以充諧聲律感召風雲豈唯白雪陽春郢中寡和而已永惟書契之始乃眷蹏迒之跡草隸之妙冠絶當時爰自幼年孝友惇至未離繈褓便遭極罰纔有所識諮訪家人發言號絶不自勝處年十有五出後傷宗深惟鞠養之慈將闕晨昏之禮辭違之辰感切行路及就養左右不異所生兩門喪紀並逾制度哀毀之至聲被朝野兼以期功之慼甘旨未嘗朋友之喪

遠近畢赴人倫之經禮法之隆近古以來未之有也且復留連宴賞提攜㝠味登山臨水必動咏言清風朗月未空樽酒賓幾滿席且得王公之孫門閥常通時許慈明之御指囷無倦解裘未已仁義云厚貧產屢空以斯器望窮茲至道謂宜俯拾青紫增曜台階而止類太邱宏道下邑遽同子產空聞遺愛報施之理何其爽歟若夫死生者形骸之勞息殀壽者大化之自然固知命之不憂豈居常而為累也然行周於物寒暑不能易其心智周於身變通不能窮其數而靈祇多忍幽明永隔散精氣於風烟委容質於泉壤可不哀哉於是四方同志之士百里懷音之客式遵盛烈共勒豐碑百藥爰以疇昔妄遊蘭芷寔謂正始之音一朝長謝師資之德百舍無從義絕賓階哀纏宿草思效

薄技覬申萬一仰惟治身之術立德之基固繫辭可以盡言豈
言之而無竟也迺爲銘曰
遐觀方冊歷選人倫名固難假德必有鄰顏閔遺迹曾史芳塵
同聲比義允屬通人於鑠通人纂堯胄慶司空規矩民胥攸証
地靈貽福天齊分命世祚有徽重光無競顯允君子丕承寵光
靈河擢秀日觀含章元門味道幽谷迷方陸沈通德朝隱康莊
儀鳳潛靈彫龍振藻宏之在人一變至道昭彰誥訓寂寥元草
文質彬彬流瀾浩浩齊物無待隨時吐曜導俗澂原訓民居要
州將貽喜邦君長嘯乃眷韜鈐還歸魚釣三逕雖阻八紘方密
僶俛末班逶迤下秩司憲邑宰循名責實御衆以寬在刑惟恤
履斯異行垂此丕基才高位下有志無時和光偶俗誕命膺期

鸞揚投賈唯茲在茲樹德不已蹈仁無斁遺搆有憑高明以闢
胥言上壽方期永錫戩佇太階翻歸厚夕義高表墓道貴揚名
式昭文物用紀春榮搢簪故吏制服諸生一刊圜石萬代飛聲
碑側云太子左庶子安平男李百藥撰太子率更令渤海男歐
陽詢書貞觀五年三月二日樹
碑側云公之將葬恩旨重疊賻贈優渥特異恒御公及夫人并
今所司營造馬轝各給四馬從京師洛陽殯所送至本鄉其車
輅儀仗出懷洛二州給船載運迎道人力至於墓所發給錢幣
有闕乏者又發勑令以官物修補又文官式令例無鼓角亦特
給送至於葬所又於常令給墓夫之外別加三千功及臨葬日
復降勑使馳驛祭以少牢前後爲送葬事發勑旨行下十有二

係近代以來恩榮褒贈未有若此者也中外姻戚海內名士并
故吏門生千里赴會爰及州里道俗二千餘人
山左金石志云碑文云宋元嘉中分齊郡之西部置東冀州東
清河郡繹幕縣仍爲此郡縣人案宋書州郡志文帝元嘉九年
分青州立歷城割土置郡縣文帝本紀九年六月分青州置冀
州元和郡縣志同皆不載東冀州故志言立歷城即冀州治所
也歷城在青州之西又在冀州東故云置東冀州與宋書轉相
證明矣此云東清河郡而志有南清河太守當是東字之訛也
金石萃編云按房彥謙卒于隋大業十一年此碑題唐故者以
碑立于唐貞觀五年也碑爲李百藥撰歐陽詢書題名在碑側
搨者往往失之故金石文字記但引金石錄以爲歐陽詢書實

未見此題名也碑是隸書而考槃餘事格古要論皆以爲眞書則併搨本亦未之見矣齊乘稱此碑近聞村人以打碑之擾毀仆之今觀搨本尚完好可知元時盛行此碑而于氏得之傳聞未嘗細審碑拓也

章邱志云碑陰隸法與碑文一律當即歐書而不更題書名耳

按此碑八分書文三十六行行七十八字碑側題字二行碑陰十五行俱八分書在章邱西南六十里趙山之陽

唐永徽三年淸河太夫人碑

司馬仲之女也義徽傾鳳禮茂乘龍齊體齊賢宜家宜室淸河縣開國公仁裕弱冠而孤天平地成河淸岳動賞尊乎帶礪人居上將出收名藩聖恩金紫欽賞榮盛貞觀九年授淸河太夫

人若夫稟質明敏化以家風豈徒動作女師故亦言成士則始
光婦道終擅母儀藉甚朝野流刑內外天慈襃錫飲膳藥物咸
資於御其年六月七日薨於長興坊之第時年八十有二永徽
三年二月歸祔葬贈公禮也監護賵贈給賜之恩越舊史之所
聞優聖朝之故事實由儀範冠圖牒使哀榮紀今古詔大將軍
房仁裕母亡喪事所須並宜官給仍令賻布絹各二百段時既
盛暑日給氷數石及歸舊域又降勅書曰前左領軍府大將軍
房仁裕既還鄉葬母仍賜米粟各二百石永徽三年歲次壬子
二月癸巳朔十五日宗親豪族道俗不遠千里而至者二千餘
人十旬恩詔特加榮命詔前左領軍大將軍房仁裕宜奪情禮
應茲藩寄可金紫光祿大夫行揚州都督府長史于時再三上

表乞終喪制仁裕既以孤仔一身終鮮兄弟爰降勑書曰前大
將軍房仁裕宜依故事聽於任所爲立靈廬晨昏哭臨以終孝
性之任之日薹僕已上數百餘人悉給傳乘劬勞之恩昊天罔
極今於潤州江寧縣躬自採石造碑運送墳塋限以委寄任重
不獲身自樹造長子先禮妥立貞觀年中碑已先樹重刊貞石
紀述太夫人績德遺誡并敘重疊天恩安厝年月泰山之表方
備舉而已瀉瑯琊之碣擬實錄而多慙其詞曰
軒臺茂祉元宮綿亘有明帝嬀陶埶孔聖疆文獨備龍門孤暎
盛祀彌光攸鍾敘令詩史不纂作嬪鼎族端操霜明芳猷蘭郁
婦德光備母儀是彰恭惟瀓冪宏宣義方功成寅亮尊極綸既
碑陰云太夫人八女一男自乎弱冠位皆方岳奉陵五州諸軍

事潭州諸軍事都督左領軍參軍又轉左大將軍金紫光祿大
夫行楊潤宣常滁和六州諸軍事楊州都督府長史太原王氏
五女十男長女王妃年十三未婚而薨第二女六歲與妃同夭
第六息先貞任國子監聰俊絕倫詩書無停晝夜竭思妍精遂
傷心腑苗而不秀十八而亡詰降天慈並賜醫藥朋友祭哭者
三千餘人自幼及長咸賴太夫人之慈訓今並陪葬此域孫先
禮雲騎尉朝請郎密王府戶曹參軍奉義郎行泉州錄事參軍
事孫先孝雲騎尉左親衛通直郎行司士參軍承議郎行并州
陽曲縣令宣德郎參軍奉義郎先恭通直郎行杞王府兵曹參
軍事先慎宣德郎守江王府兵曹參軍事武騎尉年十三任宏
文館學生授太子左千牛倫趙孫女夫宋師將並躬自營樹歲

次景辰六月甲午朔十五日戊申清河府記室叅軍李義觀典
籤房神諒等承嚴命卜日而樹

章邱志云按清河太夫人碑殘毀已久今因採訪共得七石詳
玩筆意與房定公碑陰相類或亦歐陽率更遺蹟歟

按此碑八分書共二十二行碑陰正書十五行在趙山之陽
房定公碑東

唐開元三年醴泉寺誌公碑

大唐齊州章邱縣常白山醴原寺誌公之碑

東京大薦福寺翻經院奉勅昭慶寺綴文沙門元傘撰大薦福
寺奉勅翻經院校勘沙門正智寺都維那僧道寂建此寺及此
碑

伊昔曇花未出庸詎知寂滅之名覺日猶遮曷嘗識菩圶之相
因夫金儀下降舍虛含淨月之光寶教夯流器貴受元雲之潤
瞻乃化工光昭異香不息所以化身周流於剎土神足遍現於
塵沙或十六聲聞駐形巨里一方菩薩納景涼臺朱幡白足多
在佛法之英翠徑丹崖咸處王城之舍蓋利生紛道指境發緣
若不入處寘答誰能使諦幢高建者矣今此醴泉寺者棲託巖
阿聿修禪寂此地元武之分青龍所憑橫日首以開疆據天齊
而劃野師尚父之剏居齊桓公之霸國尒其常白山者迺摩天
際地晻映蔽虧抱泉石以娛神出雲霞而養性繪茲形勝敀建
招提自後七級崇圖偉起舍佉之構五層峻閣重標戰勝之門
海目山亭虹梁鳥革水調八解之聲風暢五音之說息心之輩

見流注以超昇迴面之徒仰幽閤而悟入我國家灌頂四天纂
圖千帝以佛乘爲象馬因道品爲城郭八方起塔志深遺形九
億聚塭情殷造寺於是望此精廬宗通蘗日三齊族姓向梵境
以翹誠四履黎昌仰釋天而矯首又屬中宗孝和皇帝龍興漢
道馬入天經景龍二年歳次景午爰有齊州正智寺都維僧仁
萬俗姓李字道寂慨兹隳隆抗表興崇天鑒至誠特賜名額法
俗歡康人神舞悦初師之行進表也夢乘船上山及翌日赴朝
所削無礙豈非興廢默定通塞懸期俶裝東上將次赴州又屬
三藏義淨法師希代高僧天下重德先奉勅於大薦福寺翻譯
經律德扇人天之表名揚宇宙之間聖應非凡神功巨測及將
命星發戴達章邱眷德方懋昭臨八域時有縣令楊君卽以

月八日親率閤境老幼大會新寺表慶天恩又於靈廟之前尊卑就列鴈行齊聽忽見有醴泉流出修廣三四尺深淺二尺餘色淨味甘爰符瑞典挹酌同飲咸覺蠲痾豈不以五福旣圓三靈允荅光揚寶日滋液金場聖情垂感有勅改名爲醴泉寺仍更抽入冊九僧住持行道自元波再委碧題重開日殿赫而扶昇月宮華而桂滿若乃戒月澄空能防客霧禪燈熖室巧避輕風濯始溶之龍津洗毗盧之鳥眼長袪五住遠劾四周樹功不朽流福無窮斯並先帝之本願莊嚴法師幽贊感神之所致也又師游戲生死凡厥所化無願不從乃至有患心痛者但取寺前少土和水服之應時便愈遺形是託神靈保持梁寺史傳師本俗姓朱氏金城人也少出家依京道林寺僧儉法師爲和上

業存禪觀宋太始初漸彰異迹居止不定飲食無時長髮跣足
詞同讖記言不虛發應驗如神或密覘通於北都或分形遍於
南國奇惟恍惚不可殫論及天監十三年歲次甲午十二月八
日奄然示終時有異香非常芬馥特勅厚加殯送葬於鍾山獨
龍阜仍於墓前立開善精舍勅陸倕製銘於冢內王筠勒碑於
寺門及其去也以精靈度物哀憐庶類福祚皇王且彼託鍾山
此依常白彼葬龍阜此瘞龍臺前王挹風後帝傾景至今大唐
太極元年歲次壬子皇帝御天下之三載凡一百九十九年化
化之緣古今無盡明明之德日月愈新恭敬者隨時受福疑慢
者應念立徵事跡繁夥不可備載當嘉聲上澈先帝令左臺監
察御史宋務先親加檢覆八正知歸一屬昔緣獲未曾有比後

復命倍沃天心刺史楊元禧分符北極露冕東藩惠雨逐於行車仁風隨於轉扇絣繩寶地助動天元薦瑞香園延光帝載縣丞主簿縣尉馮含景講學行道入官風變揚船彼岸錄事里黨鄉老等門滋蘭畹躬播檀芽忠信滿於州閭因果光於古後貝樹披春帝王之遺文秩矣金繩玉尺諸佛之正道通矣迷津得路菩薩運載之乘行矣況元天大造充溢於盡空淨域鴻緣牢籠於無外昔迦葉塔下如來垂讚歎之蹤彌勒堂前善財表歌揚之偈若稽古訓式樹豐碑銘曰

義天兆昧優花未披但迷五蘊孰辨三伊哀彼火宅耀我金儀神足繼軌賀子揚鑣九有至化觀方擇土煅我實地壞我金場花殘鷲沼烟輟龍香霞標歇滅石徑荒涼萬寓乘皇千齡纂帝

日月連璧飛行至契託念新營精樑五門玉墀儼感銀榜與存
欲起天泉永規國德寄誠墳廟傳詞翰豐瑞醴通流嘉祥充塞
重光佛苑開題宸極先帝聖靈聿資神境冥扶默贊分形散影
旣墓彼山又墳玆嶺寶鐸雙振金繩共炳化變新新眞身永永
初見泉沸時或未定天晶降宣閈諸典故鏞金鏤玉道該緇素
式讚元猷爰諮淨處勒像賢刧刊碑覺路

開元三年歲次乙卯十月己酉朔十五日癸亥立

山左金石志云右碑文三十六行每行祇存五十四字寺在鄒平縣碑額則稱章邱縣據鄒平志載鷰堂嶺在城西南三十三里距章邱三十里以山脊爲界西屬章邱東屬鄒平今醴泉寺在鷰堂嶺之東麓宜屬鄒平想唐時章邱界址必踰嶺而東也

長白山碑作常白山醴泉寺碑作醴原寺皆通用字醴泉在寺右百步石壁下讀此碑知醴泉之出始於道寂修寺之年碑云景龍二年歲次景午案中宗神龍二年是丙午若景龍二年爲戊申不知碑何以致誤也

章邱志云按醴泉寺舊名大雲寺梁誌公作也此碑立後一百三十年至武宗會昌五年大廢佛寺仆其碑宣宗大中五年復立之語詳碑陰可辨下截斷毀無存又按舊志誌公碑本池北偶談直錄故闕字尤多今親爲摹拓補其闕正其訛者共二百五十餘字碑陰有誌公像右書晉朝大士誌公和尚本容左右側面俱題名惟騎都尉馬守禮名可辨

按此碑章邱鄒平二志俱載之而章邱志釋文較詳然亦有

未盡者茲復細心辨認節錄其文如右

五代周顯德三年長白山新會院記碑記見藝文

齊州章邱縣長白山新會院記進士戰孚遠字頻之立石

顯德三年四月六日記

承務郎守齊州章邱縣主簿路憲明水鎮遏使趙霞副鎮張知崇前鄉貢學三史司慎徵書丹鄉貢三史張化象額同建立前滴河縣令李岫前費縣令張守節前高平縣令李若訥前都押衙董崇遠前豐林簿劉經前虞鄉簿呂仁紹秘校朱籍山錄對劉守節副錄夏侯璨講左氏三傳夏侯偉鄉貢三禮孫震前三傳柳彬鐫字匠人楊守謙

按此碑正書三十五行在城東三十五里大院莊南

宋天聖二年大雲寺石幢

朝奉郎殿中丞清平軍使兼管內勸農河堤事上騎尉賜緋魚袋張太沖天聖二年歲次甲子十二月乙卯朔十日重建

章邱志云寺內有石幢三一在路臺西二在殿簷下東西相向每幢八面東幢字漫滅不可辨此西幢也四面隸書陁羅尼經四面篆書心經階下幢亦隸書尊勝咒

按此刻在城內西北隅大雲寺內

宋嘉祐六年重修夫子廟碑銘 文見藝文

宣德郎守尚書都官員外郎充清平軍使兼知章邱縣及管內勸農河堤事騎都尉借緋郭灝撰

嘉祐六年辛丑歲八月一日建長安賜紫僧神俊書丹進士崔

慶之篆額

山左金石志云案宋史地理志景德三年以章邱縣置清平軍熙寧二年廢軍即縣治置軍使此碑郭瀕系銜已稱充清平軍使則此官非置於熙寧閒矣書此者賜紫僧神俊筆力圓勁頗得魯公遺意宜乎以備學鉅碑借重於方外也

按此碑正書二十一行在學宫大成殿丹墀下

宋元豐八年齊郡廉先生序石刻

廉先生序

齊郡有廉先生者隱君子也少時一負書應舉旣而不知其憎世而醜俗歟亦愛其身以有待歟不然得喪輕重已判於胷中歟年未四十超然來隱於齊東湖山之麓盡束其生平所讀書

直屋棟間而獨抱夫易以老焉其大者則咯非知誠恐不足以知之蓋言所可知以推所未知者則先生始來築室結廬植竹數千木數百若甚暇且易而其堅完蕃茂它人畢力莫能及人疑之曰此先生築室植木有術既而又見其種田百畝活十餘口年歲無不給則曰是必能化黃金後四十年考其壽嘗八九十而見其猶有童顏也則曰是必能餌丹人數以告先生泛焉受之不辭或從而求其術則告之曰是安得術吾於築室植木也知不以彼之成壞易吾之誠於家也知不以彼之盈虛奪吾之常理於身也知不以思慮擾拂吾之胷中如是耳安得術雖然若有問治天下國家者吾亦將以是語之其友王文恪公既顯欲薦之朝虔先生不可屈乃止治平中詔求遺逸刺史王才

叔將迫先生行先生陰使人進其弟子胡鄗雖鄗終身不知也格非之兄和叔以爲其不苟於古可似黔婁其難際似叔度其藏節匿行使世莫得名其高則非仲長子光不可偕也以考夫功業則疑其數十年間天下之人有時忠順豈樂之意莫知其然而生忽戾之人亦有時乎悔艾之心莫知其然而作天地之氣其容與調暢足以養萬物而秀嘉草者殆斯人與有功焉始聞去冬奄巳即世子孫皇皇請議未及此正西山之餓夫東國之逐臣燕之屠蜀之卜絳縣之老有賴於仁人君子一言之時也唯吾爲同里人質之區區亦欲藉之以告清議之伯元豐八年九月十三日繡江李格非文叔序

迴憶昔童時從先伯父先考先叔西郊縱步三里抵茂林修竹

谿深水靜得先生之居謁拜先生數幸侍側欣聞謦欬之餘獨嫗顔蒙未有知識但見先生雲巾臯舃羽服藜杖身晦於林泉之間望之如神仙中人眞古所謂隱逸者也先生既没先考評其爲人先叔作序以紀名實迄兹三十有七年矣先生孫宗師曾孫理珪樹之堅石後進有立喜爲之書宣和癸卯正月八日

李迥謹題

斯文斯石始建于元豐八年後罹兵荒仆於荊棘至大中父鋭同叔鐸請中菴文諸石陰迄今垂四十年乃伐石南岡懇里中同舍友前陝西漢中道廉訪司僉事彭敬叔更書而文于石至正六年四月日廉遵謙題

廉先生石陰記

余外表兄故章邱廉君諱可字君德爲人以信義仁佐縣嘗攝縣事二子銳鐸皆學行有聞銳補縣尉非其好乃退隱不仕鐸以貢官濟陽教銳鐸告余曰先人嘗訓銳等吾生當金季之亂甫再歲而孤賴母氏存育嗣有世業聞之吾母廉氏本河南祥符人譜亡無所考廉某先生未詳爲幾世祖元豐間殁而里人李格非爲之序後三十有七年孫宗師等始刻石焉有李迥題序稱先生年未四十來隱湖山以是觀之其遷繡江當始此也石刻臥水湄汝曹可移植爽塏世謹護之銳等視其石以劫火之故裂不可植乃圖爲重刊今襲石已具吾叔以一言紀其後先志畢矣余觀李氏之文新古奇崛辭達而理析蓋深於文且深於道者也誦其文企尋其人則見湖山之威神益峻而繡江

之派源益遠也余惟才賢之生固必待夫天地容與調暢之氣然二公而後未聞有繼焉者豈其容與調暢之氣不恒有也耶其有而無所託乃不得傳也耶石之再刻也以廉氏有賢子孫序文缺滅不敢意度者凡三字皆闕之李迥所題書于後云至大二年己酉中秋邑人劉敏中記

至正六年五月日廉銳等立石匠李欽祖鐫

嘉靖二十五年二月二十四日重立主碑廉旺廉英一戶

按此刻四面前二面李序十四行跋四行題三行後二面記十五行年月題名三行在城東南二十里廉家坡原在莊後

嘉靖間移莊內縣志以爲隱士廉復墓碑

宋元符元年重修平陵廟記

重修危山平陵廟記元符元年十月四日前定州樂縣主簿衛鈞記璠冦清書丹兖州鄉貢進士張裕篆

按此刻正書在危山上

宋大觀元年八行詔旨碑

大觀聖作之碑 正書額三行字徑五寸

學以善風俗明人倫而人材所自出也今有教養之法而未有善俗明倫之制殆未足以兼明天下孔子曰其爲人也孝弟而好犯上者鮮矣不好犯上而好作亂者未之有也葢設學校置師儒所以敦孝悌孝悌興則人倫明人倫明則風俗厚而人材成刑罰措朕考成周之隆教萬民而賓興以六德六行否則威之以不孝不悌之刑比已立法保舉孝悌婣睦任恤忠和之士

去古綿邈士非里選習尚科舉不孝不悌有時而容故任官爲政趨利犯義詆訕貪汚無不爲者此官非其人士不素養故也近因餘暇稽周官之書制爲法度頒之校學明倫善俗庶幾於古

諸士有善父母爲孝善兄弟爲悌善內親爲睦善外親爲婣信於朋友爲任仁於州里爲恤知君臣之義爲忠達義利之分爲和

諸士有孝悌睦婣任恤忠和八行見於事狀者於鄉里耆鄰保伍以行實申縣縣令佐審察延入縣學考驗不虛保明申州如令

諸八行孝悌忠和爲上睦婣爲中任恤爲下士有全備八行保

明如合不以時隨奏貢入太學免試爲太學上舍司成以下引問考驗較定不誣申尚書省取旨釋褐命官優加拔用

諸士以全備上四行或不全一行而兼中等二行爲州學上舍上等之選不全上二行而兼中等一行或不全上三行而兼中二行者爲上舍中等之選不全上三行而兼中等一行或兼下行者爲上舍下等之選全有中二行或有中等一行而兼下一行者爲內舍之選餘爲外舍之選

諸士以八行中三舍之選者上舍貢入內舍在州學半年不犯第二等罰升爲上舍外舍一年不犯第三等罰升爲內舍乃進上法

諸士以八行中上舍之選而被貢入太學者上舍在學半年不

犯第三等罰司成以下考驗行實聞奏依太學貢士釋褐法中
等依太學中等法待殿試下等依太學下等法
諸士以八行中選在州縣若太學皆免試補爲諸生之首選充
職事及諸齋長諭
諸以八行考士爲上舍上等其家依官戶法中下等免戶下支
移折變借借身丁內舍免支移身丁
諸謀反謀叛謀大逆及大不恭詆訕宗廟指斥乘輿爲不忠之
刑惡逆詛罵告言祖父母父母別籍異財供養有闕居喪作樂
自娶釋服忘哀爲不孝之刑不恭其兄不友其弟姊妹叔嫂相
犯罪杖爲不悌之刑殺人略人放火强姦强盜若竊盜杖及不
道爲不和之刑謀殺及略賣緦麻以上親毆告大功以上尊長

小功尊屬若內亂爲不睦之刑詛駡告言外祖父母與外姻有服親同母異父親若妻之尊屬相犯至徒違律爲婚停妻娶妻若無罪出妻爲不姻之刑毆受業師犯同學友至徒應相隱而輒告言爲不任之刑詐欺取財罪杖告囑耆鄰保伍有所規求避免或告事不干已爲不恤之刑

諸犯八刑縣令佐州知通以其事目書於籍報學應有入學按籍檢會施行

諸士有犯不忠不孝不悌不和終身不齒不得入學不睦十年不姻八年不任五年不恤三年能改過自新不犯罪而有二行之實耆鄰保伍申縣縣令佐審察聽入學在學一年又不犯第三等罰聽齒於諸生之列

大觀元年九月十八日資政殿學士兼侍讀臣鄭居中奏乞以
御筆八行詔旨摹刻于石立之宫學次及太學辟廱天下郡邑
二年八月二十九日奉御筆賜臣禮部尚書兼侍講久中令以
所賜刻石通直郎書學博士臣李時雍奉勅摹寫承議郎尚書
禮部員外郎武騎尉臣蔣勝仲朝散郎尚書禮部員外郎雲騎
尉臣韋壽隆承議郎試尚書禮部侍郎學制局同編修官武騎
尉隴西縣開國男食邑三百戸賜紫金魚袋臣李圖南朝請郎
試禮部尚書兼侍講實錄修撰飛騎尉南陽縣開國男食邑三
百戸賜紫金魚袋臣鄭久中太師尚書左僕射兼門下侍郎上
柱國魏國公食邑一萬一千二百戸食實封三千八百戸臣蔡
京題額

山左金石志云右碑文及年月銜名凡二十七行字徑一寸筆細如髮全以瘦勁行之是碑山左學宮往往有之蓋當時諸州學皆奉令勒石者

金石萃編云按宋史選舉志大觀元年三月甲辰詔立八行取士科然品目既立有司必求其迹以應令遂有牽合瑣細者蓋後世欲追古制而不知風俗教化之所從出其難固如此据史文知八行八刑在當時固亦行之久矣

章邱志云大觀聖作碑金石編載有四種此碑與興平一種同

按此碑正書二十六行行六十七字在縣學大成殿前丹墀東山左金石志載臨朐泰安城武諸城觀城五種而不載章邱臨邑可據此以補其缺

宋政和三年關帝廟記碑記見藝文

蜀將軍關侯廟碑

將仕郎新授兗州龔縣主簿管勾學事李端臨撰文河南穆滨書并篆額

宋政和三年歲在大荒落秋七月巳卯朔建

按此刻正書十九行行四十一字在北關邑厲壇東

宋政和三年穆氏先塋石表

有宋君子河南穆廷秀諱賓廷秀其字也少卓越有志操博通詩史尤明周易老聃之道性沖淡不樂仕進嘉遯養素以終其身鄉閭無長幼貴賤莫不愛向謂之君子熙寧元年二月五日歿壽七十三穆氏世爲河南人唐秘書監之後自其高祖徙

居開封至君挈其孥徙東遂占籍於齊州之章邱縣歿葬女郎山之陽以其配趙劉二夫人祔後四十五年當政和癸巳秋九月旣望刻石墓表以著不朽云洛陽王壽卿書曾孫湙模工任升刻

章邱有隱居篤行長者河南穆君歿於熙寧丙辰後三十七年孫湙始錄其先人宣德手疏君遺善諉洛陽王壽卿以爲墓表按君諱端字伯初少力學剛毅能尊其所聞尤以孝著皇考賓材其子早以家付而喜散施君傾資奉之未嘗以有無爲言逮執喪焦毀過禮臨窆號慟屢至殞絕廬守墓側服竟始去後每諱日孺慕泣涕終其身而不衰季弟客死京師殯於中野他日君迹之弗獲乃招魂葬焉自是歲時與親朋遊集輒悲思不樂

嗚呼君隱士也其施設雖不大見於時觀其內行修飭而居鄉友善遇事造次必本於厚則蓄而不發者殆可知已宣德君名翟盈君冢嗣云

王曾翁書篆一以李監爲師行於四方問李監石刻之所在無風雨晨夜余未識曾翁見壁題曰是必陽冰之苗裔也已而果然其論陽冰筆意從老至少肥瘦剛柔巧拙姸醜皆可師承有味其言之也余嘗戲曾翁杜元凱左氏之忠臣王曾翁李監之上嗣也今世作小篆者凡數家大率以間架爲主李氏筆法幾絶見曾翁用筆可以洒酹陽冰之塚耳山谷道人黃庭堅雷亨坤識

山左金石志云此碑前爲穆庭秀後爲穆伯初總額曰楊氏先

瑩石表後又有黃山谷跋縣志載穆庭秀墓在女郎山之陽有石表洛陽王壽卿撰文并書篆山谷美其篆爲贊於上今移置文昌祠攷宋史黃庭堅卒於徽宗即位之三年此碑立於政和三年距山谷之卒已及十年是山谷未見書此碑也當由穆氏曾孫慕山谷之譽因附刻於石表之後以增重耳

按此刻篆書二表前十二行後十三行俱行十四字行書跋十八行行八字原在女郎山之陽後徙置岱嶽觀今移文昌祠內

宋夏侯墓碑

故尚書比部郎中夏侯府君墓誌銘

章邱志云碑僅存篆額下鐫一武官像右持劍闕其名字

按此刻在城北十餘里夏侯莊西

金大定十六年重修宣聖廟記碑 記見藝文

徵事郎前滑州軍事判官姜國器記濟南進士李垣之書丹進

士崔洋篆額

按此碑正書文十九行題名二行碑陰有從事郎行縣丞尹

莘記及助貲姓名二十六行在縣學內

元太宗二十二年王宏墓碑銘

濟南行省郎中王公祖考之碑

朝請大夫前開封府判陽邱李灝撰文前進士濟南謝良弼篆

額孫男王鑑書丹

歲次己酉四月日懷遠大將軍前山東鹽使濟南行省左右司

郎中男王瑾立石

按此碑正書二十三行在城南棗西首關帝廟前

元至元十六年講書院碑

濟南陽邱明秀鄉福聖院道深記故金粟大士衛公三藏記

濟南路儒學教授王元賓撰濟南路學錄智京書

按此刻正書在城西南四十餘里

元至元二十三年增修廟學記碑

提刑按察使武安胡祗遹書河內曹質篆額

按此碑正書文十三行前後題名六行在縣學內

元大德七年中書參知政事張公先塋碑銘

正奉大夫知制誥兼修國史閻復撰翰林侍講學士奉議大夫

知制誥同修國史張伯淳書翰林學士大中大夫知制誥同修
國史楊文篆額
大德七年歲次癸卯正月十七日丙午嗣子中奉大夫中書參
知政事斯立立石

山左金石志云碑稱張斯立因致仕華顯爲先世立碑以示來裔案元史張斯立無傳宰相表有之其參知政事自大德元年迄於九年正與碑合伯淳此碑筆法秀整攷本傳伯淳自至元末謁告歸大德四年即家拜翰林侍講學士明年造朝扈從上都又明年卒此碑立於大德七年正月則書碑正及其垂老之時也

按此碑正書二十二行在縣東南十五里相公莊

元皇慶元年加封孔子制詞記碑

通奉大夫山東東西道宣慰使劉敏中述并書題額

按此碑正書上層制詞十七行下層記文二十行題名一行

在縣學內

元延祐五年劉鼎墓碑

贈太常禮儀院彭城郡公謚獻穆劉公神道碑篆額四行

故廣威將軍益都總制兼安慰濟南淄德軍民勸農使山東行

尚書省左右司郎中贈資德大夫太常禮儀院使上護軍封彭

城郡公謚獻穆劉公神道碑銘

翰林學士承旨知制誥兼修國史廣平程鉅夫撰集賢大學士

前中書左丞保定郭貫篆額

延祐五年歲在戊午四月孫翰林學士承旨知制誥兼修國史敏中立并書

按此碑正書二十七行在西皐莊北首

元延祐五年劉景石神道碑

贈集賢大學士齊國公神道碑銘篆額三行

贈集賢大學士榮祿大夫柱國封齊國公謚文靖劉公神道碑銘翰林學士承旨廣平程鉅夫撰集賢大學士保定郭貫篆額延祐五年歲在戊午四月六日男翰林學士承旨敏中立并書

按此碑正書二十五行在城東南三里西皐莊北

元至治元年武文煥碑銘

陽邱武氏昭先碑銘翰林學士劉敏中撰翰林學士劉賡書

至治元年十二月十七日男履常立石

按此碑正書在城東梭山南

元泰定二年劉敏中墓碑

翰林學士承旨光祿大夫柱國齊國劉簡公中菴先生之墓戶
部尚書前參議中書省事里人張友諒題
泰定二年二月日奉訓大夫僉山東江北道肅政廉訪司事嗣
男從禮立

按此碑正書在西阜莊

元泰定二年崔榮碑銘

崔居士墓表銘孔顏孟三氏子孫教授前國子助教張臨撰御
史臺都事楊僖篆翰林待制兼國史院編修官張起巖書

泰定二年歲次乙丑夏四月庚辰朔男公緯公愷等立王訥刊

按此碑正書二十八行在城西北三十五里張家林莊

元泰定四年重修洪福院記碑

般陽路儒學教授前山東考試官高尹撰亞中大夫山東東西道宣慰副使武履常書監察御史劉從禮篆

按此碑正書二十五行在城東三十五里大院莊

元天歷元年張氏先塋碑

陽邱張氏先塋碑資善大夫知制誥同修國史館張養浩撰文翰林侍讀學士張起巖篆額集賢直學士孛木魯翀書丹

天歷元年三月日承直郎上海縣尹孫男如砥等立

按此碑正書在城南十三里西營莊北

元天歷三年武德碑銘

太原郡侯武氏恩贈之碑中憲大夫太子左贊善張起巖撰禮部侍郎康壁書翰林學士張養浩篆

天歷三年四月吉日嗣孫履常立王誠刊石

按此碑正書在城東稜山南

元至順二年張斯和墓碑銘

贈中奉大夫河南江北等處行中書省參知政事張公神道之碑翰林學士張養浩撰文嶺北湖南道肅政廉訪使鄧文原書并篆蓋

至順二年十月初一日嗣子資善大夫中書左丞友諒立石

按此碑正書在城東十五里相公莊東南碑陰有禮部尚書

張起巖記戶部尚書魏諠書

元至順四年廟學神門記碑

李泂撰宋本書忽都都魯彌實題盖

按此碑行書二十四行在縣學內

元元統三年張寬碑銘

翰林侍讀學士張起巖撰并篆額御史中丞張友諒書

元統三年三月日朝散大夫男州尹張如砥立石

按此碑正書在西營莊北

元後至元六年重修靈應觀記碑

鹿思固撰田頤正書彭恂篆額

按此碑正書二十三行碑陰題宗派之圖上層眞君宗派下

層官職士庶姓名在女郎山之麓

元至正十六年章邱縣尹李彥表德政碑

榮祿大夫中書省平章事張友諒撰文中奉大夫嶺北等處行中書省參知政事宋紹明篆額翰林直學士段弼書丹

按此刻正書在縣署大堂西南

元大初巖石記

張文忠公題江神子詞

何年仙斧斷雲根玉無痕翠生春磅礴空庭太華入平分百竅暗通元氣漏無一竅不氤氳　相當邱壑闕天眞泣波臣趕出君一笑移來造物不吾嗔日擊烟霞心已了誰再夢上星辰

前縣令田嚮題云太初巖文儕劉先生十友中之最也先生一

觴一詠與之偕而不能置於花晨月夕者厥意亦深矣鄒少尹
郊之高道見而恤之置諸堂宇之次其友尙之高固可取而文
簡心事想亦得之於不言之外正統戊辰夏六月朔日述題

按此刻正書在縣治宅門外

明嘉靖二年歷聖贊碑贊見歷城

巡撫山東都察院右副都御史廬陵陳鳳梧謹贊

按此碑正書三層二十一行在縣學大成門內

明嘉靖二年女郎山洞宇記碑

章邱女郎山增修洞宇記

巡撫大同贊理軍務都察院右副都御史洪漢撰文前衛州知
府劉爍書丹山西按察司僉事喬岱篆額

按此碑正書二十二行在女郎山上

明嘉靖二年北山亭詩石刻

嘉靖癸未閏四月既望予發章邱將赴鄒平同年劉太守思武餞予於北山亭上遂遊三陽洞探奇覽勝之餘輒次前提學沈休翁韻以寓登臨之懷云廬陵靜齋陳鳳梧題

乘興來登絕巘亭曉涼宿酒喜初醒風前碧樹微鳴籟雨後青山巧露形一竅泉幽通地脈三陽洞古闢天扃茫茫俯視皆塵景欲挾飛仙駕紫軿

按此刻正書在女郎山嵌壁上

明嘉靖五年世宗敬一箴碑

明嘉靖五年世宗釋宋儒五箴碑

按以上二種正書俱在縣學文昌宮廊壁上詳歷城

明嘉靖二十七年李聰墓表

李處士墓表翰林院編修承天孫元篆額八都散人雪蓑子蘇
洲書丹嗣孫開先撰文繼先樹碑

按此刻草書二十行在城南三十五里鵝莊李氏塋

明嘉靖二十九年李淳墓碑銘

累贈奉直大夫吏部驗封司員外郎絳原李公神道碑銘
戶部尙書濮州李廷相撰八都道人雪蓑子蘇洲書丹翰林院
修撰吉水羅洪先篆額

按此刻草書二十五行在鵝莊李氏塋

明嘉靖三十七年大觀樓石刻

嘉靖戊午三月同脈泉李方伯少豁謝亞卿後峯劉司諫三致

仕遊女郎山詩一首中麓李開先書

平野千餘里南來首此山洞溫龍睡穩巢冷鶴飛還雖去市城

近疑非人世間無名花爛熳知止鳥綿蠻嵐氣成樓閣簷鈴響

佩環流光虛過眼佳景且開顏有客穿雲至無官盡日閑仙宫

同嘯傲樵徑費躋攀報國心猶赤還鄉鬢已斑登高堪望遠直

北是燕關

按此刻草書二十五行在女郎山嵌壁上

明嘉靖四十四年李冕墓碑

雲南右布政使李公墓表前吏部考功郎中魏博潞石申旞撰

文南京戶部尚書龍岡張舜臣書丹戶科給事中後峯劉祿篆

額不肖男美中立石

按此刻正書在城東南二十五里明水鎮西

明嘉靖四十四年李晃祠堂記碑

太常寺少卿中麓李開先撰文戶科給事中劉祿書丹

按此碑正書十六行在明水鎮北

明隆慶六年錦江橋記碑

章邱明水鎮重修錦江橋記鄉貢進士陝西臨洮府推官張大儒撰邑庠生康大猷書修橋善人馬本化石工張禮鐫

按此碑正書二十一行在城東南二十五里明水東

明萬歷三年重修女郎山泰山行宮記碑

恩選太學生張國鑄撰庠生郭綦書

按此碑正書二十行在女郎山上

明萬歷五年攺建啟聖祠記碑

吏部左侍郎海豐楊巍撰文刑部尚書濰縣劉應節篆額光山

知縣韓志道書丹

按此碑正書二十行在縣學大成殿後

明翠筠石記

萬歷五年四月望日贈靜菴楊隱君園居效陶體四章就山張

自愼書

章邱志云石在焦庶常友麟家

明萬歷十七年劉祿墓表

戶科給事中太常寺少卿劉公暨配苗孺人合葬墓表戶部左

侍郎新城見峯王之垣撰兵部左侍郎海豐近滄谷中虛書監
察御史在田李化龍篆不肖男震亨等立石

按此碑正書二十四行在冢前

明萬歷二十五年鄒衍祠記碑記見藝文

周客卿鄒公祠堂之碑章邱知縣陽平董復亨撰文臨邑許用
敬書

按此碑正書十八行在東關魚市北廟內

明萬歷二十五年泮池記碑

陝西行太僕寺少卿兼按察司僉事臨邑邢侗撰文章邱知縣
陽平見心董復亨立石臨邑許用敬書

按此刻正書三十九行在學宮南牆外壁上

明萬歷二十六年李氏祖塋碑

故省祭官李公暨配郭氏田氏竇氏合葬實記

河南布政司左參議前監察御史孝孫李化龍譔戶部郎中張

汝蘊篆廣平府推官胡東漸書

按此碑正書二十二行在塋前

明章邱紀事石刻

歸安茅國縉薦卿撰吳興陸拙書

明茅章邱傳石刻

虎林黃汝亨貞父譔吳興陸拙書

按以上二刻正書俱在縣治西關帝廟東壁

明愛蓮亭眞跡帖

章邱志云李登階書今在馮家坊

國朝順治十六年重修廟學記碑

提督學政僉事前刑部員外郎施閏章撰文章邱知縣張倓書

署教諭范研經訓導房薇立石

按此刻正書十七行在學宫内

順治十六年大觀樓石刻

繡江行

羲仲驅車錯躔度元冥蓐收青陽路三月重凝繡水紅急風倒拔陽邱樹天河滄海同甌覆雪染桃花成白玉茂陵消渴鷫鸘寒百舌聲多亂心曲

登女郎山同邑令張貞一作

女郎山畔日將沈女郎墓上草凝青長白雲連繡江水陸離長佩裊娉婷憑欄舉酒舞且歌深洞幽房山鬼多黃土紅顏自今古颯颯陰風吹女蘿己亥三月宣城施閏章書

按此刻正書在大觀樓壁上

鄒平

古瓦豆

篛園日札云道光三年正月十四日得古瓦器於舍東斷厓中淺者爲豆深者爲登檢之蓋四豆二登也一豆上下完好無缺損一登有蓋亦無少缺唯登中斷手自釘之餘皆糜碎唯一豆器可截之以爲硯又云豆上有蓋蓋上有蔕蔕上有平圓形少仰其心微凹試以今工部尺量之豆通高八寸豆器高一寸三分器上口圓徑五寸八分器下之校與鐙通高六寸七分鐙下之底圓徑四寸五分登以今工部尺量之登通高七寸五分登器高三寸校與鐙通高五寸器口圓徑五寸九分鐙底圓徑五寸九分校中幹鐙下座也校鐙二字本禮記

按爾雅云瓦豆謂之登疏引考工記旊人證之是也此器與
博古圖所載周單疑生等豆形狀不同而與漢靏文豆略似
與考古圖所載秘閣篆足豆無異彼器并蓋高九寸深三寸
有半徑五寸有半容三升雖質有銅與瓦之分而形製略同
簋圜以豆蓋作硯見貽古樸堅緻異常疑爲漢以前器也

唐開元三年醴泉寺誌公碑 詳章邱

金石文字記云唐章邱誌公碑今仍在寺中而其地已割入鄒
平矣按此所述是梁之寶誌與陸倕文略同而曰旣葬彼山又
墳茲嶺則此地亦有誌公墳也按雒陽伽藍記別有一寶公豈
卽其人而作文者誤以爲梁之寶誌乎不然何以一人兩葬也
池北偶談云誌公碑文作齊梁體可辨者十之三書法圓勁在

歐虞閒每行七十九字其下多斷齧不存其碑陰乃誌公像也

鄒平志云按醴泉寺地唐時屬章邱縣金元以後屬鄒平縣

五代周顯德三年中書侍郎景公神道碑

大周故銀青光祿大夫中書侍郎同中書門下平章事上柱國晉陽縣開國伯食邑七百戶贈侍中景公神道碑銘并序翰林學士朝議郎尚書水部員外郎知制誥柱國賜緋衣袋臣扈載奉勅撰翰林待詔朝議郎守司農寺丞臣孫崇望奉勅書

帝軒轅乘土德之運其臣曰奢龍祝融能辨方域以制區夏帝嬀氏禪陶唐之基其臣曰伯夷后夔能典禮樂以和人神上古佐命之道三政嗣興圖史寖盛彌綸輔翊代有其人皆金策丹書絢績功業垂其訓聚而爲典墳形其美流而爲歌頌銘以紀

功碑以誌行千載之下粲然可觀者其惟神道之表乎故中書侍郎平章事景公諱範昰朝元佐顯德二祀冬十一月薨於淄川郡之私第天子廢朝軫纖奪之念制贈侍中遣使贈奠飾終之典優而厚矣孔悝彝鼎不出廟門杜預豐碑空沈漢水始自矜於名氏誠未顯於邦家與夫煇煌帝恩導揚休烈者非可同日而語也臣聞景氏之先出於芊姓從楚王於夢澤差列侍臣畫漢功於雲臺丹推名將後生偉人惟周之輔長山之下淄澮爲川地勝氣清惟公故里王父賓大王父誾皆貞晦不仕介享天爵公聿登相位而中甫之祥著矣昔者聖人之教天下也本之以仁義制之以經籍是以公輔之位必由稽古升廊廟之才必以經術顯而公以明經擢第於春官爲吏於淸陽掾於高密

郡秩滿授范縣令大鵬之翼鍛北溟以未舒蟄雷之聲殷南山
而不起故公之佐縣政也人謂其勤且潔矣典刑書也人謂其
賢且能矣粤若日月之彩得天而大明風雲之期遇屯而勃起
我太祖聖神恭肅文武孝皇帝建大功於漢室爲北藩於魏邦
初筵旣開得賢斯盛龍飛在天躬戴曜靈至於膺極皇業肇建
制以公爲秋曹郎進階至朝散大夫維聖人執左契以臨萬邦
國之大柄總於樞務者可謂重矣公爲左司郎中充樞密直學
士尋轉諫議充職今皇帝嗣位之始登用舊臣而并人乘我大
喪擁衆南寇親征之舉迅若奔雷分命於公仍拜卿貳黃鉞白
旄殪羣兇而皆盡祭旗河鼓導清蹕以言旋大祲旣已平九服
又已定爰立之命帝心允符公自立不回信而有守大用逢時

洪鈞在手資忠孝於君父享富貴之崇高而盡悴之勞因成恙
疚封章疊上優詔褒稱聽解利權以列卿歸第懸車故鄉嗟風
樹之忽驚訴昊天乃何極見星而往夕露方多泣血以居晨漿
屢絕哀與性盡臥疾而終享年五十有二觀夫公之行事則其
道也淳而粹充充焉無能稱其言也直而肆謇謇焉無所忌古
人之操何以尙也秉筆者得無愧於詞矣許國夫人李氏嗣子
太廟齋郎儼信等佳城閉日長楸隻雲勒銘垂休以示千古其
詞曰
長白蒼蒼淄水湯湯哲人之生逢時會昌哲人之逝魂遊故鄉
高山兮峩峩逝水兮驚波山有頹坂水有高岸人何世而弗新
善有名兮獨遠猗歟公兮時用丕顯

顯德三年歲次丙辰十二月己未朔十日戊申 下缺

池北偶談云鄒平縣西南五六里有小山曰相公山山前有景相公墓墓上有碑雖闕文尚可讀近于奕正作天下金石志亦未之載

山左金石志云右碑文三十一行字徑一寸案舊五代史景範傳云官爲立碑即此是也周太祖紀廣順三年以左司郎中充樞密直學士景範爲左諫議大夫充職世宗紀顯德元年以樞密院學士工部侍郎景範爲中書侍郎平章事碑云登用舊臣蓋範當太祖時已爲諫議矣碑言晉陽縣開國伯冊府元龜載世宗詔爲開國男當依碑作伯又本傳世宗因其有疾乃罷司計尋以父喪歸相東歸並與碑同

金石萃編云按碑今在鄒平縣印臺山左其地別有小阜因範墓所在遂呼爲景相公山土人向誤爲景延廣山東考古錄辨之以爲志乘之誤今檢程素期所修鄒平志則已改爲景範墓全碑每行五十八字而景公生平出處略可考見矣景範多名初楚望書頗雅飭

按此碑正書上截完好下截殘缺茲節錄其文如右

金彭城郡伯劉汝翼墓碑

大中大夫劉公墓碑前進士河東元好問撰監察御史劉郁書同知泰安州事益津高翿篆額至元十年歲次癸酉四月十五日前授宣德路勸農使男珩承事郎監察御史男衡王府必闍赤男復從事郎應舉翰林文字男元及諸孫德俊德一德昭德

懋德中德存立石

按此碑正書在城北五十五里大三戸莊

金范文正公書堂記碑

鄒平志云翰林學士劉仲元撰

元至元八年長春觀碑

雲岩老人連日清撰鄉貢謝璧書丹

按此碑正書在城北五十五里碾王莊

元至元九年順德夫人廟碑

鄒平學諭霍郛獻記縣學生鄉人趙克忠書丹

按此碑正書在城東北六十里劉戸莊顏文姜廟內

元至元十七年天符廟碑

中牟前進士曾鐸述仁義卿後進霍明書丹

按此碑正書在城北六十里霍家寨東嶽廟內

元至元十八年孟公總把先塋碑

山左金石志云伊京撰并書丹篆額在縣西南董家莊

元趙子昂題伏生授經圖詩刻

按此刻正書在伏生祠內

元大德四年范文正公祠堂碑

邑人尚書賈訥建進士曾昌祖記

元大德四年孫福墓碑

總把孫公祖考之碑歸德路儒學教授張德翁撰

按此碑正書在城西北十五里孫家廟東

元大德六年福興寺碑

前隆興路大濟倉監支納蓮塘仇天祿撰

按此碑正書在城北六十里花溝鎮

元至大元年陳氏墓碑

鄒平志云在青陽店西南山下

元至大二年賈氏墓碑

山左金石志云參知政事劉敏中撰在縣城西賈氏墓上

元皇慶元年加封大成至聖文宣王詔碑記見藝文

山東東西道宣慰使劉敏中述並書丹題額

按此碑正書上層刻制誥二十一行下層刻記文二十三行

在大成殿西丹墀下

元延祐三年翠微亭詩刻 詩見藝文

山左金石志云案鄒平志退景亭翠微亭俱在黄山竝安處士所構處士名安字仁甫嘗自製小碑高可盈尺螭頭龜座極精工久湮土中康熙三十年裔孫安士禄得於廢亭故址鄒平志云翠微退景二亭元處士安宅搆在黄山西麓内翰楊損齋題名集賢院學士劉仲淹題額今碑刻尚存

按此碑正面天地日月國王父母二行字徑一寸四分七絶一首延祐三年四月立又五絶二首分刻於碑之兩側各二行在黄山西麓安氏翠微亭舊址

元泰定元年安氏退景亭記碑

大德丙午冬予勸課至梁鄒内翰損齋楊公以公曹安思義善

日安氏世家梁鄒去城三里爲黄山孤峯傑峙狀若伏虎四顧繡錯平疇花竹葱蒨折而少南沙河漫流淙潰幽壑思義父處士君築亭其下爲佚老之所課童僕樹桑麻足以供歲計擷果薦簌足以樂賓友今年垂耆耋神觀充怡未嘗一造城市真古之隱君子也予名其亭曰遐景翠微劉集賢仲淹題其額幸賜以記予聞崇圭疊紱囂然聲利之途衆人之所同趨君子之所不屑以軒冕爲柴棚以名利爲桎梏矯激世故亦君子所不爲顧乃所以自處曰有命焉能盡其命則用舍行藏而無所用其心追而求之者非也鄙而却之者亦非也今處士安於一邱一壑充然自得者亦必能安其命而已其子思義參劃縣務勤稽章程將躡青雲歷華要父子出處兩適其宜予家世天平之地

若金螺若鳳岩俱在掌握中第以筮仕早辜草堂之約異日者棄官徑歸往來齊魯之間扣遐景亭爲不速之客處士其不我拒也濟南尹王構記泰定元年九月立

按此刻正書十九行在黃山西麓安氏遐景亭舊址

元天歷三年鄒平縣子張克忠墓碑

翰林學士承旨榮祿大夫知制誥兼修國史缺撰資善大夫陝西諸道行御史臺中丞張養浩書丹男臨立

按此碑正書在城北四十里張家莊南

元至順二年重修伏生祠記碑記見藝文

縣尹曹叔明修禮部尙書張起巖撰并篆額

按此碑正書二十八行在城北伏生祠內

元至順二年范文正公祠記碑 記見藝文

禮部尚書張起巖撰并篆額高天祐書丹

按此碑正書二十八行在縣西南醴泉寺范公祠內

元元統二年學田記碑 記見藝文

國子司業張臨撰王克忠篆額

按此碑正書二十七行在縣學內

元後至元三年建學宮崇經閣碑

縣尹孫周卿建邑人王文煜撰張起巖篆額

元至正二年張臨墓碑

國子司業長白先生墓御史中丞許 缺 書

按此碑正書在河溝之陽張克忠墓南

元至正八年修文廟記碑

濟南路提舉學校益都高詡記府學生滕曾瞻書丹

按此碑正書在大成殿東丹墀下

元至正十二年修縣城記碑

縣尹陳埜仙修教諭張崇文記

元至正十五年建伏生書院碑

縣尹陳埜仙建吏部郎中焦榮祖記

按此碑正書在伏生祠內

元至正二十五年孝子劉興祖墓碑

孝子劉興祖傳般陽路總管防禦事萬迪書丹至正二十五年

歲次乙巳春正月承務郎國子助教甲午科賜同進士出身濟

陽李吉撰

孝子劉興祖宗支記至正二十六年歲次丙午春二月中書省

掾王煥撰梁鄒逸人譚憲書

按此二刻正書在城西南一里南營之西

元京兆郡侯宋敬墓碑

奉政大夫贈正中大夫河南隴北道肅政廉訪使僉太常禮儀

院事追封京兆郡侯宋公神道碑河南隴北道肅政廉訪使男

紹明同弟紹清立

按此碑正書二十五行在城西南滑莊之東

明洪武元年重修文廟碑

知縣張椿重修邑人王守素記

明洪武二年重修縣治碑

知縣張椿重修淄川縣丞王濛記

明宣德七年追封會昌伯孫七翁墓碑

詹事府少詹事廬陵曾棨撰文曾孫會昌伯孫忠立石

明宣德七年追封會昌伯孫復初墓碑

詹事府少詹事臨川王英撰文孝孫會昌伯孫忠立石

明宣德七年追封會昌伯孫士英墓碑

詹事府少詹事泰和王直撰文孝男會昌伯孫忠立石

按此刻正書俱在青陽店鳳凰山

明正統十四年重修伏生祠碑

知縣石璞修副使彭勗記

明景泰六年重修學宫崇經閣碑

知縣顧瑄修僉事李濛記

明成化十三年重修東嶽廟碑

知縣劉鎰建邑人張延登記

明成化十七年科貢題名碑

工部主事洛陽喬縉記

明成化十八年長白先生祠堂碑

知縣李興建邑人張延登記

明成化二十二年昭勇將軍李海墓碑

鄒平志云昭勇將軍武城後衛指揮使李公墓誌銘在上口西

明宏治四年重修縣學碑

知縣趙瑄修邑人言芳記

明正德十五年范文正公祠祭田記碑

巡按御史瑞州熊相增置自記

明嘉靖二年重修范公祠置祭田碑

山東按察副使黃道昭立田四段詳載碑陰

明嘉靖五年重修大成殿碑

知縣徐九疇重修自記

明嘉靖八年敬一箴碑 詳歷城

世宗御製御書

明嘉靖九年修伏生祠碑

知縣葉林重修自記

明嘉靖九年范文正公祠詩

知縣毘陵葉林撰

明嘉靖十年武德將軍孫備秀墓碑

武德將軍錦衣衛千户竹泉孫公墓誌銘定州知州濟南王詔撰文

明嘉靖十四年先憂後樂四大字碑

先憂後樂正書二石字徑二尺

左布政使順天府通州心齋張欽書湖廣按察副使賈懷王暘跋章邱知縣趙瀛勒石

按此刻正書題名二行跋四行在醴泉寺范公祠

明嘉靖年翔鳳菴碑

一青楊夢衮記一邑人張延登記在迎峪

明嘉靖十二年松少山人詩刻

松少山人張鯤謁常白山中宋丞相范文正公祠下作詩八首

刻之元石濟南府同知都相鄒平知縣葉林同行

按此刻八分書二十二行在范公祠內

明嘉靖二十九年學田記碑

知縣劉格置邑人陳其蘊記

明嘉靖三十三年謁范公祠文碑文見藝文

按察司僉事武定兵備道曹天憲以公務來鄒平宋丞相范文正公流寓邑也會仙山麓醴泉寺公祠堂在焉拜瞻遺像取酒以祭而告之鄒平知縣馮秉儀等立石

按此刻正書十九行碑陰有曹天憲曾仰山懷古詩

明嘉靖三十五年重修儒學碑

教諭李季記

明嘉靖四十三年范文正公祠詩

按察司青州兵備副使洪洞劉應時撰

明萬歷六年重修廟學記碑記見藝文

知縣河南李瑞修戸部郎中邑人王之士記

明萬歷八年重修縣城易置塼堞石牖記碑記見藝文

知縣李瑞修吏部主事呂坤記

明萬歷十年建泮池二坊碑

知縣張書建邑人張一元記

明萬歷年重修范文正公祠碑
戸部郎中新城王之垣鄒平知縣王鼎章邸知縣游漢龍同修
少師兼太子太師吏部尚書中極殿大學士申時行記

明萬歷十七年眞如寺碑
知縣許國忠記

明萬歷二十七年烈女祠墓碑
鄒平縣故民孫守祖未婚妻烈女王氏之墓巡撫尹應元題知
縣翁愈祥立石

明萬歷四十五年中丞張一元墓碑
中憲大夫巡撫河南都察院右僉都御史仁軒張公墓表奉直
大夫左春坊左諭德北海趙秉忠撰

明萬歷四十六年建文昌閣碑

知縣姚成立建自記

明天啟二年贈給諫張一亨墓碑

累封禮部祠祭司主事贈吏科給事中義軒張公墓表　太常寺

卿高邑趙南星撰

明天啟七年五嶽眞形圖石刻

邑人張延登摹勒

明崇禎五年古栗老友碑

邑人張延登題在大峪

明崇禎九年增置子城礮臺碑

邑人張延登記尚端書

明崇禎九年長白山月歌石刻

邑人張延登爲生員王庭芝妻賈節婦作張萬選書

按此刻在相公山北王氏墓上

明摹刻伏生授經圖

晉人魏汝清臨吳道子碑

崇禎中尚書張延登倩人摹勒入石題云余閱遯園客座贅語載金陵黄姓家收有王維伏生授經圖一卷吳中都元敬曾閲吐舌曰生平未見今增二兵使實倣維圖意與魏圖略不同謹識于此

按此刻在伏生祠內又有歷城邊貢所題樸學二字横列字徑四寸

明崇禎十六年張忠定公墓碑

資政大夫兩京都察院掌院事左右都御史太子太保華東張公墓表左春坊左中允雍邱門生劉理順撰文

國朝順治十五年伏夫子祠碑

知縣徐政修提督學政施閏章記

順治十五年改建伏夫子祠額記碑記見藝文

教諭焦芳聲撰

康熙十二年黃山廟記碑

知縣劉元慧撰

康熙年馬驌墓碑

提學施閏章撰文

康熙三十五年改建伏夫子享堂記碑

知縣程素期修自記

康熙五十一年科貢題名碑

邑人成芸記

乾隆三十四年重修縣城議復南門碑

知縣裘鵬修自記

乾隆三十一年范文正公祠詩刻

甲申夏余以候補主政改授鄒令因得詣長白山醴泉寺躬親祭拜先文正公遺像繫心景仰於茲益切丙戌秋斗嵒弟來鄒恭勤瞻拜不勝依戀爰各賦詩二章以誌企法先型之意云宗

裔孫朝綱謹識

按此刻正書二十五行在范公祠内

乾隆五十七年重修學宫碑

知縣李瓊林修自記

嘉慶二十一年黛水橋碑 記見藝文

知縣李文耕修自記

嘉慶二十四年重修黛橋碑 記見藝文

知縣李文耕重修自記

淄川

晉人樂毅論石刻

淄川志云于欽齊乘云通志載唐李邕書開元寺碑在淄州今寺內無邕碑而晉人小楷樂毅論石刻在焉蓋淄川東有樂毅廟東十八里地名樂店石移寺中子昂嘗屬余打數本每以印手不高爲恨土人亦不知貴賤覩齊乘所言似未見金石録也今並樂毅論俱迷其處神物隱現或當有時乎

唐開元寺碑

趙明誠金石録云右唐淄州開元寺碑李邕撰並書初建於本寺後人移置郡廨敗屋下余爲是州遷於便坐用木爲欄楯以護之

唐李北海草書千文石刻

按李北海草書千文現存二石在淄川縣署庫樓壁上一刻自肆筵起至桓公止一刻自云亭起至殆辱止共一百九十一字餘不知所在

唐龍興寺陀羅尼經幢

山左金石志云右經幢八分書凡八面無書人及施主姓名經後題大唐開元九年歲次辛酉六月丁丑朔二十六日壬寅建又有天祐元年續題一行府志以此幢爲唐開元二年立者誤也

唐普照寺陀羅尼經幢

山左金石志云右經幢八分書凡八面每面下截皆有施主姓

名俱正書雖無立幢年月驗其書體與龍興寺幢相似故連類及之

唐康公夫人墓誌銘

大唐康公夫人之墓誌并序

公諱叔卿其先衛人也夫人清河傅氏其先清河人也公幼而有禮長而謙和修身愼行與物無爭何圖天授之仁不與之壽何不幸與以寶歷二年三月十四日因寢疾終于家享年四十有五其年遂遷窆于淄川縣萬年之西北三里孝水之西原從吉兆也夫人令淑容範宋子河鯉六禮貞吉享年六十有八以大中元年六月一日遘疾彌流遂終焉權殯于堂以大中十年十一月二十五日遂遷祔于塋兆有子一人早亡有女三人長

適屈氏次適張氏而承其家焉幼適王氏皆撫擗號訴哀毁過
情遂召良工刻石染翰乃為銘曰
寬宏德禮謙和淑人改過不悋慎行修身夫人賢懷孝敬邕睦
和柔四鄰欽承九族盛德風猷名芳不朽貞石誌之天長地久
山左金石志云碑銘每章之首題其一其二其三字與他碑注
於各章下者異亦一例也文中以彌留為彌流通借字

唐法王院金剛經殘石

山左金石志云石經文正書楷法精整極似率更惜無年代可
考府志載淄川法王院唐時建有巨碑刻金剛經即此
按山左金石志所載又有唐人經幢與心經殘石二種皆唐
刻也孫氏訪碑錄亦載之

五代梁開元寺常清淨經刻

貞明二年四月立

按此刻正書見孫氏訪碑錄

五代周龍興寺經幢

龍興寺百法院禮佛會石幢記

伏惟佛生當周昭王初曁乎漢皇感夢支那國內廣布流行爰有百法大德者從無棣杖錫南來至磬陽龍興寺駐足四方之負笈雲臻寰海之聞名悉至弟子等學覩六事共結二因隨僧讃唱以達天五體投誠而迎地乃有都副維那幢會糺首造石幢一座鐫上下經兩軸各捨蜻蚨共崇勝業幢儀既就姓氏以雕輒順尊情略爲序讚

顯德二年歲次乙卯閏九月下缺

山左金石志云石幢八面序讚十行後刻彌勒上生經下生經及施主姓氏文體對偶未工惟書法頗有古趣耳

按此刻正書在龍興寺內茲節錄序文如右讚不錄

宋雍熙二年開元寺心經香幢

山左金石志云右經幢正書凡八面每面三行有虞褚筆意中稱清信男弟子女弟子猶沿北朝風尚

宋淳化元年普安寺磚塔題名

山左金石志云右磚塔八石宋刻者七並正書其一是金大定閒牒文也在淄川西南普安寺俗名大薛寺所載施主姓名皆左起

宋天聖十年大奎山摩崖

山左金石志云右刻正書在淄川縣南大奎山石壁諸生高中贊云石壁高峻不可摹拓首題天聖十年九月一日記高公起建大寺九座塔兩座內石峯高四萬二千尺大尺開河一道凡四行字徑二寸

宋元豐四年普安寺幼公經幢記

山左金石志云右碑正書文二十四行在淄川普安寺案碑文云文幼師字夙悟淄川甘泉人天禧四年爲僧披鬄嘉祐四年丞相賈魏公鎮忠武明年奏賜紫方袍通經律精百法論究一行法占宅營兆其通內外學大致如此賈魏公卽賈昌朝嘉祐三年出判許州英宗卽位封魏國公許州屬京西路爲忠武軍

節度使幼公徧遊四京故與之相識碑與史較事多合也

宋元祐三年羅公神道碑

宋故贈金紫光祿大夫羅公神道碑鄉貢進士王積中撰承議郎新差知大名府元城縣事武騎尉蘇企書丹朝奉郎通判淄州軍州兼管內勸農事護軍賜緋魚袋邵奎篆額

元豐八年春天子新即位迺大賚羣臣雖已告於朝退休里閭者咸增秩爵既又推寵其親無問存亡於是朝議大夫致仕羅公得遷爲中散大夫中散之皇考工部尚書得加贈爲金紫光祿大夫中散公既已榮上之賜且思有以發揚光祿之淸德迺屬於里人王積中曰子其爲吾父銘之積中辱知於中散公甚厚乃不能辭雖光祿公諱仲宣字羣臣密州諸城人曾祖潛祖

浩父巨源皆不仕公少朴重喜讀書不以書資進取而獨取聖
賢要語以履之敦慈和惠孝於親睦於宗族忠信於其朋友鄉
人皆愛敬之爲善人君子父死既葬廬於墓側哭晝夜不止逾
三月乃歸毁瘠以終其喪嘗有日者告公曰公他日必貴何不
求仕公曰吾於世物一無所嗜惟嗜爲善況聲利本亡意安得
貴吾有二子當教之使就科舉其成與否吾不責吾所以責之
者第使不爲不善耳故當擇師儒以教其子其後二子皆以經
術獲第長曰希古即中散公也屢爲大理審刑官明達平恕多
有陰功在人出貳雄藩典名城休聲美實洋溢中外所至有遺
愛人能頌歌之次曰希道調恩州清陽主簿公於景祐元年十
一月六日以疾終於家享年四十有六夫人孫氏先公而殁今

贈高密郡太夫人孫三人長曰民先光州軍事判官次曰孝直次曰孝先應天府寧陵尉孫女四人長適建州關隸縣令卜早次適進上張祐次適龍州江油縣令宋㫰弼次適鄉貢進士李堯臣孫　二人長曰居正次曰安祖皆太廟齋郎公始窆於諸城中散公後家於淄乃於熙寧元年八月庚申舉公與夫人之喪并三世族屬之喪皆塟於淄川之孝感鄉柏多里公始亡時中散公方爲海州朐山尉享子之祿未久而又年未及倦鄉人咸呼天曰報德何約也至皇祐三年中散公登朝始贈公爲大理評事鄉人已爲榮矣中散公後益貴顯公之封典日益加今則金紫重號上亞三公寵厚恩隆耀榮幽顯又得紀德豐碑以暴白爲善有子之慶然後知天之報公者大而無窮也元祐三

年春碑具乃刻詞而銘焉銘曰

邈哉羅國顓帝之裔厥後子孫因國爲氏至唐有聞後裔垂烈五代紹威乘時振發或齊或魏播遷東北公出諸城潛光晦德以善遺子不詰其成卒能有成爲世名卿邦有寵光章金綬紫天子贈公榮動閭里始疑其約今享其豐揭銘以碑照耀無窮

刋者蘇從禮

山左金石志云文體卓犖宋碑中之出色者因全載之

按此碑正書二十三行在淄川縣南十里道旁茲節錄如右

金大定五年普安禪院勅牒碑

山左金石志云石碑大定五年八月立在淄川縣西南二十五里

金大定二十四年興教院勅牒碑

山左金石志云右碑正書上層刻勅牒一道下層刻記文二十行在淄川縣北郭

金明昌三年法王院碑

山左金石志云右碑正書上層刻大定五年勅牒一道次刻記文三十一行在淄川縣東北瓦村

金明昌七年石佛寺乞雨碑

山左金石志云右碑文正書十行在淄川縣石佛寺

金大安二年石佛寺改塑佛象記

山左金石志云右刻文八行正書在寺内

元憲宗五年重修鄭康成廟記碑記見藝文

濟南路叅議前進士張泰亨撰文前進士淄川李國維書丹鄧
下士人王蠹摹寫前淄州管內道錄王道崇篆額淄川縣令權
州事張比義立石

山左金石志云碑末紀年稱歲在乙卯以文攷之當是憲宗五
年其時未有國號年號故祗稱天朝而以干支系年爾

按此碑正書二十四行在淄川縣東竇山之陽

元至元四年縣學講堂詩刻

郡學講堂新成喜賦長句　淄萊路總管府判官徐世望

兵餘芹館例荒涼火仆殘碑雨仆牆祀事有常先搆殿講筵無
所更須堂諸生第勉詩書業千古何慙禮義鄉獨欠邑賢楊處
士我曹狂斐謾成章

淄川古名郡也其廟學兵後焚蕩無餘上官張侯暨諸鄉賢[illegible]
上人等重修
宣聖殿增新儀像歲供牲幣之祀所謂興讓講誦㫁未暇[illegible]
及至元三年夏判府徐君下車是邑越明年政通人和百廢具
舉於是首以興學為務命工鳩衆親董其役雖一木一石必自
指揮安置不及期月堂廡庖廩屹然一新仍扁其堂曰止善蓋
取大學在止於至善之義耳迺於旬休日躬率僚屬及後學諸
生講讀經史且賦新詩以相勉勵俾竊以學者講習之區教化
之本原臨民莅政似緩而實急者是也公乃首議刱此亦可謂
知所先務矣他日將見邦民興禮讓之風變至道之化孰謂非
公啟之乎時四年元宵後二日教授范之才謹跋淄川主簿買

用章立石張泉刊

按此刻正書詩五行跋十七行在縣學內

元至元八年書祥觀記碑

張勵齋撰文張惟貞篆額苗元書碑

山左金石志云右碑正書記文二十一行在淄川梓桐山

元至元二十二年淄萊路重修講堂記碑

姜師聖撰孫元中書

元至元二十九年重修贄世先生祠堂記碑記見藝文

般陽路教授張德翕撰

元至元二十九年炳靈王廟碑

張翕撰文

元至元三十年般陽路重修先聖廟記碑 記見藝文

朝列大夫同知濟南路總管府事吳興趙孟頫記儒學教授范

履道書丹并篆額

按此碑正書文十九行題名八行碑陰記正書二十五行記

文廟院地四至并殿宇間數及文籍器物磨泐難辨

元元貞四年炳靈王廟八不沙令旨碑

孫氏訪碑錄云正書在王村店

元大德六年般陽路府學節次修建記碑

般陽路儒學正林過記并書

元大德六年寶塔寺朗公道行碑

沙門福眞撰智登書篆

山左金石志云右碑正書二十七行在淄川縣北楊家寨

元延祐元年提點王志道道行碑

釋思濟撰李克通書

邢氏訪碑録云正書在七里店修眞宮

元延祐二年加封聖號碑

翰林學士劉敏中記并書

按此碑正書上層刻聖旨十五行下層記文二十七行碑陰

刻官吏社長姓名在縣學內

元延祐二年鶑甕題字

山左金石志云延祐二年王六公造正書陽文在淄川商氏

元延祐三年石佛寺石刻

李謙撰并書

元延祐三年東嶽行祠碑

山左金石志云右碑正書文二十行撰書姓名殘缺

元至治元年長春眞人門徒王史郭公碑

聶明德撰張麟書

山左金石志云右碑正書十八行在淄川七里店修眞觀內

元泰定五年郭氏祭臺石刻

山左金石志云右殘刻存字十七行

元元統三年重修報恩寺碑

張友諒書釋善修撰萬山篆額

元至正六年般陽府路重修廟學記碑記見藝文

翰林學士承旨榮祿大夫知制誥兼修國史張起巖撰翰林侍講學士楊宗瑞書中書禮部侍郎趙期頤篆額般陽府路儒學教授孔克倫等立

山左金石志云按史稱張起巖仕順帝朝拜翰林學士承旨知制誥兼修國史知經筵事俄拜御史中丞修遼宋金三史復命入翰林爲承旨充總裁官而不詳何年以此碑證之則初拜承旨等官是至正六年事而其拜御史中丞是至正六年以後事也

按此碑正書文二十行題名八行在縣學內

元至正六年興福院碑

張元撰并書王履和題額

明景泰六年重修明倫堂記碑

監察御史黎陽王越撰淄川訓導陑陽高寅書丹生員翟慶題

額教諭黎陽邢鑑等立石

明成化十二年時雨堂記碑

訓導安慶羅達撰文

明嘉靖十六年靈虹橋記碑

邑人孫光輝撰文

明隆慶元年重修儒學記碑

歐陽賢撰文

明萬歷二十六年贈通議大夫雙松韓公入祀鄉賢記碑

崔敬立撰文

明萬歷二十八年重修城隍廟記碑

邑人韓取善撰文

明萬歷三十一年重修文廟記碑

太僕寺少卿臨邑邢侗撰文僉都御史邑人韓取善書丹監察

御史邑人高舉篆額

明萬歷三十一年重修文廟記碑記見藝文

戶部郎中邑人高捷撰文

明萬歷三十九年贈御史中丞栁溪高公祠堂記碑

吳郡馮時可撰文

明天啟二年贈太常少卿秋灘王公祠堂記碑

鄒平張延登撰文

明天啟七年六龍橋記碑

邑人孫之獬撰文

明崇禎九年韓侯新建石城記碑

邑人張至發撰文

明崇禎十二年建空心樓義倉記碑

邑人張至發撰文

國朝康熙四年重修學宮記碑

邑人高珩撰文

康熙二十五年重修淄城記碑

邑人高珩撰文

康熙二十五年縣治旌善癉惡亭記碑

邑人高珩撰文

康熙二十六年西關義市橋記碑

邑人唐夢賚撰文

康熙二十八年周濂溪新祠記碑

知縣應山周統撰文

康熙五十九年重修夫子廟記碑

知縣高要譚襄撰文教諭曲阜孔衍弼書丹訓導濰縣郭鋐篆

額

雍正八年重修禹王山禹王廟記碑

教諭濮州臧岳撰文并書

乾隆六年重修廟學記碑

知縣王康撰文

乾隆二十七年重修石城記碑

知縣景州張爲䕶撰文

乾隆三十三年般陽書院記碑 記見藝文

知縣秀水盛百二撰文

長山

宋治平二年新建范文正公祠堂記碑記見藝文

淄州長山縣新建范文正公祠堂記尚書虞部員外郎知縣事上騎都尉賜緋魚袋韓澤述郊社齋郎韓敦行書丹鄉貢進士王持篆額宣奉郎守殿中丞知縣事兼兵馬都監郭槩立石

按此碑正書文二十一行前後題名八行在范公祠內

宋樞密副使姜遵墓誌銘

長山志云王居敬撰在城東南七里莊

宋吏部侍郎韓贄墓誌銘

長山志云王巖叟撰在城北五里

元至元二十五年重修廟學記碑

邑人張德藹撰文

元元貞元年重修懷范樓記碑 記見藝文

教諭鄭士隆撰文

元元貞二年重修廟學記碑

教授張德蓍撰文

元至大三年學田記碑

中書省叅知政事劉敏中撰文

元延祐七年加封孔子制詞記碑

我元有國百餘年聖聖相承咸右文治迨武宗皇帝嗣祚加封

先聖大成至聖文宣王御史言國朝崇秩斯文近古未有宜碑

列郡廟學用侈休命丞相允其請長山縣為般陽屬邑其監縣

忽台尹冢玉洎僚宷相與竭歷其事旣集乃走京師謁余請識
其盛臣養浩伏惟吾夫子之德如天不可繪畫故薦紳之士毋
難於言致以國家興學育才者粗及一二世祖皇帝統元之初
首以尊懷許衡司鈞政府聖意若曰儒貴踐履適本殉末臣朕
攸庸當時學者翕然尚德恥口耳習近代仁宗皇帝以唐宋科
第華而不實易而新之具見明詔嗚呼前聖後聖所以推隆斯
文者可謂同條共貫矣抑不知諸生所學將務踐履歟將事浮
華歟將規淺功近効以要榮利歟溯先正許衡之在世祖朝以
爲博其學不外乎四書以爲高其行不還乎日用以爲奇且巧
而終身未嘗略及世儒詞章之習然而卒以獲從祀聖人者果
何能知諸生試以此求之則於國家立極化民之盛意庶無負

矣議者其毋以區區之見爲迂闊將延祐青龍馭申秋七月中議大夫禮部尚書臣張養浩拜手稽首謹識

承務郎長山縣尹粱玉書德州儒學教授於齊隱篆淄川主簿黃下缺

按此碑正書上層制詞十九行下層記文十七行題名十一行在縣學內記載縣志多所攺竄茲錄原文如右

元至治元年增修范公祠記碑記見藝文

增修范文正公祠記長白張臨撰太中大夫參議中書省事張養浩題額奉訓大夫兼燕南河北道肅政廉訪司事劉從禮書丹

按此碑正書文十四行前後題名九行在范公祠內

元至正十一年重修廟學記碑

濟南張起巖撰文

元至正十二年杜侯興學記碑

儒學提舉夾谷企檄撰文

元至元十二年重修縣城記碑

邑人牛志學撰文

元至正十二年重修孫少府祠記碑

邑人姜思齊撰文

元至正十二年般陽焦氏世德碑銘

翰林學士歸暘撰文

按焦政與子忠孫榮祖事俱詳人物暘字彥溫汴梁人元史

有傳

明洪武三年重修范公祠記碑 記見藝文

縣丞余景望撰文主簿程仁安書知縣徐奇篆額

明天順二年重建范公祠記碑 記見藝文

翰林學士錢塘倪謙撰文庠生呂顯書丹王昭篆額

明成化三年重修廟學記碑

陝西叅知政事前禮部左侍郎兼翰林學士知制誥東魯許彬

道中撰文左布政使陽城原傑書丹按察副使姑蘇張穆篆額

明成化十二年重開二清河記碑

大梁艾俊撰文

明正德十五年重修孫少府祠記碑

邑庠生段循道撰文

明嘉靖二年重建范公祠記碑 記見藝文

按察司副使巡察海道岳陽黄昭道撰刑部主事邑人李士翱

篆并書

明嘉靖二十年重修廟學記碑 記見藝文

湖廣布政司參政邑人李士翱撰國學生渠陽趙泮篆額邑庠

生劉廷臣書丹

明嘉靖三十七年重修城垣河道記碑

戸部尚書邑人李士翱撰文

明嘉靖三十八年建置譙樓鐘鼓記碑

邑人李士翱撰文

明隆慶元年改作景文門記碑

教諭崑山毛溥撰文

明萬歷三十六年重修縣城并建奎光樓記碑

邑人劉鴻訓撰文

明天啟四年石氏先塋瑞草記碑

郡庠生邑人石如金撰文

明天啟六年院山重修碧霞元君宮記碑

邑人劉鴻訓撰文

明崇禎六年郭孝子廬墓記碑

邑舉人趙珣撰文

國朝順治十七年賈侯禱雨記碑

宮保尚書李化熙撰文
康熙三十五年慧光石先生記碑
翰林檢討淄川唐夢賚撰文
康熙四十六年重修廟學記碑
知縣嶺南陳憲祖撰文訓導不夜呂鑒銓篆額候選訓導邑人
孫起鵬書丹
康熙四十九年重修名宦鄉賢祠記碑記見藝文
署教諭曲阜顔光濬撰文訓導呂廷銓篆額顔紹樾書丹
康熙四十九年周村義集記碑
知縣會稽金鉽撰文
康熙五十三年新建分貯倉記碑

平慶副使邑人袁景芳撰文

康熙五十四年重建名宦祠記碑

知縣嘉善孫衍撰文

康熙五十四年先賢萬子墓碑

知縣孫衍撰文

康熙五十五年重修范公祠記碑

知縣孫衍撰文教諭李臺書丹訓導呂廷銓篆額

雍正二年重修文昌祠記碑

邑人袁景芳撰文

雍正二年袁太公祠堂記碑

邑人曲一元撰文

乾隆二年袁太公祠堂記碑
翰林庶吉士武定李甡麟撰文
乾隆五年重建奎星樓記碑
邑解元張承瑗撰文
乾隆六年義學記碑
知縣王業芷撰文
乾隆八年重修景文門記碑
邑人張承瑗撰文
乾隆十二年漢孝子董永祠記碑
知縣武令捐修於陵胥迎巷記
乾隆十四年重建少府祠記碑

知縣滏水王今遠撰文

乾隆十七年重修永安橋記碑

邑優貢生朱廷棕撰文

乾隆十九年重修范公祠記碑

邑人朱廷棕撰文

乾隆三十一年重修郭北横山北極廟記碑

教諭前西寍知縣春谷祝三祝撰記訓導博陵袁廷煇篆額生

員李維謨書丹

乾隆三十三年重修大成殿記碑

按察使蘇林沈廷芳撰文

乾隆三十九年天后閣記碑

知縣葉觀海撰文周莀意書丹

乾隆四十三年松山袁公鄉祠記碑

教諭聊城祝三祝撰文訓導利津劉紫遷書丹

乾隆五十三年重修文廟記碑記見藝文

知縣孝感蕭學愼撰文拔貢李本楡書丹

乾隆五十三年重修關帝廟記碑記見藝文

知縣蕭學愼撰文邑人張幹臣書丹

乾隆五十四年重修文昌閣記碑

知縣蕭學愼撰文

乾隆五十九年賈公捐施學田記碑

知縣蕭學愼撰文

嘉慶二年周村重修興隆橋記碑

邑舉人王衍霖撰文

道光十年陳仲子墓碑記見藝文

邑人馬桐芳撰文海昌朱隱溪書丹

新城

唐開元三年崔路莊石幢

惟大唐開元三年乙卯正月甲申朔二十九日壬子淄州高苑縣主金頁村人王元定男帳內十周乾歲鄧仁信男淨眼二人等敬造九級浮屠上爲天皇天后師僧父母七代眷屬見存眷屬普及法界一切蒼生

唐開元九年洪福寺陀羅尼經幢

塔主張貞泰妻宋男季生女件娘合家供養

山左金石志云石幢正書前刻經文後題施主姓名中一行有開元九年歲次辛酉知爲唐人所立在新城洪福寺內

元太宗七年于家湜張公墓銘

張公墓銘鄉貢進士劉贊撰并書丹

公諱忠姓張氏高苑成良里人也世以農爲業祖與父俱有陰德缺不畏彊禦愛鄉孤弱鄉人畏而愛之妻劉氏柔嘉淑儷寬恕仁厚實婦人中顔閔也恒惻然有周急之志貞祐中天下大亂缺及歸或餽路贐或裹餱糧缺公與妻行事類皆如是大安辛未九月二十有二日公卒後劉氏亦卒大朝辛卯冬十一月三日祔葬於邑西林子三人嘗有相師過公之墓曰當出一品大夫張氏昆仲奮身於白屋不十餘年間以次俱登將仕榮欲勒銘以彰父母之德其銘曰

張氏家世其來遠矣德行之純閨闈之軌生子三人立身揚名口榮與顯琢石勒銘

按此碑正書二十四行下截殘缺茲節錄其文如右

元至元二年初建儒學記碑

淄萊路教授丁珏撰文

元大德十年新城縣遷建廟學記碑 記見藝文

登仕佐郎般陽路總管府知事郇城張鑑記并書篆額

按此碑正書二十三行在縣學內

元大德十一年加封孔子制詔記碑 記見藝文

翰林待制儒林郎兼國史院編修官臣李洞撰通奉大夫山東東西道宣慰使臣王桂書翰林學士資善大夫知制誥同修國史臣張養浩篆題旹致和元年歲次戊辰夏五月吉日進義副尉般陽府路新城縣達魯花赤兼管本縣諸軍奥魯勸農事臣

也先不花等立石

按此碑正書上層制詔二十二行下層記文二十五行在縣學內

元皇慶二年創建廟學講堂記碑

新城縣創建廟學講堂記勑授歸德路儒學教授張德翁撰益都路儒學學錄李德書冉儒學教諭李處正篆額

按此碑正書二十五行在縣學內

明成化十八年邑令杜忠去思記碑

教諭鄭中孚撰文

明嘉靖二十九年重修城隍廟記碑

知縣興化鄒充撰文

明萬歷六年重修西門記碑
邑人王象晉撰文
明萬歷六年重修廟學記碑
邑人王之垣撰文
明萬歷十三年重修儒學記碑記見藝文
戶部左侍郎邑人王之垣撰文陝西叅議邑人耿鳴世篆額江
西按察使邑人王象坤書丹
明萬歷十六年邑令趙文炳去思碑
邑人王之垣撰文
明萬歷二十二年科甲題名記碑記見藝文
知縣歸安仰晉錢汝梁撰文

明萬歷二十五年新城甎城記碑

漢陽蕭良有撰文

明萬歷二十六年貴州左叅議灤川王公墓碑

禮部尚書東閣大學士山陰王家屏撰文孫象乾集唐歐陽詢書

明萬歷二十八年重修城隍廟記碑記見藝文

戸部左侍郎邑人王之垣撰文

明萬歷二十九年忠勤祠記碑

吏部尚書建極殿大學士太原王錫爵撰文孫象乾集晉大令王獻之書

明天啟四年重修城垣記碑

禮部侍郎曹勳撰文

明天啟四年重修儒學記碑

吏部尚書中極殿大學士福唐葉向高撰文吏部尚書建極殿

大學士博陽朱延禧書丹兵部尚書邑人王象乾篆額

國朝康熙十七年重建縣治記碑

知縣井研雷璁撰文

康熙二十三年重修儒學記碑

知縣遼陽崔懋撰文

康熙二十五年邑令崔懋德政碑

邑人王士禎撰文

康熙四十九年義學記碑

知縣武安李閎中撰文

康熙五十七年新建黍公堤記碑

生員成聿介撰文

乾隆六年新開孝婦河萬民感恩碑

生員楊熿等仝立

乾隆二十六年重修儒學記碑

知縣安盧張文炯撰文

嘉慶二年諸葛祀田始末記碑

知縣涇陽趙彭錢撰文

道光九年重修鼓樓鐘樓記碑

知縣寶雞容昺撰文

道光十年義學記碑

知縣華亭龔廷煌撰文

齊河

唐褒公段志元墓碑

齊河志云在縣北二十里晏城南

按唐書段志元齊州臨淄人封褒國公拜右衛大將軍卒謚忠壯陪葬昭陵不知墓碑何以在此疑傳聞之誤

金承安五年贈宣武將軍張誠墓誌銘

徵事郎充安肅州軍事判官兼提舉常平倉事范英撰進士朱松年書

公諱誠姓張氏其先冀州信都人六世祖以黃河初退難挈家而來舊安仁鎮東南五六里度地以居焉即濟南禹城之舊界也今隸齊河縣不數年開地幾百頃其後子孫支分派别三十

餘家皆以田功治生計獨公產最爲富强公爲兒時有人盜田禾數十束佃客跡而捕之欲以見公父公憫其困窮仍以所盜物遺之壯年值兵火盜賊蜂起公率其子弟宗族及連村數百家選丁壯二千餘人合爲巡社分堡立甲賊黨莫敢窺伺及凶年斗米萬錢人皆相食公發積粟二窖幾千石半與宗族親舊半與鄰里鄉黨皆量口數以均之一方悉獲保全公之力也廢齊阜昌三年其弟仔以鄉軍屯於京師久不得歸其母思而成疾公謂子翼曰汝年方二十有膽氣心力可代汝叔父軍役翼欣然從之戒曰汝當効死報國無累吾門仔還母疾頓愈數歲母卒克盡三年之喪可謂賢矣天性平直臨事勇不自恤重義好施敬賢疾惡通儒書精九九之數正隆三年十二月二十四

日卒享年七十一踰年正月葬於祖塋祖罕父萬皆不仕公娶
田氏再娶孫氏生三子長思早世次翼廢齊時代叔爲軍從都
統制郝遠破宋正陽城有戰功初補進義副尉累遷武德將軍
洮州倉草場都監致仕受宣命超授宣武將軍騎都尉特封清
河縣開國男食邑三百戶孫一曰子賢曾孫二人伯川伯裕元
孫三人念三念五長壽元孫女一承安二年十月日天子因子
之官誥贈公宣武將軍騎都尉清河縣男二妻並贈縣太君以
賁幽壤銘曰
猗歟張公寬明賦性田舍以居君子其行遣子代弟以慰母心
孝義冠古名著于今報不必身慶貽于後子大厥官爵高祿厚
追榮及幽庭訓以光勒銘翠玉傳以無疆

承安五年閏二月二十六日宣武將軍前洮州倉草場都監騎
都尉清河縣開國男食邑三百戶致仕男翼立
按此碑述張誠與子翼事縣志未載錄此以補人物之缺
元皇慶元年劉宏鎮旬公碑銘
德州齊河縣劉宏鎮報德慈恩院第一代住持旬公和尚碑銘
皇慶改元歲次元默困敦孟夏初吉宣授順德路大開元寺沙
門洪益撰濟南大神通寺金輿長老智澄書歷山進士張孝思
篆進義校尉德州路齊河縣達魯花赤兼管本縣諸軍奧魯勸
農事札木合蠻子海牙等立石
元延祐二年安遠大將軍萬戶劉淵神道碑銘
朝列大夫前福建閩海道按察司僉事同知建昌路總管府事

杜質撰承務郎德州齊河縣尹兼管本縣奧魯勸農事李好義
書將仕郎前婺州路義烏縣主簿石天英篆額
延祐甲寅建丑月齊河萬戶劉君出示其祖父安遠政蹟求予
爲銘以表其墓予辭之曰汝之塋域間碑版成林其文皆鴻儒
巨擘洎先大夫止軒君之所作也予爲何者乃敢秉筆渠復之
曰當今之人知我家之深者莫公若請勿牢讓不獲已勉爲次
第之侯諱淵姓劉氏大父通庚辰之秋倡義率衆歸朝時太師
國王領諸道兵承制封拜授鎭國上將軍爲千戶佩金符其破
宋寇定中夏之功殆非諸將可比終於德州總管父復亨受宣
命佩虎符揚歷中外者一十有七年淮西宣慰使兼行元帥副
事因疾卒贈銀青榮祿大夫大司徒齊國武宣公侯乃武宣之

季子也至元十一年宣授進義副尉佩金符爲千夫長正月世
祖征江南侯行至淮河與宋兵相值獲戰艦三十此侯之試手
第一功也明年抵清河復與宋將朱安對壘鏖戰數四獲戰艦
八衣甲器仗無數帥府賞褚幣復從中書右丞攻淮安十三年
昭信之戰斬首千餘級所俘倍前十四年北覲詔賜錦衣銀鞍
以寵之仍陞武略將軍十五年往閩廣瓊洪諸州泊鳳凰各寨
以功授武德將軍十六年襲宋二王於朝陽港盛張旗幟往來
衝突如入無人之境死傷溺死者不可勝計十七年授顯武將
軍爲招討俄遷安遠大將軍十九年罷招討蓋例革也二十一
年擢充潁州翼萬戶二十四年征交阯戰於興道府仍以皇子
鎮南王遣侯領水步軍二萬攻靈山城賊不量力迎敵於我侯

冒刃而先之奮擊橫盪刺殺者百十八餘皆望風披靡自相蹂
踐而死者無慮萬數主將以銀盤賞之自爾賊拒守不出謀於
主將班師而退二十八年平浙東寇盜生獲賊首三人戮之終
任無犬吠之警三十一年領紹興等五翼軍守杭卒伍雖白晝
無事莫敢少離部曲市井無賴輩皆屏跡伏匿其令行禁止者
此遘疾請歸鄉里從之大德十一年二月初五日卒於私第享
年五十八八月二十八日祔葬於先塋禮也夫人乃冠州趙帥
之女子一曰無晦便鞍馬善射獵聰慧果敢輩行少有及者女
二人長適景州統軍之孫鄭昭信次適都省參政之子吳承直
無晦襲侯爵宣授昭信武德校守杭數年矣若侯戰勝之勇攻
取之功守禦之術方古名將韓彭之倫也稟性威而不猛嚴而

不苟好交接樂施予有客至門輒設燕享備及豐腆而後已貧而依者皆獲全濟故時人謂有遠祖荊州之遺風焉銘曰

大哉全齊壤接嘗疆英英而祖挺此中央剛風勁氣人誰可當許身爲國以靜四方曾未十稔民獲乂康乃父爲人軀幹堂堂爰自弱冠立志非常竟致佩符金虎煌煌幾獻長策王庭對揚前後顯達六十星霜侯以宗起起宗益光較其戰多半百有強繼襲宗秩涉海汪洋來伐交趾一言悟王車書統帥坐鎮餘杭異政一出匪柔匪剛盜賊屏息姦回遁藏壽夭天庭亓可測量無何鵩鳥兆應不祥有子襲爵出長萬夫胄蟠智略綽有其餘將門出將信乎不虛區區他族能如是無嗚呼榮哉

延祐二年歲次乙卯二月日嗣男宣授武略將軍潁州萬戶府

管軍萬户劉無晦立石

按此碑正書二十九行在縣西南三十里劉公墓上

又按劉通元史有傳其子復亨暨孫淵事俱附於後而縣志

則以通與復亨並載忠烈傳中然仲達既爲齊河總管宜入

宦蹟而復亨與淵則入人物方爲允協

元至治二年龔氏先塋碑

奉訓大夫國子司業濟南張起巖撰并篆額徵仕郎太常博士

華陽楊宗瑞書

龔以邑氏在春秋時晉有大夫芮厥後枝分派别譜系散失其

家齊河又不知幾昭穆矣舊塋在所居東北曾祖有子三人其

伯二子長吉膺璽書黃金符昭信校尉管軍千戸至大間改卜

別兆焉其季有子二人葬仍舊所仲諱佺三子曰信曰元曰慶信四子慶二子元幼喜讀書雅尚節義中統閒以功補蘄縣萬戶所知事以親老乞歸養即杜門不求聞達於時性好儉衣無紋綺器不雕飾力農桑以先子弟治家嚴肅非鄉黨親族燕集未嘗飲酒平居惟以孝弟忠信訓子弟待族屬以禮人無閒言至元乙酉十月二十日卒享年八十一遺言無厚葬子四人克禮克讓克善克明孫男十四人克讓字仲謙至元癸未世廟討東鄙叛王以軍府史從行既平還守戍衛後五年復從軍捕反者北涉鴉木連雙木連地抵黑龍江而還以功授侍衛都指揮使司提控案牘再遷左都威衛提控案牘入掾左都威衛董興聖宮役落成賜帛幣各九匹楮幣千五百緡他物稱是以能擢

爲其衛知事至滿陞經歷官承事郎子三邦直邦俊邦傑邦直
資開敏博覽載籍卒能成誦歷延慶使司掾將仕佐郎河間路
交河縣尉邦傑習國朝字語從事徽政院銘曰
善有餘慶率由躬積施不見償于後乃獲冀氏之先蘊德自躬
何以占之慶衍且豐有緋其衣有金其符武襲文傳先德是孚
奕世能賢義方廸後以承以述厥猷益懋懋新塋土厚而堅
元堂永宓于千百年
至治二年三月初五日承事郎左都威衛使司經歷男冀克讓
暨將仕佐郎交河縣尉冀邦直立石
按此碑在縣西北二十五里冀家莊縣志以邦直爲德州知
州誤也

元後至元二年岳氏宗塋碑

榮祿大夫集賢殿學士翰林學士承旨知制誥兼修國史姚燧撰翰林學士承旨知制誥兼修國史劉賡書丹資善大夫陝西行御史臺中丞張養浩篆額

天定生民古有氏無姓逮軒轅氏作姓始著嘗稽岳姓其來遠葢自陶唐命掌方岳爲牧長因揭岳以表其宗即禹貢所謂錫土姓也世居相州湯陰縣本支蕃衍橋梓桂蘭流蔭數千載其間人才輩出固有不待五百年名世如景星慶雲快人先覩者惟宋安撫公鵬舉聲名忠孝昭如日月矧廟食江南英風凜然猶在雖陵谷海田有變遷而名彌不朽者騰青史之芳也今德秀公克紹厥後膺服祖父遺訓熟知安撫公舉自劉韐從高宗

開封河北扈鶴南度留妻養母姚氏夫人後爲金所陷密遣人十有八返得請歸養值弟壻齊河鄧氏家名傑弗果從行生三子孟名青仲名義季名靜皆隱德弗仕青字仁叔生四子曰安曰寍曰金曰政寍即德秀娶馮氏少博學從仕三爲令尹德政四馳秩贈籲推刑清訟簡宜知武安郡兒童騎竹父老歌棠撫字邦氓襟度寬適春煦海涵雨暘時若而賑惠兖足千里擊壤孫是封親贈判官封母贈恭人妻亦封恭人榮矣哉有子五人曰福祿慶壽昌而福在嫡長受蔭餘皆彬彬成材若徂徠松新甫栢挺棟梁奇氣是其積德鍾秀而人莫不以爲燕山竇禹鈞也嗟乎安撫公忠孝所感千百世宜其宗譜昌盛況德秀之生去安撫公僅百年三世今百九十有餘禩矣子請述其事而誌

之使公之雲仍春秋祭掃馬鬣之封聿念宗先而興起者將衮

衮公侯永保弗替詩不云乎惟其有之是以似之於是敬爲之

銘曰

岳氏先烈忠孝是傳本支百世宦譜緜延衣冠詩禮修德象賢

思親追遠昭穆煥然瞻彼佳城永矢弗諼

至元二年歲次丙子春二月吉日亞中大夫東平路總管兼管

本路諸軍奥魯勸農事岳宼立石

山左金石志云碑敘岳武穆王之弟諱傑贅于齊河鄧氏因家

焉即岳宼之祖也今武穆墓在錢塘子孫世守而不聞其先又

有齊河之支是可爲岳氏譜牒之助也

按此碑正書十九行在縣北四里岳氏墓上攷岳宼縣志無

傳據此可補人物之缺

元至正十三年倫鎮廟學記碑 記見藝文

翰林學士張起岩撰文

元丞相戚相公墓碑

齊河志云在縣西南二十五里戚公墓上

明正統十一年捐糧備賑優免雜派差役記碑

知縣王田孟僎撰文

明嘉靖十年齊河知縣孟僎墓碑

公諱僎字仲賓順天府玉田人由歲貢授山東齊河知縣九年任滿赴京鄉民父老奏留同任又二次九年任滿邑民復奏留如前凡加俸三次又六年以老疾告休卒於官因家焉歷宣德

正統天順凡三十三年配孺人史氏先公歿葬玉田繼娶馬氏合葬

明嘉靖三十一年重修元帝廟記碑

雲中巡撫兼兵部侍郎備吾房守士撰文臨邑庠生季華春書丹

明嘉靖四十二年重修儒學記碑

按察司副使陞湖廣布政司左參政吳袁洪愈撰文

明嘉靖四十二年山西按察副使尹綸墓表

肥城李邦珍撰文濟南殷士儋篆額邑人孟養性書丹

明隆慶六年新改南門記碑

知縣陳天策改建邑人孟養性撰文

明萬歷三年講武堂記碑記見藝文
河南巡撫副都御史邑人孟養性撰文
明萬歷六年重修城隍廟記碑
都察院右副都御史邑人東洲孟養性撰文
明萬歷二十七年重濬倪倫河記碑記見藝文
邑人房守士撰文
明萬歷三十二年兵部右侍郎房守士墓誌銘
高陽孫承宗撰文
明鎮守保定總兵官尹公墓誌銘
臨邑邢侗撰文
國朝康熙三十年重修城隍廟記碑

知縣江都李湑仁撰文

雍正十一年感恩亭記碑 記見藝文

濟南知府永康程開泰撰文

雍正十二年重修文廟記碑 記見藝文

知縣上官有儀撰文邑廩生郝肇奎書丹

雍正十二年重修文昌閣記碑 記見藝文

知縣上官有儀撰文

乾隆元年羅城知縣趙升菴墓誌銘

高安朱軾撰文

道光五年重修儒學記碑

知縣山陰汪桂林撰文

齊東

元至元二年萬戸孟德神道碑

張元方撰文孫瑜書丹并篆額

山左金石志云張元方撰文而連及其父進士張翔之名爲碑刻中刱見

按此碑正書文三十五行在城南孟氏墓上

元大德十一年加封孔子制詞記碑

齊東監縣探馬赤縣尹孟遵道主簿張德林縣尉王佐教諭馬克敬郎敏中言曰先皇帝嗣位之三月制加孔子號大成至聖文宣王播告中外今敝邑將勒石廟學庸示永久念歲月不可不謹願有述敢請竊惟大成之義載於孟子發於聖制者備矣

茲不敢贅姑特以吏治吏切於得失者言之我國家以神武壹海內以人文化天下聲教攸暨罔不咸理而東藩之邑其俗稱美者齊東其一也邑小而民阜貴禮而尙義長老有敦朴儉勤之範子弟有講學絃誦之習俗不旣美矣乎而監縣縣尹諸公謹於約身公於利民如塤篪之相龢耳目之相資也治不旣善矣乎今其聖號之勒盛典之立也以旣善之治而臨旣美之俗固將究聖人之大道宣朝廷之美意推擴之鼓舞之縱臾之上好下甚渙然交孚者是齊東之治譬則因陵爲高由堂適奧耳夫不易且難乎嗚呼廣大混融與天地同流爲法於萬世者吾聖人之道也尊聖人之道示教於天下者天子之政令也行天子之令使其民同歸于理者長民吏之責也嗚呼凡任長民之

貴者可不愼乎哉至大四年冬十二月既望通奉大夫山東東
西道宣慰使劉敏中述并書丹題額
皇慶元年五月日建
按此碑正書上層制詞十九行下層記文二十行在縣學內
元至大四年新學記碑記見藝文
翰林學士李謙撰文河南江北行中書省參知政事劉敏中書
禮部尚書郭貫篆額
按此碑正書文三十四行在縣學內
元後至元五年重理廟學記碑
李惟彥記
按此碑正書文三十三行在縣學內

元後至元五年聖惠泉記碑 記見藝文

陝西諸道御史中丞張養浩記西蜀四川道肅政廉訪使楊儃

書翰林學士吳興趙孟頫書

山左金石志云案養浩卒於天歷二年孟頫卒於至治二年是

立碑之年諸人皆不在世矣楊儃元史無攷

按此碑八分書文二十四行在縣學內楊儃事詳濟陽

明成化十八年德異泉記碑

尚書林瀚撰文

明嘉靖五年敬一亭箴碑

世宗御製御書

明嘉靖十二年主簿岳倫去思記碑

岳倫字厚夫號雲石萬全都司人順天壬午舉人丙戌進士授
行人司行人陞右司副以諫官拂上意而有此謫嘉靖癸巳孟
夏邑人王淵記

按主簿岳倫事詳宦蹟

明嘉靖二十六年邑令黄堂去思記碑

邑人成堯卿撰文

明萬曆二十四年重修儒學記碑

知縣陶登重修章邱知縣陽平董復亨撰文

明萬曆二十五年雙貞記碑

知縣南和白鯤撰文

銘曰混沌既剖澌漓淳風千年异輩幾播芳聲猗歟齊甸天挺

雙貞霜璧同節雪松並清深閨秉質是惟心銘

按雙貞爲縣民李代直之二女倶因家貧弟幼不嫁旌表詳

列女

明萬歷四十五年重修天齊廟記碑

知縣平湖劉希夔撰文

明萬歷四十五年重修眞武閣記碑

知縣劉希夔撰文

明萬歷四十五年行香寺記碑

知縣劉希夔撰文

明萬歷四十六年重修聖廟記碑

知縣劉希夔撰文

明萬歷四十六年重修麻姑仙廟記碑

知縣劉希夔撰文

明崇禎十一年邑令題名記碑

知縣汾西閻調鼎撰文

國朝順治六年鼎建奎閣記碑　記見藝文

知縣曲周李倩撰文

康熙二十一年重修城隍廟記碑

知縣金谿余爲霖撰文

康熙二十二年遺愛井記碑　記見藝文

邑增生楊篤生撰文

康熙二十三年重修天齊廟記碑

知縣余爲霖撰文

康熙二十三年重修天齊廟記碑

知縣余爲霖撰文

康熙二十三年重修大聖寺記碑

知縣余爲霖撰文

乾隆五十八年縣丞翁譽標祀名宦記碑

先祖以康熙三十四年丞齊東至四十七年陞知單縣未之任卒於廨官斯邑凡十有四年中值歉歲鬻衣物以振民所活無算卒後紳士請祀名宦祠是時先父年十三邑人賻金八百請留寓占籍於此先父體公清節卻弗受公嘗署知萊蕪再署知淄川又嘗護理知武定州合肯丞江南崑山前後將二十年而

無儋石之儲寸椽之庇及先父歸里以諸生貢成均家益貧操益介每舉先祖在官時事以勗後人公卒後八十五年孫男方綱來按試濟南攷專祠姓氏册其名宦祠神位大書曰清廉明翁公嗚呼公之積勤於民至今猶在也泣而志之公諱慶標字孝定順天大興人先父諱大德字希舜號純菴

乾隆五十八年夏六月朔提督山東學政孫男方綱謹記

嘉慶七年重葺龍王祠記碑 記見藝文

知縣嘉善周以勳撰文

濟南金石志

卷四

濟陽至平原石

濟南金石志卷四

金石四

濟陽

宋黄山谷石刻

舊通志云在濟陽縣東北二十里曲堤鎮

按此刻縣志不載今無考

金天會八年新修縣城記碑 文見藝文

邑人張穆仲撰文

金天眷元年創修縣衙記碑 文見藝文

邑人何弼撰文

金承安三年創建宣聖廟記碑 文見藝文

朝散大夫行太常寺騎都尉潁川縣開國男食邑三百戶賜紫
金魚袋陳大舉撰承直郎行御史監察驍騎尉賜緋魚袋欽章
篆額鄉貢進士張濟書丹
承安三年六月既望安東陳大舉記
山左金石志云碑稱邑自天會八年改置而地里志無改置始
末齊乘云濟陽本漢朝陽唐宋之臨邑章邱地金初劉豫割章
邱之標竿鎮及臨邑封圻之半置濟陽縣屬濟南是碑稱天會
八年是爲太宗建元之庚戌明年劉豫始僭僞號阜昌元年蓋
改置濟陽不由於豫于思容所記誤也
按此碑正書文及題銜凡二十三行在縣學內
元至元三年總管張公先德碑

濟南提舉學校官高詡撰文山東東路轉運使王博文篆額趙
文昌書丹
聖人垂立名教爲天下後世不易之大典者惟忠孝二事總百
行而先之故古者求忠臣於孝子之門謂君子之事親孝則忠
可移於君也吾今於總管張公見之矣公一日持先代行狀遺
僕言曰炳立身起家析圭儋爵一出祖宗陰德所致願先生表
於堅珉照耀佳城使子孫相繼不忘孝思平生志也僕嘗與公
同叅漕幕從游有日不敢以不文辭勉爲次序按公之高曾歲
遠難述祖全業商賈交信亦不樂進取以財雄鄉里能出貲以
周不給有貧不能償者悉毀券以貸之壬辰兵亂歲凶計里民
口數多寡推食而食之賴以全活者甚衆配李氏呂氏舉三男

長曰炳字彦明卽總管也幼習儒尋改吏事由濟南府掾上計燕京終始十年事無不辦上甚嘉之陞本府行省斷事歲會有積年勾考未輸銀一十萬五千兩公曲折陳情於執政者允所請民免其累邦人咸德之庚申改元中統百爲一新立中書省凡該掾吏必擇諸路素有幹濟者任其事首次公委以邊防機密事時方用兵戰備靡有闕遺遷右司提控管都督府外郎既而參知政事王公任山東東路廉訪轉運使索公爲經歷恭以曹司委公又以金符付公懸帶鹺司屬變亂後器具人力攄蕩殆盡公創立制度銳意規畫歲終考課爲天下最遷廉訪府恭議總領運司兼權濟南益都濱棣三路諸運與會府事至元二年授宣命金符充濟南路諸軍奥魯總管在政之日惟以撫諭

金巨爲侖務軍戶逃竄者聞公爲政平恕比比復業所謂古之遺愛者殆庶幾矣公之二弟其孝友略與公同古人有言忠孝萃於一門者我總管張公實有之矣故系以銘其詞曰

忠不忘君出於事親二者克全揚名立身昔人陰德後克陽報紹榮先業當思孝道赫赫我公素有古風茂膺官爵增光祖宗子孫繁多兄弟忠厚豐碑孔固天長地久

山左金石志云趙文昌無結銜而其書頗秀整可觀據至元十二年泰安修宣聖廟碑有長清尹趙文昌未知即其人否

按此碑正書二十五行在城東北張公墓上趙文昌字明叔爲長清尹事詳宦蹟

元至元三年鎮撫秦公先德碑

高詡撰文李敬簡書并篆額

按此碑正書三十二行在秦公墓上

元至元二十三年張氏世德第二碑

胡祗遹撰文楊桓篆額曹貫書丹

山左金石志云案張總管先世墓有二碑其第一碑乃至元三年高詡撰此其二也名爲世德碑其實敘總管張炳之政蹟皆前碑所未備者其中如官鎮江路總管府達魯花赤辭疾還家買書八萬卷以萬卷送濟南府學供作養學者此一事即可以風世其他政蹟又無論已

按此碑正書二十七行在城東北張公墓上

元至元二十八年杜侯畫象碑銘

大名路教授李師聖撰文

按杜溥字浩卿爲濟陽尹事詳宦蹟

元至元三十一年重修廟學記碑 記見藝文

楊文郁撰文趙孟頫篆書

山左金石志云楊文郁元史不爲立傳惟李謙所撰神道碑云文郁字從周濟陽人大德間累官至翰林學士爲文有根據不崇華藻著有林下集此碑文體書格皆相稱也

按此碑正書二十九行在縣學內

元大德七年翰林學士楊公神道碑銘

翰林學士李謙撰文

按楊珪暨弟珍子文郁孫僖事並詳人物

元楊文安公祠堂碑

章邱張起巖撰文

按濟陽志云文郁字從周號損齋歷官翰林承旨封文安公

事詳人物

元大德八年學田記碑

李謙撰劉敏中書楊文郁篆額

山左金石志云碑云聖上踐阼之初元以十四事詔天下其九曰學校之設云云攷元史成宗本紀自卽位以迄元貞元年不載詔書十四事惟於至元三十一年七月壬戌書詔中外崇奉孔子一語而已蓋史家之略也

按此碑正書二十三行在縣學內

元皇慶二年加封孔子制詞記碑

先皇帝始嗣位制加孔子號大成至聖文宣王頒示天下濟陽將勒石廟學其簿徐益典史張思敬介邑儒故內翰損齋楊公之子去疾暨教諭石光弼以辭述見屬竊惟大成之義見於孟子之書朱子謂孔子集三聖之事爲一大聖之事如作樂者集衆音之小成爲一大成斯蓋大成之義也嗚呼大成之聖不可得而名矣聖人之道天道也可得而名乎哉雖然推而求之猶有說焉二帝三王之典三綱五常之要載諸書傳諸萬世者夫子可見之道也行之一身則一身治由一身而至於一家治小成而大成也行之一邑一郡則一邑一郡治由一邑一郡而至於天下治小成而大成也行之一世則一世治由一世而至於

萬世治小成而大成也然則大成之義肅宥旣乎我國家列聖相承武威熸八紘文德洽六合京師盛辟雍之制闕里崇祠祀之禮登賢翊善黜佞夷懸皇風清謐融融熙熙薄海內外學校林立然猶德音屢降綸旨迭出丁寍懇切未始不以興學獎士勵風教是急聖號之加也宇內抃舞改觀相慶咸知朝廷所以重道爲民之意噫奉朝廷之意使其治由小成至於大成豈非長民者之責歟濟陽邑齊魯閒禮義之俗號稱易治繼今以往可以覩武城之弦歌而應虞韶之九成也邑大夫勉之皇慶二年癸丑冬十有二月劉敏中記

按此碑正書上層制詞十七行下層記文二十三行在縣學內

元延祐三年賀公神道碑銘

濟陽志云趙孟頫書在縣西北十八里撰名漫滅文亦半缺略

按賀延壽暨子祥孫復事並詳人物

元後至元三年李氏先塋碑

張起巖撰文揭傒斯書丹楊僖篆額

山左金石志云起巖章邱人其結銜以史考之乃順帝嗣位之初遷翰林侍講學士知制誥兼修國史修三朝實錄加同知經筵事碑與史異者惟知經筵事不加同字耳揭傒斯史不稱其善書其書刻於山左者亦僅見此然書體秀整氣局展拓可與趙文敏相埒也結銜與史異者初授翰林國史院編修官在延祐初年繼遷翰林待制在元統初年史未言其仍兼國史編修

也楊僖史無傳惟李謙撰楊文安公神道碑載子男三人次曰僖疑卽其人也

按李成暨子聚孫惟恭事並詳人物

元至正三年閫部臺重修聖廟記碑

肅政廉訪使王士熙撰文張起巖篆額楊僖書丹

按此碑八分書文十四行在城東北曲隄鎮

元至正十三年文廟禮器記碑

囊加歹撰文楊洪基書丹并篆額

按此碑正書文二十行在縣學內

明洪武九年重建明倫堂記碑

知縣李子沖撰文

明成化十年重修廟學記碑

知縣王璵等重修邑人江孟綸撰文

明成化十八年漏澤園記碑

邑人東思忠撰文

明成化二十三年重修縣治記碑

邑人王僎撰文

明宏治十四年城隍廟銅像記碑

邑人黃流撰文

明嘉靖十三年重修廟學記碑

邑人和淸撰文

明嘉靖三十二年重修聞韶臺記碑文見藝文

按察司僉事浮梁曹天憲撰文

明嘉靖三十九年重修北極廟記碑

邑人江南撰文

明萬歷三年重修聞韶臺記碑

蜀人劉世賞撰文

明萬歷十三年聞韶臺記碑

邑人高時撰文

明萬歷十四年高郡侯德政碑

邑人許國撰文

明萬歷十八年城隍廟置田奉祀記碑

邑人尹亨撰文

明萬歷三十五年楊烈婦殉夫碑銘

邑人任光撰文

按楊一忠妻蕭氏夫歿自經死事詳列女

明萬歷三十六年新建關帝廟記碑

邑人江騰蛟撰文

明萬歷三十六年侯令捐修墮石橋記碑

邑人杜熿撰文

明天啟四年李令捐修學倉積穀贍士記碑

邑人張文謹撰文

按李令名作乂盧氏人事詳宦蹟

明崇禎十三年創建葦濟橋記碑

邑令內黃樊吉人撰文

明崇禎十六年少廷尉王公墓誌銘

邑人邢其諫撰文

按王公名艮相字篤貞號瑆白爲大理寺左評事事詳人物

國朝順治六年重修四城記碑

知縣吉水解元才撰文

順治八年邑令解公德政碑

邑人艾元徵撰文

順治十年陳蒼屏先生墓表

邑人張爾岐撰文

按陳王政字蒼屏事詳人物

順治十七年重修廟學記碑

邑人艾元徵撰文

康熙六年重修廟學記碑

邑人邢其諫撰文

康熙十五年刑部尚書艾公墓表

邑人李霨撰文

按艾公名元徵號長人事詳人物

康熙二十四年重修學宮記碑

知縣天津李能白撰文

康熙五十六年重建大堂譙樓城樓倉厫記碑

知縣溧水司徒珍撰文

康熙六十年重建文廟鼎建學舍記碑

知縣司徒珍撰文

雍正三年郎令新開萬工河記碑

邑人李瑛撰文

雍正三年疏復哈叭溝記碑

邑人李瑛撰文

乾隆十二年王君修齡暨配墓誌銘

邑人吳壇撰文

按王君名槐年字修齡事詳人物

乾隆十三年續修廟學記碑

知縣盧都會廷翰撰文

乾隆二十七年移脩奎星閣記碑記見藝文

提督學院歸安閔鶚元撰文

乾隆二十八年重修梁石西北二橋記碑

濟南知府王守震撰文

乾隆二十八年新建槐李溝石橋記碑

知縣臨桂胡德琳撰文

乾隆二十九年艾公丹亭暨配墓誌銘

德州宋弼撰文

按艾公名光紱字兆麟號丹亭事詳人物

乾隆二十九年梁石橋記碑

知縣胡德琳撰文

乾隆二十九年石門仲夫子廟記碑記見藝文

蜀人何明禮撰文

乾隆二十九年新開如意溝記碑

邑人高之璐撰文

禹城

宋蘇東坡枯木石刻

明邑人于棨記云熙寧十年東坡先生過濟南寫枯木一枝於檻泉亭之壁自書年月筆法遒勁枝幹虬結如龍翔鳳翥蓋一時精思神會渾然天成非世間畫工好手所能到元祐間亭主劉招模石未幾復流浪於別館禹城王國寶見之徙置於遠塵庵蓋大定二十九年也常山李彥文記之后又移於儒學大成殿之左壁永樂東狩先生濟南筆跡漂蕩無存獨禹城僅存此石往來求之者衆縣中小吏投其石於井碎爲數段歲餘學官發取碎石仍置原處吳大尹於原記之末附跋以紀其事正德辛巳羅山張大尹命工翻諸木板有老教讀者中添一枝以補

其缺視石刻較全而精神衰颯不及原筆遠矣嘉靖甲午閩人
教諭王某貪昧無知遂將先生原筆併朱文公字刻及名筆數
種移出大門之外時值修造碎爲柱礎識者追救已無及矣

宋朱文公耕雲釣月石刻

耕雲釣月　正書二行字徑一尺下有晦菴二小字

宋朱子書耕雲釣月二字甚遒美予夙昔得其書於易水學宫
成化丁未來知禹城縣事越明年宏治戊申命工人王祐重鐫
諸石冀垂於不朽濟南府知禹城縣事古鄭荆文立

按此碑正書跋六行在縣學內

元至元二十六年重修縣廨記碑

維禹城域於朔南衝要之會號爲名區其間休養生息之久既

庶且富凡興墜起廢之事以次而舉獨聽政之所尚寓舊廨之
東因陋就簡棄瀆不威甚無謂也監縣脫歡察屢欲作新以多
故未遑至元乙酉北平張深市仲淵來爲縣尹亦以官府陵夷
爲病二公議合乃於政務之暇卽故區而荒度之經始之際强
有力者多佽助焉越明年告成公堂吏廡位序如式宏敞崇麗
雄視他邑而精確緻密往往曲盡其善皆縣尹心計手授之爲
也典吏陸元佐其下風事以徐圖而不怠於素耽耽翼翼有儼
其臨大縣精彩爲之一變余之先世實爲邑人比歛衽過之迺
顧迺瞻鼓喜載驚一時耆彦察余意之有在也因倡啟主者懇
余不腆之文以識歳月夫營解常事耳法亦當書聊竊謂百里
之壤萬家之邑爲之首領者人之冠冕國之陛級於是乎在尊

其位所以尊朝廷也其可苟哉而況土木之功雖以佚道使民亦先王之所重君子之所謹者揭而書之固不爲無據矣且監縣世臣也能以喬木自擬而無一切苟完之爲縣尹命大夫也不以及瓜自尼而有一日加葺之舉二公之美彰彰在人獨不可以附書乎雖然夏屋渠渠軀幹之壯偉也君子陽陽神智之精明也彼山嶽江湖之大得不以虎豹蛟龍而爲形勢之重耶監縣乃開國元勳忒上哥兒之諸孫爲人忠勇明濬能世其家云

至元二十六年六月既望大名路儒學教授李師聖記

元至元二十九年擊壤亭記石刻 記見藝文

國子監丞中山滕安止記

元至大四年重修夫子廟堂記碑記見藝文

曹州禹城縣儒學教諭歷山張世敬記并書

按此碑正書文十七行前後題名六行在縣學內

明天順四年重修文廟記碑

教授吉水彭徵撰文推官鴈門齊魯書丹

按此碑正書文十三行前後題名十二行在縣學內

明嘉靖四十三年科第歲貢題名記碑記見藝文

齊東知縣禹城掌教王朝璽撰文邑人于渠題額

明嘉靖四十五年重修上帝廟記碑

鄉進士鳳岡楊堪撰文鄉進士柱石劉中立篆額清修居士進

齋馬登峯書丹

明萬歷六年重修文廟記碑

工科給事中邑人劉中立撰文陵縣教諭昆陽宣敬甫篆額禹城教諭南鄭李晨書丹

按此碑正書文十四行前後題名六行在縣學內

明萬歷七年修外泮記碑

知縣延安蕭文璧撰文

明萬歷七年重修城隍廟記碑

臨汾知縣邑人劉全撰文庠生曹宏書丹庠生于夢鶴篆額

按此碑正書文十四行前後題名九行在城隍廟內

明萬歷八年野井新亭記碑

邑人于槀撰文

明萬歷十一年學田記碑

布政司叅政邑人劉中立撰文

明萬歷二十九年大佛寺施茶煮粥題名記碑

三科武舉于夢說撰文

明萬歷三十二年重修興泉寺記碑

邑人主事孫延長撰文

明萬歷三十八年三賢祠記碑

翰林編修渤海王家植撰文

惟天祐民惟民安止樂所自生反所自始國有秩祀邦有典刑

伏臘畢里視茲豆登作三賢碑

金曹州濟陰令馬驤登進士貞祐三年爲令四月元兵下曹驤

爲軍卒所執榜之責贖金驤曰書生安所得多金又責之非禮驤曰死即死猶爲大金鬼安所得奴顔婢膝以倖旦夕活卒不一屈膝而死事聞贈朝列大夫泰定軍節度副使樹石於曹以時祭之後三百餘年而高別駕以孝廉聞

明陝西平涼府通判高守正以正德十一年鄉舉署蘭陽學從國子學正留都守正誘人有法兩地多成立卒倍曩時兩地士戀之如慈母祭酒湛文簡若水署上考得陝別駕守正居涼數月以不得温凊爲念棄官去囊中無長物僦居以居鄰里有周之者距不受時時爲童子師以束脩養親居喪哀毀幾絶者數矣先是流賊陷邑感守正獨守父病不忍害卒之日斂含不具學使者梅守德檄以十金斂之萬歷間部使者表其門爲[illegible][illegible]

聲德坊又四十餘年而劉憲使以節孝聞
陝西按察司按察使劉中立以隆慶五年張元忭榜進士授中
書舍人選工科給事中進佐禮兵是時師相以嚴急治而中立
復所舉士時時思羅之幕中間以所不悅者一二人風中立疏
之中立謝不應而更露章其素昵少司馬貪劣狀嗣以不劾河
南治驛使者愈失師相心外徙商洛參議進河東參政總憲關
中聞封公訃亟歸觸棺大慟哀毀死中立坦洞謙挹平居無疾
言厲色至臨大節侃侃不可動嘗兩却夜金終不爲人言至貴
顯率徒步里中與徵時諸長老游聽事數椽僅蔽風雨然性不
受人憐而能賙人急最不喜爲人居間而好稱說里中利病以
冀與罷之效死之日邑爲罷市論者比之楊震劉寬爲未盡云

史植曰祝阿三賢其一令其一廣文先生郡倅貳耳卽劉稍振僅僅泉大夫不敢望京朝官別駕之後不顯濟陰且異代落長譜牒蕩然獨憲使之子爲太史然其祀當太史孝廉時祀不以大史遠者三百年近者三十年或十餘年乃舉祀此邑人之心也死忠死孝三賢不朽之心邑人見之謂三賢而有知也來格也吾終以邑人之心必之天矣

按此碑文二十行前後題名年月共五行兹節錄如右

明萬歷四十二年新置學田記碑

都給事中邑人楊雲鵬撰文

明天啟四年重修禹王廟記碑

邑舉人邵周達撰文舉人海應撓篆額

國朝順治三年重修城隍廟記碑

狀元聊城傅以漸撰文刑部員外邑人韓養醇篆額

按此碑正書文十行前後題名九行在城隍廟内

乾隆十五年北鄉順水土河記碑

知縣青田韓錫祚撰文

乾隆十五年西鄉韓家砦小觧河記碑記見藝文

知縣韓錫祚撰文邑舉人金爾貴書丹

乾隆十六年東鄉東趙河記碑

知縣韓錫祚撰文

乾隆十六年不忍渠記碑

知縣韓錫祚撰文

乾隆十七年東鄉辛寨南北二河記碑

知縣韓錫祚撰文

乾隆六十年三元宮義學并置義田記碑

教諭菏澤王奇撰文

嘉慶十二年新建漯川義學并置義田記碑記見藝文

新城舉人張象津撰文教諭王奇書丹

臨邑

魏洮州刺史劉偕碑

臨邑志云水經注云在北漯陰城今無攷

唐大歷二年夫子廟堂記碑記見藝文

駕部郎中程浩撰文

皆大元歲次缺季春下缺

元末頹壓明嘉靖乙酉致仕官王欒重建匠宋頊閏德等刋

金石萃編云此碑文載唐文粹大歷二年駕部郎中程浩撰而武部員外郎瑯邪顏眞卿書都官郎中東海徐浩篆額者也程浩無傳可考文云浩自帝鄉薄遊鳳翔則此文專爲扶風縣之文宣王廟而作曾公不應書之於湖州此夢英之誤記也

臨邑志云碑在今濟陽縣孫耿鎮按此記本刻在扶風縣文苑英華唐文粹載浩此記俱題作鳳翔府文宣王新廟記時以碑爲顏魯公所書故刪去扶風古縣以下一段所在摹刻則此碑亦當刻自唐人手也

按此碑正書十二行題名年月二行額題創修宣聖廟碑正書六字平列此碑濟陽志不載故依臨邑志錄之

唐大中十四年尊勝陁羅尼經石刻

彭城郡清信弟子劉方佐肇立

康熙十年犁邱清信弟子李義等重修

山左金石志云石幢文漫滅並無年月府志載臨邑彌陁寺有唐人石幢咸通四年刻遂據之冠於咸通前

臨邑志云按大中祇十三年十四年即咸通元年癸巳重刻之云
誤

唐咸通四年尊勝陁羅寶幢記刻

尊勝陁之眞言是如來心中之法印也能伏羣魔能除諸惡能愈四苦能消閻厄我皇唐感西域金人之眞言大流東方則天之御大器也於儀鳳二年罽賓國沙門僧佛陁波利取此經來至於五臺僧來届此便知此山佛戒之後衆聖潛靈大聖文殊寓跡於此山靈地聖喜躍難勝因傳金言經付中國持念之士靈驗尤多人受七寶之身宜將百福裝飾此方信士心契佛乘雖造有爲常修梵行知寶幢之絶想茫滅身心覺金字之眞言離諸纏縛以是不踰數月功德爰成上答皇王照臨雲雨之恩

次答上書綏撫字毓之惠荷使名春霖是潤圓月當軒彌息奸豪恩波大布具官清儉鷟時貞明貫古蟾光流素求月相鮮恩洽大同風光交映兵馬使學貫九流武穿七札高指梅之智掩沈涉之謀少府經學奮身蓬瀛是宅初臨褐於昌邑終冀效於秉鈞院主五師子堅持淨行嚴固法身戒月清明秋光迴徹邑內諸清信士等確乎靜寂棲息清涼既無對業之因永保無疚之祐于時咸通四年歲在癸未六月壬辰朔三日申寅河南府鄉貢進士五經張挾記

臨邑志云右彌陁寺香幢一座高二丈許上截刻尊勝經題唐大中十四年立下刻張挾記邢太僕稱其文沿六代駢語差解人頗其修整上疎亦一巨觀康熙閒邑人李義宗王賓等磨去

分億爲二二仍刻尊勝經一刻宋王賓記而千年神物捷[illegible]
想像暇日會經其地輒爲惆悵無已

宋治平四年金剛經石刻

齊州興德軍臨邑縣胥孫耿鎮慧日院維那頭劉順等共施金
剛經香幢一座永充供養
治平四年歲次戊申正月建寅朔日庚戌十有二日辛酉建立

按此刻正書八面在孫耿鎮慧日院內

宋崇寧元年新修縣學記碑 記見藝文

建安吳嚴夫記彭城劉覺書丹并題額平陽解嶽之立石

按此碑正書文十二行題名五行在縣學內

宋大觀元年八行詔旨碑 文詳章邱

按此碑正書詔旨二十行題名年月八行在縣學內

元至元十二年重修廟學記碑 記見藝文

河間路學政高陽苑芝謹記學錄陳革書丹并篆額

按此碑正書文二十六行題名年月七行在縣學內

元至元十三年縣尹田公德政碑

前東平府學正監臨邑縣酒醋稅杜澤撰濟南府學教諭王彥允篆額本郡楊芝實書丹

主上卽位之五年歲在甲子改元至元初用漢唐之制遷調諸道官吏以縣令之最爲近民也乃立考績之法視五事爲陞降仍以令爲尹焉由是其選稍重然任是職者例出士族世祿之家蓋朝廷更化馴致其道理當然也癸酉之春燕豪傑田壽仲

仁始以才選來尹茲邑蒞事之日所部振肅綱紀法度稍稍一
新公爲人廉幹雄偉音吐洪亮左右聳畏莫敢仰視凡發號施
令皆出於丞流宣化履道奉公有犯必懲毫髮不貸也數月之
間豪猾縮頸盜賊屏息庭無留訟曹無滯案公論所在直道而
行雖總轄之司巡按之使亦未嘗曲徇苟合以自貶也事有不
便于民者具利害情僞申請再三必期改正而後已公有心計
處事周密凡營繕備峙和糴和買之類必爲之均節計料唱名
而給直侵漁之弊無自而啓先是防禦之在縣境者往往冒據
膏腴之地塹其外而蕪其中以牧馬供軍爲名田連阡陌歲而
不治前政務爲撫摩編民病之而莫敢梭也公方謀所以革之
者會朝廷遣官編歷檢覈於是遵奉詔條極力窮詰凡得田二

十餘萬畝有奇悉歸于民衆皆受賜歡聲如雷本道監司大奇之旁近羣縣事有不法者多委公就鞫焉公廨出己俸增新文廟創建講堂一區且給田六頃以爲贍學悠久之計縣廨素淺陋褻瀆不威公爲之增築門屏位置高敞視他邑爲不侔矣公尤閑騎射往年爲闕下所辟奉使高麗先聲所及殊俗震駭一日值猛虎拒之而不傷者幸也況勠力而反殺之亦爲男子之勇事也所過山海島嶼宮闕之所親作畫圖了無遺失識者以將略許之雅有巧思嘗獻渡江之策以革做爲戰艦方廣丈餘浮於水面可以濟渡置之兩輪可以運載於道路募於陸地可以止宿軍旅卷而束之可用一馬負之而行平生粗涉經史嘗與士人游晚學作詩語意便不凡若夙昔在文字間者盡入能

品墨竹墨梅殆天機所到縣治舊有綵輿迎致寶書公自以己
意創製刻鏤精緻曲盡其妙商相之子台輔爲作記文龕諸公
堂之壁大匠過之靡不嗟賞焉性豪爽有風槩氣出萬夫之上
善惡著白不事姑息然以仁心爲質亦要其終而後見也異政
告成瓜期在邇闔境耆老豪望惜其將去踵門而來告曰宰公
人品傑異名重一時可謂良吏者也借寇之舉度不可以請於
朝也刻石頌德厥有舊章吾子宜無讓也旣辭謝不獲乃掇其
尤章章者著之且以去思之頌系焉頌曰
於惟宰公萬夫之雄凜如秋霜穆如春風莅政之初杼軸其空
報政之後倉箱其充昔也皇皇重門擊柝今也陽陽外戶不鑰
愷悌君子民之父母巫宓之治公則兼有桓桓我公維熊維羆

干城之具公諭俊推屈牛刀之用乃一縣之屑爲快驥足之展詎百里之所羈瓜代有期予將疇依公不我留我心傷悲不我遐棄我心則夷建公之祠樹公之碑勒我頌詩俾民歌之舊尹之政新尹之師史筆有例尚攷於茲故雖犁邱之遺愛豈以一言而敢私也耶

至元十三年歲次丙子三月日立石

按此碑正書文三十一行題名年月五行在土地祠內十三年縣志作三年誤田公事載宦蹟較略兹全錄其文於右

元至元二十三年重修清涼禪院碑

野衲道昕撰并書丹篆額

至元二十三禩仲春下澣有二日住持比邱僧法曇立石

按此碑正書文二十四行在縣南二十里孝廉鄉清涼寺內

元至元二十六年臨邑丞趙府君墓表

東平進士李之紹撰承德郎都漕運副使馬之貞篆額徵事郎平陰縣尹兼管諸軍奧魯兼勸農事趙智書丹

府君沒世之四十年嗣子濟南阜昌庫使信謂其子平陰主簿讓曰惟吾家累世弗耀逮吾父始大生平居官行已其嘉言善政類皆可傳汝其爲吾乞言於當世君子以表墓道於是主簿具其始末踵門以請牢讓不獲已乃爲次第之按府君諱顯世爲臨邑人家故以財雄鄉里閒既壯值金季版蕩河朔莽爲盜區遺黎惴惴不克自保側多團結以禦侵害府君爲邑人所推乃散備蓄以聚衆衆皆樂歸出權略以禦寇寇不敢犯賴以全

活者不下數千百人迨乎國朝撫定大帥答剌罕承制封拜一
見愛其誠慤才武錄置麾下未幾檄爲本縣丞時喪亂之餘披
荆棘拾瓦礫以立官署府君恭以奉上廉以律己其撫民也仁
其御吏也威法度未立思所以立之流散未復思所以復之至
於賦斂獄訟皆得其平不旬月而境内大治瘡痍者復起逃亡
者畢歸熙熙焉怡怡焉殆若承平之舊秩滿即謝仕不出種蒔
松菊酣適于酒務盡閑居之樂或時出入里巷退然不以故將
自居人人能得其歡心如是凡十年以歲次辛亥夏四月十九
日考終命于私第之正寢歸葬宅于孝廉鄉之先塋君先娶柳
氏有子二人曰信曰成後娶王氏有子三人曰進曰忠嘗爲山
河巡撿曰宣曾充帥府奏事曰信即阜昌君也勤儉以承家詩

書以教子時命未融仕至管庫而止孫男十五人日璋曰仁並爲行省宣使曰讓朗主簿君也年少氣銳吏事通敏由行省掾屬出佐劇縣累著佳政其諸孫昆季林林玉立咸策名仕籍不待識而可知也

至元己丑年月日嗣子濟南阜昌庫使趙信立石

按此碑臨邑舊志不載臨邑新志人物宦蹟亦無趙顯事跡今節錄於此以補二志之缺

元大德四年重建廟學記碑

儒學教諭趙從智謹記并書

按此碑正書文二十四行題名六行在縣學內

又按碑陰云大德元年爲始至十一年三月十四日立又有

子略誌贊并古耿近教先生李天澤贊語在題名之前

元大德六年縣尹李君遺愛記碑

從仕郎汴梁路前中牟縣尹李好謙撰河間路臨邑縣教諭趙

從智書河間路獻州學正陳仲復篆

大德六年二月望日前典史張偉等立石

按此碑正書文二十二行題名四行在土地祠內李君名載

字從善廣川人事詳宦蹟

元延祐六年加封孔子制詞記碑記見藝文

河間路臨邑縣奉建加號孔子大成碑記勅可授德州儒學教

授殷溪於商隱書丹并篆額將仕郎陝西等處行中書省儒學

提舉曹貫述

延祐六年己未首夏吉日立石歷山豫玉賈用等刊

按此碑正書上層俱詩十六行下層記文二十七行在縣學內

元至正三年苗氏宗派圖石刻

進士犁邱張俊德撰

至正癸未年孟夏月中旬癸丑日八世孫遵禮士傑立

按此碑正書上層記文下層支派在城東苗公墓上

明洪武二年城隍顯佑伯誥命碑文見藝文

卸縣廬陵歐陽脩書

按此碑正書文十五行題名一行在城隍廟內

明洪武三年城隍誥命碑陰記刻記見藝文

知縣歐陽𥳑撰并書篆額

按此碑正書上層文十九行下層題名十七行在城隍廟內

明宏治十五年勅封顯佑伯城隍靈應記碑

致仕邢臺廣昌懷遠三庠仕邑人郭儉撰并篆額庠生徐瓛書丹

按此碑正書文二十行題名二行在城隍廟內

明宏治十六年重修縣署記碑 記見藝文

國學鄉貢進士江夏劉綬撰文刑科給事中武陵楊褫書丹提督山西學校副使南陽王鴻儒題額

按此碑正書文二十行在縣學內

明宏治十七年重修縣治記碑

知縣潁川張守亨重修鄉貢進士邑人宋表撰文郭儉篆額

按此碑正書十五行題名年月八行在土地祠內

明正德十年重修彌陀寺記碑

江西九江知府邑人張璡撰文山西岢嵐知州邑人邢政篆額

河南輝縣知縣邑人李琮書丹

明正德十一年桂井碑

臨邑儒學桂井正德丙子秋菊月吉旦立

按此碑正書桂井字徑尺餘在文廟街口

明正德十六年修興國寺記碑

保定府蠡縣教諭邑人宋表撰文并篆額

按此碑正書文十三行題名十一行在寺內

明嘉靖二年聖賢贊碑贊詳歷城

巡撫山東都察院右副都御史廬陵陳鳳梧謹贊

按此碑正書在縣學內

明嘉靖五年重修儒學記碑

刑科給事中邑人李錫撰戶部主事邑人李錄書篆知臨邑縣

事和順畢世隆立

按此碑正書十三行題名五行在縣學內

明嘉靖五年敬一箴石刻箴詳歷城

世宗御製御書

明嘉靖六年宋儒五箴石刻

世宗注釋

明嘉靖八年邑令邢公去思記碑

刑科都給事中邑人李錫撰戶部主事邑人李錄書戶部觀政

邑人邢如默篆

按此碑正書文十四行題名五行在縣學內邢公名篤長垣

人事詳官蹟

明嘉靖十三年重修碧霞行祠記碑

知臨邑縣事祥符蘇漢等立

按此碑正書上層文十三行下層題名二十三行在祠內

明嘉靖二十七年科甲題名記碑

知縣江南汪九思等立生員楊景書丹

明嘉靖二十七年新廣學後地址記碑

教諭金城葛永泰撰訓導獻縣唐崑書丹
按此碑正書十六行題名三行在縣學內
明嘉靖二十七年儒學歲貢題名碑
知縣汪九思等立嘉靖三十九年教諭湛東周珊等重立生員
楊素書
按此碑正書十九行在縣學內
明嘉靖三十九年重刻邑令陳公去思碑
知臨邑縣事陝西王永壽立石
臨邑志云按碑爲邑人菅懷理撰邢化正書舊在縣儀門前乾
隆五十一年爲魏令磨去刻他文今據犁臺文獻錄補入
按陳公名疇湖廣人景泰間由縣丞陞任知縣事詳宦蹟

明嘉靖四十二年倘義世家重修儒學記碑
鄉貢進士邑人馬庭若撰鄉貢進士馬庭荊書篆
按此碑正書十四行題名年月六行在縣學内
明隆慶四年重修華嚴寺記碑
武清教諭宋文階撰文
按此碑正書十五行在寺内
明隆慶五年爲出巡事記碑
新官到任應動里甲供應銀兩事件
按此刻正書十二行在土地祠内縣志失載
明萬歷四年戒珠禪寺藏經堂記碑
知南宫縣事邑人邢侗譔并書

按此刻正書文十行題名年月二行在寺內

明萬歷五年太山進香會記碑

山人林子記庠生李芳書

按此碑正書文十七行題名四行在泰山行宮內縣志未載

明萬歷九年泰山別廟紀勝記碑

致仕官與石山人馬遷撰王煒書丹

按此碑正書文十三行題名二行在泰山行宮內

明萬歷十二年指南二大字碑

于東山人王夾翰書

順治八年十月朔旦教諭劉世儒移立於此

臨邑志云正書字徑尺餘舊在縣署今移立學宮

明萬歷十七年修華嚴寺殿臺記碑

陝西苑馬寺卿邑人邢侗撰山西按察司僉事邑人李汝相篆

邑武舉生吳遵義書丹

明萬歷十八年都諫北原邢公如黙合舉鄉賢公移石刻

東昌府通判管臨邑縣事劉承忠等立

按此碑正書在鄉賢祠內

明萬歷十七年分守濟南府右參政盂陵呂公德政碑

陝西太僕寺少卿邑人邢侗撰文陝西按察副使邑人王再聘

書丹山西按察僉事邑人李汝相篆額

按此碑正書二十三行前後題名年月七行在西門外玉皇

廟內

明萬歷十八年李大家碑

邢大姊者侗女兄也弟侗撰并書篆

按此碑正書在城東李氏墓前

明萬歷十九年創置學田記碑 記見藝文

儒學教諭東萊孫登雲撰

按此碑正書文十七行題名年月十行在縣學內

明萬歷二十四年重修眞武廟記碑

陝西行太僕寺少卿邢侗撰文隰州同知李恕書并篆額

按此碑正書文十三行題名年月六行在宿安鎮

明萬歷二十五年碧霞宮建醮記碑

領衆會首宋好問等立

明萬歷二十五年來禽館石刻

王右軍像贊

吾有七兒一女皆同生婚娶以畢惟一小者尚未婚耳過此一婚便得至彼今内外孫有十六人足慰目前足下情至委曲故具示　子昂臨

身親亭亭元靈引氣恬淡精華尺宅可治法海四達觔骨血脈落落至虛千年反魄童子服伏丹樓俠日道士仙人忽入我室遺像在圖俳徊瞻佇染跡猶龍永無涅滓萬歷二十五年五月六日濟南邢侗讚上樂石

趙子昂畫竹

開軒蒔竹杪坐久聞清韻重雲結春陰小雨生衣潤親友有佳

完

集笑語發眞蘊游衍暮始還流光疾如瞬至大三年正月三日

子昂

湖州之竹眞而不妙彭城之竹妙而不眞湖州疎疎密密彭城不密而疎二君直氣凜凜是以筆底勁多和少森然劍戟塡窗猗儺無有也子昂此幅于至和處見筆至密處見墨未嘗不勁未嘗不疎所謂瑶臺緩步羅綺驕春或足擬之來禽主人禰僩手題

榖城師輦至黄花六十色色俱足僕報以家釀雪酒廿盛

子愿先生墨跡不數見此書乃徐樹人所藏雙鉤寄余並屬勒諸貞珉俾垂久遠爲書數語以誌緣起上杭莫樹椿題

按以上石刻三種右軍贊在來禽館子昂竹在宿安黄花書

亦在來禽館內因類及之

邢太僕來禽館帖

臨邑志云來禽館有澄清堂帖蘭亭敘褚河南禊帖王大令本趙松雪本宋靖出師頌唐人雙鉤十七帖黃庭經李伯時西園雅集記之室集帖芝蘭室蘭亭敘芝蘭非非草並在宿安祠內

邢子愿瑞露館帖七卷

臨邑志云瑞露館有千字文一卷行押尺牘五卷諸跋語一卷並大司馬王涵仲刻今其石歸樂陵潘氏

明萬曆二十六年重修興國寺佛殿記碑

邑人邢侗撰文許用敬書丹

明萬歷三十年重修大興寺碑

邑人邢侗撰文逸民許用敬書丹

明萬歷三十四年犁邱莊惠先生邢如約祠堂記碑

浙江按察使吳郡通家子馮時可撰文晉陵通家子王穉登集

晉王羲之書

按此碑行書二十六行在宿安鎮祠堂內

明萬歷三十四年宿安店新建白衣菩薩庵記碑

翰林院檢討邑人張光裕撰文許用敬書丹

明萬歷三十六年重修城隍廟記碑

舉人李生秀撰記襄城主簿菅允篆額李恕書丹

明萬歷三十七年德府令旨碑

承奉司爲傳奉事欽奉令旨覽晧鄉官李恕菅允所啟善事當爲既云蓋造欠缺特施銀五十兩以資其工承奉司傳他知道敬此

按此刻正書六行在泰山行宮內

明萬歷三十九年碧霞宮建醮記碑

同知李恕齋沐書宋養明勒石

明萬歷四十三年碧霞宮善會題名記碑

舉人李生秀譔文太學生許藎書丹

明萬歷四十三年少叅李公潞守王公崇祀鄉賢記碑

陝西左布政使邑人李薇猷譔文山西右布政使武定州馬拯書丹陝西按察副使德平季東魯篆額

按此碑正書文十五行題名年月十一行在鄉賢祠內

明萬歷四十三年潞安知府王公三遷崇祀鄉賢祠記碑

翰林院庶吉士姜逢元撰文戸科給事中商周祚篆額尚寶司少卿范可慢書丹

按此碑正書文十六行題名年月七行在鄉賢祠內

明萬歷四十三年潞安知府紹庭王公舉鄉賢公移石刻

知臨邑縣事周士元等立

按此刻正書文十四行題名年月五行在鄉賢祠內

明萬歷四十四年潞安知府王公崇祀鄉賢祠記碑

吏部郎中趙南星撰文江西布政司叅政劉敬篆額禮部郎中孫允奇書丹

按此碑正書文十五行題名年月八行在鄉賢祠內

明萬曆四十五年三賢崇祀記碑

刑科給事中周之綱撰文御史朱堦篆額工部員外余廷吉書丹

按此碑正書文十八行題名年月八行在鄉賢祠內

明天啟四年察院禁示碑

公館鋪墊等物俱係官銀置辦等事共三條

按此碑正書九行在土地祠內縣志失載

明天啟五年重建泰山行宮記碑

邑人李繖猷撰張應德書

按此碑正書文十三行題名年月十七行在泰山行宮內

明崇禎七年遊廟會記碑

邑人李薇猷撰文劉祚昌書

按此碑正書文十一行題名五行在十王殿前

明崇禎十年永禁差徵碑

巡撫顏劄付徵收錢糧以甲屬里以里催甲刻石永遵

按此碑正書十行在土地祠內

明崇禎十四年重修泰山行宮記碑

廩生邢師孔撰文董郁書

按此碑正書文十行題名年月七行在泰山行宮內

國朝順治十一年賦役則例碑

督撫軍門耿爲勒定賦役則例以杜私派等事

按此碑正書十三行在縣前縣志失載

順治十五年泰山行宮創修鐘鼓二樓記碑

邑廪生許鼎題

康熙十年重修彌陀寺石幢記碑

邑庠生朱賓撰併書

按此刻正書八面文五面每面四行題名三面每面八九十

行不等在寺內

康熙十年重修元帝廟記碑

貢士邢珍等立

按此碑正書文五行題名年月十五行在廟內

康熙十三年重建賢聖寺記碑

刑部尚書濟濱艾元徵撰邑人王河圖書丹

按此碑正書文十六行題名二行在寺内

康熙十八年三清妙法記碑

知臨邑縣事鄭雍等立

按此碑正書文四行題名年月十五行後有還陽風人李獨秀鄭青天讚八行在泰山行宮内

康熙二十七年重修城隍廟記碑 記見藝文

知縣海昌陳齊永撰文

按此碑行書文六層每層十行題名年月六行在廟内

康熙四十一年重修泰山行宮記碑

邑庠生李臺方撰唐信行書

按此碑王書文十一行題名二行又有湧出甘泉古代流傳八字在廟內

康熙四十七年重修文廟記碑

提督學政翰林院編修趙申季撰生員王廷輔書丹

按此碑正書文十四行題名年月六行在縣學內

康熙五十七年馮于二井莊申公祠記碑

三岔河岸沖決東口水流泛濫河東三十官莊受水患三十餘年經濟東道申公率領濟南衛守備勸明捐俸疏濬趙牛河水有歸宿由徒駭而入東海又捐修三岔口河東堤岸自此永無水患小民無以仰報因修葺祠堂立碑建醮以祝無疆之福

按此碑縣志未載申公名大成江都人詳秩官

康熙五十九年重修縣署記碑

知縣魏壯立

按此碑正書十行題名年月四行在縣署內縣志未載

雍正二年清理驛站碑

知縣魏壯勒石

按此碑正書文十八行題名年月二行在縣署前

雍正三年建立忠義孝悌祠記碑

知縣魏壯等立

按此碑正書載元許輔并邱全李賜重李清然許月安翟艮勝六人在崇聖祠門外

雍正十二年重修元帝廟記碑

知縣賈建奇撰文王紹陞書丹

乾隆四年重修賢聖寺記碑

候選教諭王堪撰生員李文印書

乾隆五年重修城隍廟記碑

古越流寓儒士王廷標撰文邑儒士王鎮書丹

乾隆二十八年重修城隍廟記碑

教諭丁際隆撰文增生劉建書丹

乾隆三十二年捐補義學束脩記碑記見藝文

教諭孫交明記廪生周鄉書書丹

按此碑正書文十二行題名年月三行在縣學內

乾隆三十九年邑令陳侯德政碑

陳俠名洛書字龍泉山西太原府徐溝縣清源鄉人乾隆丙子

舉人庚辰進士宰是邑云

按此碑正書文十二行題名年月四行在縣署前

嘉慶六年重修賢聖寺記碑

歲貢李德彰撰文廩生夏廷選書丹

道光三年重修鄉賢祠記碑

教諭魏升元撰文廩生李汝南書

道光八年重修戒珠寺記碑

知縣莫樹椿撰文邑增生周通古稀二齡書丹

長清

隋五峯山蓮華洞造像題名

山左金石志云蓮花洞造象題字三十種在洞外東壁者五種在洞内北壁者二十三種在洞内南壁者二種每種五六字至二十餘字不等嚮未著録此段赤亭親至五峯搜得之

按寰宇訪碑録云五峯山蓮華洞大像主鍾崔等五十四人題名蓋又有出三十種之外者矣

唐神龍三年中興三藏聖教序石刻

中宗御製唐奉一八分書

長清志云在縣治西八里浮圖院内

唐開元二十四年齊州神寶寺碣

神寶寺記碣　字寰籛兼書

觀夫三皇五帝氏王夏殷周漢氏作淳源渴而不流澆俗紛其方扇雖孔門將聖老氏谷神猶龍之道德西浮歎鳳之詩書不返竟不能庇交喪拯頹流驅彼務俗登茲仁壽徒存紫氣之言終絕素王之筆曷若金繩化跡超十地而孤尊寶樹應期乘四輪而廣運大雄有以見衆生溺之苦海於是虖横寶筏而濟之大雄有以見諸子迷之朽宅於是虖駕舟杭而出之視之以五蘊營空明之以諸漏以盡泊玉毫騰彩覩賢功之象位金儀入夢現神通之日月經傳白馬聊閣嘯以發來剎起青龍繼闡浮而錯峙遂令有國有家者得其道而四海以安元元烝烝者得其門而六塵高謝豈與夫向時之二教同日而言焉神寶寺者

寶山南面岱宗北陰岡巒急隮而石壁萬尋林藪蒙籠而翠屏
千仞貔豹躑躅人絕登臨虺蟒縱橫鳥道飛路粤有沙門諱明
不知何許人也禪師德隆四輩名優六通僧徒俱服羣生宗仰
晨遊棘園四念經行夜宿榛壇六時禮敬貔豹枕踏禪心宗而
不驚虺蟒縈身戒定澄而不亂水瓶朝满羽仗夜來事跡非凡
故非凡測親題作記自敘因由日明以正光元年象運仲烁於
時振錫登臨思同鷲嶺徘徊引望想若雞林欻彈指發聲此爲
福地遂表請國主示寂入神立此伽藍以靜默爲號自梁齊已
來不易題榜屬隋季經綸生人版蕩華鼎推變眞俗盈虛今之
所存殆將半矣至我大唐御宇重遷九鼎再修二儀四海廓清
萬邦壹統用光正道建三寶以傳燈化洽垂衣統四生於壽域

迺格命天下有固癈茄藍先有額者並使申請於時有鄉入王
邦應答州縣申聞以此寺北有寶山東有神谷因改為神寶寺
爾其寺也望會開基臨齊作鎮堂宇宏壯樓閣岧嶤砌並珩璜
階塗金碧穆容有睟瑞相無邊發妙彩於天金容奇遺於龍石
手輪含字臨珠綴而披網肩宇舒毫鑒壁瑠而上月寺內有石
浮啚兩所各十一級舍利塔一所眾寶莊嚴朗門洞啟石戶交
暉返宇鏘鏘飛檐巘巘半天鵬起遙遙煙霧之容壹地龍盤宛
宛丹青之色挹朝霞之昈昈湛夜月之盈盈風牽則寶鐸鎗鎗
日照則花盆晶晶迢迢亭亭鬱鬱青青皓皓旰旰煥煥爛爛遙
而望之炳若初日照灼皎扶桑近而察之並似素雲霞雪暉夕
陽方之鴈塔有似飛來譬以化城還疑湧出寔瞻仰之形勝是

歸依之福田寺內先代大德僧明幹提智惠燈照無明國僧彥休護惜浮囊微塵不犯僧元質積行勤苦軌範僧倫僧神解寶樹論幢摧諸憍子僧宏哲持經得驗舍利猶存僧惠沖殷念西方期心安養所造功德彌類滋多僧景淳釋尸綱宗元門樞紐僧貞固構心宏護結志修營僧濬將齠齔出家童顏落彩三齋負笈猛探麟角之先九洛擔簦迥出牛毛之外並俱沐聖恩僉成道器忽鶴林風急鹿苑霜飛早謝傳燈空懸錫影現在諸大德寺主僧慧珍戒珠比月道骨含星堤忍作衣濃雲成座六時禮念脅不至床壹食摽心口不再歃是慈悲父是艮福田廣濟蒼生普心供養前都維那僧惠沼摽峯千仞崖岸萬里吐妙響於脣吻納山岳於心胷縱橫道門通達無礙上座僧塵外澂香

紛馥有賓頭盧之軌儀都維那僧敬祥惠劍如霜繼舍利弗之談說僧敬崇奈苑良材橫愛河而濟羣溺僧智山祇園杞梓欽齋宇而庇蒼生竝騰麟俊藪猗鳳僧林飾厚柱於春臺撫定輪於烁駕祥煙飛錫來遊歡喜之園宴坐經行實名和合之衆故同鐫寶碣高旌福門大唐開元神武皇帝陛下朝宗萬國掩頓八紘金鏡合七曜之輝玉燭和四時之氣慶雲澄彩瑞日呈祥仁動上元力侔大造瀚海天山之地盡入隄封龍庭鳳穴之鄉咸沾風化封金岱嶺刻玉僊閭藻鏡乾坤光華日月刺史盧諡全義門有卿相家襲銀璜强幹則不發私書清肅則邈然官燭矜孤恤隱愛士慕賢故得詠入來蘇謌登至晚山茌縣令梁曰大夏幹局貞故神情警悟風琴寫韻則瑞雉爭馴冰鏡澄清則

祥鸞自舞誠梵王之福地眞釋帝之名區爾其洞戶深沉山扉
窈窱玉床霞乳問抱朴而猜疑石壁藍經訪嚴遵而不識奇卉
怪木如窺須達之園瑞藥仙苗似入提伽之院爲王獻菓下甘
露於珠盤鳳女持花拂靈香於寶帳迦葉頻伽之鳥百囀間關
優曇鉢羅之花九光凌亂漢皋遊女對玉洞以傾心秦梁賢臣
仰瓊堂而頓首庶使文殊過去憶沙說之清塵彌勒下生覓神
功於貞石式鐫實錄而爲頌云

大雄降跡慈山本元奄有三界非無二門不生不滅若亡若存
遍看羣有無如我尊鷲門惠遠罽賓羅什明公繼茲伽藍此立
俗戶易窺眞門難入遁跡龍爲舟後相及大唐壽命當宇握鏡
化洽萬邦功齊七政錄圖舒卷紫雲迴暎惠日再暉薰風在詠

門庭華敞防宇輪煥蓮臺畫閣危樓飛觀竹韻宮商花然灼爛
僧眾虔仰士女稱歎亭亭妙刹灼灼精廬彤盤瞰野鏤檻凌虛
珠懸日靜鐸迥風疎蓮菀栖鳳倒井植渠峩峩寶碣落落神軒
邪山鼇岫苦海澄源錦雲震烈轂霧風翻此中何地給孤獨園
維開元二十四年歲次景子十月丁未朔五日辛亥樹刻工畢
僧惠琛等勸之在銘紀於來代

山左金石志云碑記神寶寺所起先有沙門諱明以正光元年象運仲秋立此伽藍以靜爲號大唐御宇以寺北有寶山東有神谷因改爲神寶寺案史記斗爲帝車運于中央所謂象運即斗運也

按此碑八分書又二十一行前後題名年月三行在靈巖寺

山後碧靈岩志不載此碑兹得善拓本錄全文於右

唐天寶元年靈巖寺碑 文見藝文

山左金石志云石碑見趙明誠金石録云唐靈巖寺頌天寶元年李邕撰并行書未詳所在國朝徐壇長集云李北海書靈巖寺碑在長清縣長白山寺中尚完好實刻類編亦載是刻下注齊字蓋此碑在長清本寺也元至山左訪求未得嗣見趙晉齋魏所藏舊本𥙿力雄偉爲北海得意書惜下截已闕兹仍標册錄之

唐長慶元年靈巖寺功德龕佛座題字

一題李澧王洲長慶元年四月八日記之

一題長慶二年十二月八日魏龍寺僧神祐義新法從表偉同

來神祐者內黃人也姓劉氏

按此二刻並正書前題七行後題十二行皆左讀

唐大中八年牟璫證明功德記

修方山證明功德記鄉貢進士牟璫撰

此山前面有石龕龕有石像從彌勒佛并侍衛菩薩至神獸計九軀案寺記云唐初有一童兒名善子十歲已下自相魏聞家於此山捨身未及半五雲對之西去乃鑿此山成龕立像旌之會昌五年毀天下有額佛寺五千餘所蘭若三萬餘所復僧尼二十六萬七百餘人此龕佛像微殘大中五年奉旨許於舊蹤再啟精舍寺主聞於州縣起立此寺有杭州鹽官縣人僧了儒俗姓董氏不遠江湖訪尋名跡至六年五月七日得度金柔獲

鐫方山證明功德施主二百餘人一鐫姓名於左其山龕在寺之艮直上可四里窈眂滄溟有同蓬島龕右有泉來從細竇玉液金漿泄石盈而已大唐大中八年四月八日鐫記

山左金石志云案新唐書武宗本紀會昌五年八月壬午大毀佛寺復僧尼爲民不言毀有額寺至五千餘所蘭若至三萬餘所復僧尼至廿六萬七百餘人皆其略也大中五年奉旨許於舊雖再啟精舍亦史所未及

按此碑正書文二十七行題名三十五行在靈巖寺巢鶴巖下書者鹿繼宗鐫者李可定字多磨泐今取其可辨者節錄如右

宋景德四年靈巖寺經幢

山左金石志云右幢前刻尊勝經九行後刻清信女弟子王氏記文年月六行

宋天聖二年靈巖塔院尊勝經幢

山左金石志云右幢前刻序文次尊勝眞言後列合寺僧衆凡一百二十四人

宋至和三年靈巖寺杜堯臣詩刻

留題靈巖寺　　知鄆州軍州事杜堯臣

四絕精藍冠古今于山影裏寺難尋年來蹤跡如萍梗二得登臨恨更深

先祖侍郎天聖六年中被詔自齊移鄆路過靈巖川時以赴土有期不暇登寺遊覽乃留題於寺莊彭壽此者獲領是邑以梁

民因拜下陂恭觀手澤慮其歲久文字晦缺遂命工刊石至和三年九月一日孫通直郎守太子中舍知齊州長清縣事兼兵馬都監彭壽再拜立石

山左金石志云右刻正書前詩五行後跋八行乃天聖中杜堯臣留題靈巖寺之下院至其孫彭壽於至和中摹勒上石也

宋嘉祐元年靈巖寺郭聖澤題名

郭聖澤因設水陸到此丙申孟冬十七日題

宋嘉祐二年靈巖寺辟支塔題名

山左金石志云題名十石正書皆嘉祐二年三年閒刻所刊男女姓氏約三十八皆助錢修塔者

宋嘉祐六年靈岩寺千佛記碑 記見藝文

尙書工部郎中王逵撰賜紫沙門神俊書并題額沙門重淨建

立

宋嘉祐六年張學士留題靈岩詩刻詩見藝文

留題靈岩寺

龍圖閣直學士尙書兵部郎中充眞定府路都部署兼安撫使

知成德軍府事張掞

嘉祐六年辛丑歲七月一日齊州靈岩寺賜紫沙門重淨上石

京兆府普淨禪院賜紫僧神俊書眞定府郭慶刊字

山左金石志云碑刻于嘉祐六年時掞年六十七歲詩云再見

祇園樹流光二十年以傳證之當是明道中知萊州掖縣時曾

到此也

宋嘉祐九年張虔等蓮花洞題名

山左金石志云右題名六行正書在五峯山蓮花洞

宋熙寧三年朝賢贈行詩刻

詩送靈岩法師　安石

靈岩開闢自何年草木神奇鳥獸仙一路紫苔通窅篠千崖青靄落潺湲山祇嘯聚荒禪室象眾低催想法筵雲足莫辭重跰往東人香火有因緣

詩送靈巖法師　充

戰士長戈赴䓁原謀臣獻策廟堂閒吾師倜儻浮屠隱不事王候專經論　兩街推許住靈岩百鳥啣花侍師顏清風一振滄潮音曠劫會蒙祖師印窮秋別我欲何言珍重詳師指一彈

詩送詳禪師往靈岩　尚書司封員外郎直史館同修起居注直舍人院兼同知審官東院事蔡延慶

靈岩川上白雲深十里青松晝自陰遠寺幽徃傳已古名山勝絕冠于今羣峯環翠凝秋色危壁飛泉瀉暮音此景去爲風月主五湖應不起歸心

詩送靈岩道光大師　尚書祠部郎中新知饒州蔡冠卿

僧讀儒書舉世稀惟師精學出塵機上都香火安禪久東國林泉徇衆歸道在莫從形相索身閑都覺利名非靈岩到日秋應晚還寫新詩遍翠微

熙寧庚戌仲秋十六日

山左金石志云石碑分三列第一首欽書安石當是荆公斯時

正叅政也然詩句頗不類次首欵書充攷其時有俞充者字公達鄞人熙寧中爲都水丞或卽其人蔡延慶爲蔡齊之子宋史有傳

宋熙寧三年張學士送靈岩寺僧詩刻

詩送新靈岩寺主義公上人　龍圖閣直學士尚書工部侍郎羣牧使張掞上

峩峩日觀出雲層西麓靈庵寄佛乘金地闕人安大衆玉京選士得高僧精力斷腕羣魔伏錮軸存心與義增顧我舊山泉石美滿除諸惡賴賢能　熙寧二年己酉歳中元日

詩送勅差靈巖寺主大師詳公赴寺　朝散大夫守尚書戶部侍郎致仕張掞上

黃紙除書下九天岱宗西麓鎮金田鷲峯肅肅臻多士蘭社熙熙撫衆賢像室光華輝曉月禪心清淨擢秋蓮山泉自此增高潔雲集十方結勝緣　熙寧三年白虎守歲九月十三日

山左金石志云案宋史張掞字文裕齊州歷城人歷官戶部侍郎致仕熙寧七年卒年八十此刻第一首送義公詩在熙寧二年尚是居官時作第二首送詳公詩在熙寧三年是已致仕時作距卒時祇四年矣

宋熙寧三年靈岩寺勅牒碑

山左金石志云右碑額題勅賜十方靈岩寺碑牒文後有王韓二參政列銜以宋史宰輔表考之熙寧二年二月庚子王安石自翰林學士工部侍郎兼侍講除右諫議大夫參知政事三年

四月己卯韓絳自樞密副使除兼參知政事是年十二月兩公皆同平章事則此碑當立於四月以後十二月以前也

宋熙寧六年章驤等靈巖寺題名

秘書丞章驤著作佐郎張諤衛州判官楊子從諫院舍人鄧公察訪東川便道靈巖遇夜遂宿熙寧六年十月中休

按此刻正書五行在靈巖寺章馱殿石柱

宋熙寧八年吳公德等靈巖題名

熙寧八年十月修寺吳公德張博示劉博示楊行者任行者趙行者蔡行者記

宋元豐元年蘇子瞻黃茅岡詩刻 詩見藝文

山左金石志云案坡公此詩乃元豐元年守徐州時登雲龍山

之作並非題靈岩寺也玩其筆意不類蘇蹟大抵後人所爲寺僧不知遠以刻石

宋元豐二年蘇子由題靈岩詩刻 詩見藝文

轍昔在濟南以事至太山下過靈岩寺爲此詩寺僧不知也其後見轉運使中山鮮于公於南都公嘗作此詩并使轍書舊篇以付寺僧元豐二年正月五日題

蘇子由從事於齊日有題靈巖詩鮮于子駿後漕京東刋石頃失之妙空被命而來寺之敝陋更新盡以諸公題刻櫛比于中門兩壁恨亡蘇詩也靖康初偶得墨本於茌平李時暨家再模石空明居士跋

宋元豐三年王臨書靈岩道坊石刻

靈岩道坊飛白書四字二行字徑一尺七寸

元豐庚申尚書兵部郎中直昭文館知軍州事上柱國王臨題

筆

山左金石志云案張懷瓘十體書斷謂蔡邕待詔鴻都門見堊帚成字歸作飛白是堊帚爲飛白筆之始也唐宋諸家能飛白書者皆不言用何筆此云氊筆可補見聞未及宋史列傳王廣淵字才叔大名成安人弟臨字大觀起進士元豐初自皇城使擢爲兵部郎中直昭文館後嘗知齊州而無一語及其能書亦史文之略也

按此刻在靈岩寺西八里有坊曰靈岩勝境旁立此石乃自長清至靈岩寺道中之坊也舊作境或作場皆誤

宋元豐三年李公顏遊靈巖題記

治平中家君判官還自永嘉道過錢唐僧惠從來告曰盧舍金像成矣欲歸齊之靈巖而未有託也願附舟而北家君從之後十五年余至其寺徘徊瞻仰因識其事元豐庚申孟冬李公顏才甫題

按此刻正書七行在靈巖寺

宋元祐二年眞相院舍利塔銘

齊州長清縣眞相院釋迦舍利塔銘

翰林學士朝奉郎知制誥上騎都尉武功縣開國男食邑三百戶賜紫金魚袋蘇軾詞并書

洞庭之南有阿育王塔分葬釋迦如來舍利嘗有作大施會出

而浴之者緇素傳捧涕泣作禮有比邱竊取其三色如含桃大
如薏苡將寘之他方爲衆生福田久而不能以授白衣方子明
元豐三年軾之弟轍謫官高安子明以畀之七年軾自齊安恩
徙臨汝過而見之八年移守文登召爲尚書禮部郎過濟南長
清眞相院僧法泰方爲磚塔十有三成峻峙蟠固人天鬼神所
共瞻仰而未有以葬軾默念曰予弟所寶釋迦舍利意將止於
此耶昔予先君文安主簿贈中大夫諱洵先夫人武昌太君程
氏皆性仁行廉崇信三寶捐館之日追述遺意捨所愛作佛事
雖力有所止而志則無盡自頃憂患廢而不舉將二十年復廣
前事庶幾在此泰聞踴躍明年來請於京師探篋中得金一兩
銀六兩使歸求之衆人以具棺槨銘曰

如來法身無有邊化爲丈六示人天偉哉有形斯有年紫金光芒飛爲煙惟有堅固百億千輪王阿育願力堅役使空界鬼與仙分置眾刹奠山川棺槨十襲閟精圓神光晝夜發層巔誰其取此智且權佛身普現眾目前昏者坐受遠近遷冥行黑月隍坎泉分身來化會有緣流傳至此誰使然并包齊魯窮海壖獷悍柔弱冥愚賢願恃此福逮我先生生世世離垢纏

元祐二年八月甲辰

宣和三年十月日住持員教大師文海立石

山左金石志云右刻銘序及標題年月凡二十三行案東坡年譜及紀年錄元豐八年五月復朝奉郎知登州八月十七日得旨十月十五日到登州二十日召爲禮部員外郎其過濟南長

清眞相院年譜不載在何時而但系作塔銘於元祐元年今案碑文是二年則非元年矣据海市詩刻公自登州入都已近十月之晦過眞相院事當即在觀海市之後或者施金在元年書碑在二年也碑書於元祐二年至宣和三年始爲刻石相距已三十四年矣

宋蘇東坡眞相院施金帖刻

今正寄銀六兩助成舍利槨也卑意並是爲先人先妣追薦告煩大師惠錫於佛前燒香祝願過悚忽忽特煩以生日惠既經數香華爲壽感刻入同無以爲意青絲禪段一枚鹿茶芽五斤深送上微鮮至愧至愧軾白

東坡先生施金建塔向遺此數帖塔久未成罹正隆之季兵火

而亡其本既定復得之詢之嘗已流落數百里遇好事者識之而卒歸本院古語有謂珠無翼而飛玉無脛而走者以至寶之物不自致於人而人有以致之者也顧此寶之去來雖曰人致而暗中亦應神物護持乃如此得完山谷道人云蘇翰林書又字字可珍百餘年後想見其風流餘韻當萬金購藏耳噫嘻歲月愈遠而此愈難得寺僧其秘以什襲而長寶之異時或賢達君子勸緣募工畢此勝事者庶幾憑仗奇蹟取信後人而易爲力焉大定十八年六月晦日甲山劉貲謹題

大定十八年七月六日眞相院住持僧道逸等立石賈順摸刊

山左金石志云石刻蘇帖十行後有劉貲跋及寺僧題名二十三行

長清志云眞相院在縣治西有磚塔八盤高與石麟山齊元豐八年建

泰山志云觀劉貲跋則大定時塔猶未成也今塔不知何年所建縣志殆未檢視此碑耳

宋元祐四年卞蒙叔等靈岩寺題名

元祐己巳十月十日卞蒙叔高思道同登

邵安期劉致用元祐己巳十月三十日同登

宋元祐七年蔡安持靈岩詩刻

四絕之中劇最先山圍宮殿鏁雲烟當年鶴馭歸何處世上猶傳錫杖泉

元祐壬申十月中澣睢陽蔡安持資中題

宋紹聖五年李迪遊靈岩詩刻 詩見藝文

大丞相文定公遊靈岩詩

先丞相天聖閒嘗留詩寺壁後主僧刻石逮今歲久字畫刓缺因命工再刊于石紹聖五年三月中澣日姪曾孫新滑州白馬縣主簿李侃敬書

山左金石志云石詩正書十七行後有李侃行書跋四行案宋史列傳李迪字復古卒謚文定天聖初出知兖州青州此詩殆作於此時也

宋元符二年蔡卞書經偈石刻

覺海性澄圓 至 眞實心如是

元符二年十二月十三日莆陽蔡卞書凝寒筆凍殊不能工也

妙湛揔持不動尊至爍迦羅心無動轉

建中靖國元年冬十一月五日池陽慧日院南軒續此偈

崇寧元年十一月鄱陽齊迅施刻于靈巖寺住持傳法淨照大師賜紫仁欽立石匠人牛誠刊

山左金石志云案宋史蔡京弟卞字元度與京同登熙寧三年進士此碑前所書正官尚書左丞時後段續書已貶少府監分司池州至靈岩刻石卞已知樞密院矣

金石萃編云蔡卞所書楞嚴經偈瀏漓頓挫行法不減元章且通體完善臨池家可以摹仿也

宋崇寧五年吳拭靈岩寺詩刻

余赴治歷下謹拜香于靈岩道場靈岩固東州勝絶處余聞之

舊矣然不知與武夷昇眞洞天相若也余旣幸供佛飯僧又經行宴坐之地了了然如家山閒住山仁欽師初不與余接問之蓋鄉人也因作三小詩以誌其事

丹崖翠壁一重重香火因緣古寺鐘若有金龍隨玉簡武夷溪上幔亭峯　一麾邂逅得東秦憶別家山六度春何意眼前毛竹洞主人仍是故鄉人　大士分身石罅開輕烟微雨證明臺洒然一覺鄉關夢換骨崖高好在哉

崇寧五年丙戌夏四月甲戌建安吳栻傾道題

山左金石志云右詩序年月正書凡十六行筆法秀勁鋒潁如新

宋大觀二年靈岩寺崇興橋記碑

河陽郭思撰濟南王高篆升卿書丹釋仁欽立石

宋大觀三年李導等靈岩觀音洞題名

甘陵皇沂同李導陟此峯遊於是洞時大觀三年記

宋大觀四年靈岩寺僧仁欽五哲頌碑

住靈岩釋仁欽述當寺比邱海補立石侍者道巖書

山左金石志云右碑正書文十二行皆釋氏常談無足錄也

宋政和元年曹夫人遊靈岩題記

大寍夫人韓氏朝拜東嶽同遊靈岩觀音道場四絶之所崇峯列翠宛若屏圍而扎主峯峡然五里之聳而肩有殿號曰證明謂其如來化跡祈應如響於是發精確志不懼巇嶮乘輿而步其上仰瞻紺像欣敬不已及觀巖麓木怪石奇景與世别眺寓

移時頓忘塵慮若非聖力所加從心之年焉能至此於內自省尤爲之幸仍知名山勝槩傳不誣矣時政和改元季春念五日孫男左侍禁曹洙三班奉職深右班殿直溼侍行使女意奴孫倩奴喬等從行洙奉命題記嵓石徐儀刊

山左金石志云右刻正書十三行夫人爲曹洙等祖母洙兄弟皆官居右階宋史無傳可攷

宋政和元年靈岩寺僧淨照誠小師語石刻

物外翛然獲自由慇懃諸子送佗州白雲蹔駐無方所明月相隨到處優巖谷乍拖終勿思林泉幽景豈迴眸吾今此去聊相別汝且和光混衆流　齊郡東禪小軒書付誠小師

宋政和三年靈巖寺巢鶴岩題名

杜絢裴彥同劉永施經仲壽沈邦傑僧處先智思登證明同愒
道旁政和癸巳季秋十九日拜傑書
宣和二年三月十九日稅尸孫東元題
山左金石志云右題名八種有紀年者惟政和癸巳及宣和二
年兩種耳
按此二種外又有東平宋安中同張遠來游覽山景季春下
旬一種大名牛元直張應之庚子同登一種潁州虢琮遊一
種博州高唐劉生同妻索氏遊頂迴一種江南歙州程及安
固李一種前守棣州䣢次蔡禮題一種共八種
宋政和三年真相院重修法堂等功德記碑
王宿撰文知事僧維深等立石徐儀刊

宋政和五年趙子明靈岩謝雨記

政和乙未經春不雨百姓咨嗟思欲禱于法定聖像誠心一啟甘澤隨降遂涓吉辰詣靈光致謝因覽諸泉經日而還向子千涓同至　縣令趙子明孟夏廿一日監寺僧昭戒立石

宋政和六年李堯文遊靈岩題記

山陽李堯文自汝以事至東武由奉高祠嶽過靈岩瞻禮觀音像登證明龕盡得遊覽之勝政和六年閏正月十九日

宋政和七年張勱靈岩寺題記

觀音道場靈岩山觀音菩薩昔所化現政和歲在丁酉首春甲午朝請大夫先右文殿修撰具樂張勱來守濟南爲題峯著名以彰其實

宋政和七年崔大防等靈岩觀音洞題名

博州崔大防周君度同登證明仙洞時政和丁酉歲三月十四日題

宋政和七年楊昇等靈岩觀音洞題名

博州楊昇同楊善到此政和七年

汶陽梁西均挈家同遊適潘女倍通侍行政和丁酉孟夏旦

宋政和八年王喚靈岩飯僧題記

王喚被旨特許因職事到濟南營治亡妣襄事小祥前八日恭詣靈岩道場禮觀世音預設僧供請如老陞座飯畢出山劉材韓洵王元夏侯不羣同行政和八年六月廿有七日

宋宣和元年何亭王等靈岩寺題名

何亭玉唐儀來遊宣和元年三月廿五日

宋宣和四年李唐臣等靈岩觀音洞題名

清平李唐臣范庭珪鄭伯温王秀姬田汝霖遊此宣和四年四月三日

宋宣和五年朱道濟遊靈岩詩刻

二年催遣向東州見盡東州水石幽不把尋常費心眼靈岩消得少遲留　東州山水亦堪遊及至靈岩分外幽會有定師能指示直須行到寶峯頭

宣和五年二月初九日朱道濟偶書呈仰公妙空禪師

法定禪師乃觀音化身初居靈岩神寶峯作釋迦石像良有深旨

宋宣和五年靈岩寺海會塔記刻

監寺比邱祖英謹題

山左金石志云右刻正書二十八行僧祖英撰書書體圓勁絕似景龍觀銘

宋宣和六年靈岩寺施五百羅漢記刻

奉議郎賜緋魚袋宋齊古謹施承節郎張克古書住持妙空大師淨如上石

宋宣和七年王淵等靈岩寺題名

方渠王淵幾道緣職事訪如師和尚遍觀靈岩聖跡當日迴歷下宣和乙巳六月十二日書

宋靖康二年靈岩功德題名

長清宰趙邦美子相拉楊叔應李充道同遊金僊靖康丁未正月廿二日禮同恭拜

宋靈岩寺覿公傳磨崖

戊子秋七月念七日僧曉如書傳

宋孝經碑

通志云在長清縣雞冠屯宋時御製孝經碑相傳爲焦孝女設也

宋遲賢亭石刻

長清志云宋靳八公遇呂純陽留仙筆十字辨之乃號晄歸別處結綵便飛雲二語土人刻諸石

靈岩志云靳莊遲賢亭世傳爲宋時仙人靳八公故里八公仙

去遺有號咷歸別去幾綵變飛雲十字後題乙丑年三月二十八日熙慶留題十三字蓋元初以甲子紀年熙慶者蔪之名道家解作二十字曰天地道於斯無爲可是虛鉛汞三味藥造化并元機咸謂純陽所書明成化丙申邑侯朱公義移嵌於遲賢亭照壁間

按二說不同未知孰是姑兩存之

金皇統二年妙空禪師塔銘

妙空名淨如自號方山老拙

金皇統二年定光禪師塔銘

濮陽李曾撰文濟南高鯉書丹大理寺丞韓溢篆額

金皇統三年妙空長老自題像贊石刻

·拙頌奉別知事頭首兼雲堂諸禪眾佳山淨如拜呈

七年林下冷相依自愧鉛刀利用微聚散莫云千里遠輪天一

月共同暉

慈雲記寫予真求讚漫書此以塞來意

眉不修踈頭突兀鼻壘垂兮頷無骨長憐百醜兼凡訥慈禪慈

禪不我拙名兮邈兮水裹月

宣和五年八月初三日方山老拙書

皇統三年中秋日監寺僧義由謹記

按此刻詩讚正書十一行跋三行在靈岩寺

金皇統六年靈岩寺傅大士梵相十勸石刻

婺州雙林傅大士十勸并梵像沙門法雲募工刻石普請僧義

由書洛陽雍簡畫曾人胡宧鐫

金皇統七年任瀛靈岩寺詩刻

濟南府推任公詩

詩呈堂頭雲禪師　瀛上

放開塵眼頓超凡便覺棲眞悟渺瀰碧障排空千仞矗清泉漱

頰十分甘五花殿裏師因果百法堂中問指南若道爲官太拘

束三年三得到精藍

皇統丁卯三月二十八日監寺比邱子方上石堯人胡宧刋

金皇統七年靈岩寺面壁像記

建中靖國元年九月十八日居士陳師道撰

皇統七年歲次丁卯十二月晦日靈岩寺沙門法雲募工重立

石山門維那僧宗安書

金皇統七年靈岩寺觀音聖跡象并序刻

沙門法雲募工立石洛陽雍簡書僧人胡宓刊

金皇統八年康淵靈岩寺詩刻

武安康淵贈靈岩西堂堅公禪師

縈迴綠水遶春山蝶舞鶯啼白晝閑誰似西堂知解脫不教憂
色到朱顏

伏覩甲兄都運觀察贈西堂禪師佳什言超物外奇逸清高如
閑淡烟雲縈巖映岫自生光彩耳謹命工刊諸琬玉用久其傳
皇統戊辰歲五月初十日住持僧法雲立石

山左金石志云右詩刻正書七行跋四行此詩殊有風致中州

集未之收也寂照禪師塔銘亦稱運使康公則淵嘗爲轉運使矣甲兄或以甲乙爲行次之稱耳

金皇統九年靈岩寺寶公開堂疏碑

濟南府今請靈巖禪寺寶公長老開堂演法爲國焚修祝延聖壽者

竊以丈室駐錫便知祖道之興諸天雨花喜遇禪林之伯判殺訛之公案舉最上之因緣不有能仁難安勝境伏惟寶公堂頭和尚早具鍛金之爐鞴妙傳出世之津梁枯木寒灰寞坐於千峯影裏騰蛟起鳳進步於百尺竿頭茲緣緇素之依歸有請省延而允可唱少林之曲調踞靈巖之道場信堂堂龍象之姿赴肅肅人天之會白雲堆裏不妨依舊經行碧眼胡邊無惜斬新

拈出永洪睿筭廣震潮音謹疏

皇統九年八月日疏　承事郎濟南府推官權判官李德恭

府判官　宣威將軍濟南府少尹完顏沒艮虎　安遠大將軍

同知濟南尹事南陽縣開國伯食邑七百戶韓爲股　特進行

濟南府尹上柱國莘國公完顏篤化叔　徵事郎濟南府錄事

夏緯書　山門監寺僧宗安立石

金皇統九年寂照禪師塔銘

正觀撰文義詔篆額

山左金石志云文稱轉運使康公允爲知遇即指康淵也

金天德三年靈岩山塲界至圖刻

寺僧裕顯記

金正隆元年張汝爲靈岩寺題記

余素好林泉之清勝久聞靈岩名山迺自昔祖師之道場也所慊塵緣袞袞未獲遊覽比雖守官汶上鄰封咫尺亦無由一到茲因被檄賞勞徐宿邳州屯守軍兵還登岱宗故不憚迂遠行役之勞惠然而來周覽上方勝槩峯巒峭拔殿閣壯古森天喬木是處流泉憩於秀嵓絶景之亭凊風時至了不知暑惟聞啼鳥之聲幽邃清奇迥出囂凡信四絶之一也頓息塵慮以適平昔景仰之意時攜家偕遊正隆丙子歲仲夏初七日同知東平總尹遼陽張汝爲仲宣題監寺沙門法告立石東平張誠刊

山左金石志云石刻正書十八行立石姓名二行案金史張浩傳子名汝爲浩籍遼陽渤海故汝爲單舉其郡名也汝爲歷官

史書不載惟中州集稱爲河北東路轉運使未知其先曾官同知東平總尹矣武虛谷云地理志東平府以府尹兼總管此結銜稱總尹者殆并二官名爲一歟

金正隆元年釋迦宗派圖刻

西京嵩嶽少室山少林禪寺洒掃比邱惠初宣和二年九月晦編集　正隆元年八月旦日濟南府長清縣十方靈岩禪寺沙門法琛立石

金正隆二年劉德亨靈巖寺題名

北安劉德亨安禮攜家之泗水住飯僧於此正隆二年三月十有七日

金大定二年清涼院敕牒碑

濟南府長清縣陰河行店西清涼院僧惠照狀告奉勅賜清涼院准勅故牒

金大定十四年寶公禪師塔銘

相州林慮縣仙岩梅軒居士翟炳撰文忠顯校尉眞定府醋同監閻崧書丹

山左金石志云右刻正書文二十六行案百官志稅醋使司視課多寡槩依酒課不及二萬貫爲院務設都監同監各一員此稱醋同監卽是職也

金大定十八年釋惠才靈岩寺詩刻

方山野人因樂道自興作山居吟示諸禪者當山監寺首座焚香禮求上石余不能伏筆靈岩方丈惠才書

山僧樂道無拘束破衣壞衲臨溪谷或歌或詠任情足僻愛林
泉伴麋鹿水冷冷兮寒漱玉風清清兮動疎竹閑身悅唱無生
曲石鼎微烟香馥郁幽居免被繁華逐贏得蕭條與林麓大道
無涯光溢目大用無私鬼神伏知音與我同相續免落塵寰受
榮辱浮生夢覺黃粱熟何得驅驅重名祿
大定十八年六月旦日當山監寺僧祖童首座僧宗元立石
山左金石志云右詩刻正書凡十二行惠才書體全學山谷者
八詩格亦朴勁中州集未採

金大定二十二年楊野靈岩寺詩刻詩見藝文

僕於皇統五年歲次乙丑春自任城往歷下訪表弟子司戶叔
和由泰安宿靈岩倒指近四十載矣今備員濟南於大定二十

二年壬寅秋因捕蝗與省部委差暨長清丞復宿是藍因成拙
詩三十韻以紀其歲月景物云耳信筆而成殊愧不工中憲大
夫充濟南府判官上騎都尉楊野
大定癸卯孟秋上旬三日記當山住持沙門浦滌立石

金大定二十三年靈巖寺滌公開堂疏碑

左平章政事今請滌公長老住持濟南府十方靈岩禪寺為國
焚修開堂演法祝延聖壽者
竊㠯達摩不西來孰能薦祖盧公旣南度始見分枝雖無毫髮
示人要在承風取證例開布施各踞名坊厥有濟南靈巖佛寺
利洽鄒齊襟吞兗魯二百年叢林浩浩三千里香火幢幢飛閣
蓮宮粹容金界不期偉匠焉振宏綱伏惟滌公長老守文三代

接武國禪應歷下之機緣續方山之勝蹟遂使白蓮眞蹟無根
而鬱鬱騰芳青社餘光不鏡而綿綿照世正好高提祖印獨步
大方祝吾皇萬載之昌圖繼古佛一乘之慧壽謹疏
大定二十三年九月日疏金紫光祿大夫平章政事宗國公蒲
察通山門知客僧宗秀道璘立石
山左金石志云右碑正書文及年月銜名十三行案金史世宗
紀大定二十一年三月尚書左丞蒲察通爲平章政事二十三
年十一月丙寅平章政事蒲察通罷據此疏左平章政事即左
丞也通居此官爲宰相之貳故當時亦云左平章政事矣通封
宗國後避睿宗諱易封任國史本此書之耳
金明昌五年王珩路伯達靈巖詩刻

遶接請靈巖名剎禮佛焚香憩坐於超然亭覽堂頭琛公佳製謾繼嚴韻　山東提刑王珩

鍾山英秀草堂靈林下相逢話愈清聞道謀身宜勇退得閑何必待功成

明昌五年十月十五日寺僧沙門廣琛立石

琛公堂頭和尚有題超然亭頌因次其韻　冀州節度使路伯達

六合空明現此亭本來無垢物華清客來便與圜欒坐萬偈何妨信手成

明昌五年二月十五日沙門廣琛立石濟南梁宗誠同李堅摸刊

山左金石志云右刻王詩九行路詩七行前後立石姓名各二行案地理志山東東西路提刑司此王珩結銜稱東路提刑卽巡按濟南諸屬也冀州節使天會七年置安武軍節度是也路伯達字仲顯冀州人正隆五年進士詩爲遺山所採

金明昌六年靈寺田園記碑

鄉貢進士周馳撰秘書丞趙渢書翰林學士党懷英篆額

明昌六年十月二十有三日記當山住持傳法嗣祖沙門廣琛立石

按此刻正書文十八行前後題名年月八行碑陰有界至圖

本記十九行周馳字仲才事詳人物

金明昌七年靈巖寺記碑記見藝文

翰林學士党懷英撰并書篆額

碑陰　遊靈巖詩

天下三巖自古傳靈巖的是梵王天羣峯環寺連叢柏雙鶴樓

坐湧二泉此日登臨驚絕景當年經構仰良緣停雲為憶參林

子好伴眞遊社白蓮

丙辰冬至日蓬山劉悳淵識監寺淨善等謹命工刊

冠氏帥趙侯濟河帥劉侯率將佐來遊好問與焉丙申三月廿

五日題

山左金石志云右碑正書文及題銜年月凡十九行碑陰兩段

一正書十行一行書五行丙辰當是蒙古憲宗時也遺山手跡

世不多見書字勁逸不失古法趙侯名天錫字受之冠氏人為

東平左副元帥遺山嘗客冠氏宜其有此勝遊耳

元定宗二年五峯山崔眞靜先生傳碑

清亭杜仁傑撰孟津高翻書并篆額奉高王天定摹丁未上元日門人岱宗張志偉同山主王志深斡緣宣差東平路行軍鎮撫軍民都彈壓權府事李順立石

山左金石志云右碑八分書文十九行碑刻於丁未上元爲定宗二年距眞靜之化已二十七年矣

元五峯山崔先生像贊石刻

虛靜眞人　錦川散人洸士元子政暮年書

其神瑩然如秋江之水其形枵然如槁木之枝其韻翛然如鸞海之鶴其光煜然如商嶺之芝此所以禮法不能縛富貴無所

旋百爲元門中之大宗師也耶　神州劉祁
道一裂莽橫潰各爲家自分派公頓出理崩壞爲無爲戒當戒
握天地納沙界壹死生齊內外道然去還大由拾塵餘後昆頼
嗟晚生空撫膺不得親聆謦欬徒仰之增永慨垂萬古不朽在
清亭杜仁傑
按此刻劉祁小篆杜仁傑八分書劉祁字京叔太學生有文
名作歸潛志詳人物
元定宗三年五峯山重修洞眞觀記碑
元好問撰王萬慶書孔元措篆額
山左金石志云史稱好問爲文有繩尺備衆體今觀此碑平衍
無出色處或托名爲之

元五峯山洞眞觀公據碑

山左金石志云東平府給公據及觀基四至年月正書十八行前後鈐印三俱蒙古篆文方徑二寸但稱己酉不紀年號當在定宗之後

元定宗三年五峯山海衆姓氏圖刻

戊申歲紀海衆信士姓氏之圖

按此刻自重陽懸化妙行天尊王嚞以下四層上層二十一行二層二十行三層二十六行四層三十行皆道流與信士題名

元至元四年洞眞觀主者王氏葬親碑

杜仁傑撰文王伯善題額張志韓書丹

山左金石志云右碑正書文十八行末題大朝至元四年重五日以文證之當是世祖至元四年其時未定國號故猶稱大朝也

元至元四年重修樂育堂記碑 記見藝文

至元戊寅三月既望承事郎前翰林國史院編修官成鼎記奎章閣前鑒書博士兼經筵講官江南行臺御史王楚鼇書前平江路同知總管府事汝寧知府蘇仲傑篆額

至元四年歲次戊寅五月日縣尹高伯溫等立

按此碑正書文十五行前後題名年月十三行在縣學內

元至元十年洞眞觀寧眞子墓碣

按此刻正書文二十二行在五峯山上

元至元十六年故宣差千戶保靖軍節度使李侯神道碑

里人杜仁傑撰文

按李侯名順字服之世爲長清亂灘里人事詳人物

元至元十九年靈岩寺福公禪師塔銘

沙門淨肅述正閑書

元至元二十二年靈岩寺新公禪師塔銘

進士雷復亨撰山東東西道提刑按察使漆水耶律希逸書丹

并篆額

山左金石志云希逸元史有傳稱其官淮東宣慰使不載山東

提刑按察使是其略也

元至元二十三年重修廟學記碑 記見藝文

少中大夫山東東西道提刑按察使武威胡祗遹譔并書太子
左諭德李謙題額

至元二十三年歲在丙戌五月既望立石作頭孫澤同呂彬刊

按此碑正書文十一行題名年月六行碑陰有教諭張鵬記

在縣學內

元至元三十年靈岩寺蕭公禪師道行碑

住持林泉老衲從倫撰并書丹篆額

元至元三十一年靈岩寺廣公提點壽碑

棣州教授南宮左思忠撰住持覺達書丹并題額

山左金石志云右碑正書文二十五行案碑云廣公前往杭州
南山普寧寺印經一大藏攷杭州西湖志普寧寺在雷峯塔下

以此碑證之則至元末年尚有藏經板可印其事之盛可知然
普寧印經事僅見於此可爲武林梵刹增一掌故也

元元貞元年重修樂育堂記碑記見藝文

至元丁丑三月丙申翰林待制奉訓大夫汲郡王惲記國子祭
酒楊文郁篆額前廣西海北道肅政廉訪司經歷張繪書丹長
清教諭東平陳文彥歛袵跋
元貞元年閏四月望日立石
按此刻正書文十二行跋五行前後題名年月六行在縣學
內

元元貞二年五峯山普光大師墓誌

萊陽道人撰并書羽士曹君揖篆額

元大德五年靈岩寺達公禪師道行碑

廣平路永年縣主簿南宫左思忠撰本寺正聞書

元大德五年學田記碑記見藝文

閩海道肅政廉訪使趙文昌撰文

元大德十年靈岩寺下院聖旨碑

書記思圓書監寺思川等立清亭方茂典刊

山左金石志云石碑正書十五行月日中間有蒙古篆文印下有三押字

元皇慶二年靈岩寺海公道行碑

觀物道人懌齋孫榮孠撰桂菴覺達書丹并篆額

元皇慶二年靈岩寺山門五莊記刻

桂菴野衲覺達記首座思教等立石錦川夏中興門人王庭玉
刋

元延祐元年靈岩寺就公禪師道行碑
沙門覺達撰并書丹

元延祐元年靈岩寺舉公提點壽塔碑
圓明廣照大師智舉字彥高小師于津等同立石

元延祐二年靈岩寺執照碑
山左金石志云石碑正書文二十六行年月一行上有鈐印一
蒙古篆文此碑因朝廷開煉長清銀洞侵及靈岩寺山場請官
給照勒石以垂永久也

元延祐三年五峯山松巖純眞子墓碣銘

李世傑撰蔡祐書并篆額

元至治二年靈岩寺講容公長老住持疏碑

山左金石志云右碑正書文十七行

元泰定元年加號孔子制詞記碑記見藝文

奉訓大夫武昌路總管府判官張繪書朝列大夫前僉福建閩海道提刑按察司事杜質篆額壻李昌遐代從事郎曹州知事耿樞謹述

按此刻正書文十九行前後題名年月七行在縣學內

元泰定三年靈岩寺壽公施財修寺記刻

山左金石志云此碑右半嵌入寺壁拓本正書十一行未全

元泰定五年何約張鵬霄靈岩詩刻

天下名藍稱四絶方山雄與岱宗連古淵堂上凭欄處似在棲霞太華邊

泰定五年正月下旬日中憲大夫前山東東西道肅政廉訪副使河東何約留題承直郎前江東等道肅政廉訪司經歷張鵬霄同來留題

靈巖古佛利雄映泰山巔環抱嵐光裏沈滴月照邊禪房森木蔭梵宇衆星聯一到絶塵俗幽棲信有緣

當山住持沙門古淵提點思讓監寺思川同立石書記恒尋書

李克堅刊

元致和元年靈巖寺塑像題名碑

沙門智久謹誌

元天歷二年靈巖寺舉公勲績施財碑

古淵野衲智久記濟寧李克堅刊

元至順元年靈巖寺執照碑

山左金石志云右碑額題泰安州申准執照之碑上層延祐五年三月執照十九行年月上鈐蒙古印文下有二押中層至順元年十一月執照十六行印押同前下層至順元年十二月執照二十五行亦有印押碑側國書一行無譯文

元至順二年靈巖寺泉公首座壽塔碑

住持智久撰書記海昌書

元至順二年靈巖寺亨公壽塔記

住持智久撰小師惟通惟中等立

元至順二年靈岩寺慧公禪師壽塔銘

嵩山法王禪寺西堂無菴長老覺亮撰書記恒勇書

元後至元二年靈岩寺舉公提點塔銘

沙門古淵撰定巖書

元靈岩寺國師法旨碑

山左金石志云右碑上層法旨梵書十二列下層譯文正書二十五行按聶鈫泰山道里記稱靈巖寺千佛殿前後壁勒宋元明碑有元蛇兒年國師法旨碑蒙古字今驗此碑是西僧梵書非蒙古字以無年月可系姑附舉公塔銘之後

元後至元四年靈岩寺容公禪師塔銘

釋德慧撰

元後至元四年靈巖寺撣公塔記

山左金石志云石碑祇存上截正書文二十三行撰書姓名皆缺

元至正元年靈巖寺剏建龍藏殿記

侍御史燕南河北道肅政廉訪使張起巖撰并篆額額北等處行中書省叅知政事張蒙古台書

元至正元年靈巖寺讓公禪師道行碑

日本國山陰道但州正法禪師住持沙門印元撰并書中奉大夫圓照普門光顯大禪師谿吉祥篆額

山左金石志云中奉大夫乃文散官從二品階僧職之有官階者僅見於此

元至正元年靈巖寺提點貞公塔銘

沙門定巖撰福廣野雲書并篆額

元至正四年文書訥書大靈岩寺額碑

大靈岩寺 正書字徑一尺八寸

奉直大夫山東東西道肅政廉訪副使文書訥雙泉書

至正四年四月十有九日立

山左金石志云按文書訥史志皆不詳其人筆法整嚴神采秀勁元碑之完善者

元至正十一年靈岩寺慧公道行碑

釋法禎撰思鑒書丹題額

元至正十六年靈岩寺詩刻五種

中統二年六月旦日重遊方山　少林復菴圓照敬題

再到靈岩古道場儼然喬木蔽雲房十分山色四時好一味松風六月涼老樹挂藤侵石壁落花隨水入池塘主人乞與禪床臥夢裏似聞天上香

復菴老衲遊山漫興謹賦拙偈至元十八年清明后十日題

年來乘興一閑遊直擬尋山山盡頭之字水從斜磵出羊腸路到斷崖休古藤依倚巖前樹老木侵欹澗下流啼鳥催歸日將暮林陰樸翠濕衣裘

至元三十一年孟冬下旬有三日當山傳法住持法姪桂菴野衲覺達立石　錦川夏中興刋　元好問遊

鄙語寄贈讓公長老大禪師方丈之下發別後之一粲

峥嶸樓閣翼飛騫勝槩傳誇衆口喧泉味溢甘雙鶴瑞山形呈
秀二龍蜿上方境界埃塵遠絶景亭臺竹樹蕃鐵作袈裟澤有
義後人于此要淵原　處約張淑拜手書
至順癸酉仲春末旬七日當山住持傳法嗣祖沙門義讓提點
思川監寺子貞立

絶頂松風灑醉顔潘輿鶴髮憶平安十年留得題名在淚濕秋
雲不忍看
復游于寺至元廿四年冬至二日文昌墮淚書
予愛是詩故錄於此息菴上石

至正癸巳二月吉日夢遊山寺是歲七月到任九月勸農至此
恍然如夢中所見因賦鄙語錄呈靈岩方丈　前進士柴金山

張自明題

清亭忝民牧條爾兩月餘懇惻理辭訟倉皇行簡書深秋勤農
事東馳岱宗途有山忽北轉宛然梵王居雲蘿隔煙樹經閣森
浮圖林巒類拱抱澗壑如交趨松風振巖谷石泉滴庖廚哨壁
龍蛇窟懸崖虎豹區野猿啼町疃海鶴舞庭除僧閑看貝葉客
至覓新蔬勝景躋壽域禪房列周廬山前回首望一夢恍相符

至正十五年正旦當山住持嗣祖沙門雲泉野衲謹書立石

至正乙未秋九月因公過山東遊靈岩禪寺

秋晚登臨上岱宗扶筇來此謁崆峒閑雨送雲過深澗老鶴將
雛度遠空白石清泉心未了黃花紅葉思無窮攜書歸隱知何
日坐想青山入夢中

泉城文庫

靈岩山房尋同年長清縣尹張君德昭不遇

慈恩塔上題名後京國分攜十四年夢想故人詩句裏坐看黄菊酒杯邊停雲藹藹秋容澹落葉瀟瀟客恨偏獨倚禪房重搔首又鞭歸騎過前川

丙申春三月海嶽降御香回重遊靈巖次趙明叔詩韻

石徑穿雲雨意涼乘軺曾過老僧房門前古柏凝新翠巖畔幽花散異香鶴舞雙泉春水綠龍歸深洞暮山蒼禪心久矣無拘礙笑我狂遊去遠方

前進士應奉翰林文字承事郎同知制誥兼國史院編修官傅亨題時弟益男文炳侍行云

宿靈岩寺

一楊借禪房窗虛風露凉詩魔催夢醒王事促行忙人閙東西
戶僧歸上下方山中無刻漏倍覺此宵長
翰林李傑書　當山住持妙恭立石
明正統五年靈巖寺重建五花殿記碑
山東提刑按察副使臨川王裕撰山東都指揮僉事雲中李進
書翰林院修譔東魯許彬篆
明正統十年頒賜靈巖寺藏經諭碑
皇帝聖旨朕體天地保民之心恭成皇曾祖考之志刊印大藏
經典頒賜天下用廣流傳兹以一藏安置山東濟南府長淸縣
靈巖禪寺永充供養聽所在僧官僧徒看誦讚揚上爲國家祝
釐下與生民祈福務須敬奉守護不許縱容閒雜之人私借觀

玩輕慢褻瀆致有損壞遺失敢有違者必究治之諭
正統十年二月十五日

明成化十八年朱文公像贊石刻

文公自題畫像曰從容乎禮法之場沈潛乎仁義之府是予葢將有意焉而力莫能與也佩先師之格言奉前烈之遺矩惟闇然而自修或庶幾乎斯語

趙氏汝勝讚曰理明義精德盛仁熟折衷羣言如射中鵠絕學梯航斯文菽粟在慶元閒中行獨復

臨川吳澄讚曰義理元微蠶絲牛毛心胷開豁海濶天高豪傑之才聖賢之學景星慶雲泰山喬嶽

予在學時嘗覽閱小學一書見朱文公先生小像容貌奇異眉

目烱秀右目下黑點有七鬚稀而美耳竅生毫冠用緇布衣裳以皂緣之緇帶方屨想當時燕居之際端拱而坐望之嚴毅就之温煦先生道德之容考之年譜與家廟中所藏六十一歲時之眞圖也恨無印傳成化十一年秋予守衛時剏塑聖賢肖像移修尊經閣號房畢乃於閣後起數教堂三楹內繪摹先生之眞并道派出處讚辭共爲一圖鋟梓印行後人得而觀之亦可以想見先生之氣象於當時而垂眞於悠久學宮教官生徒朝視而夕觀之不無啟高山仰止景行行止之念其可忽諸時成化十八年歲次壬寅秋七月吉日賜進士亞中大夫山東布政司左參政文安邢表重刊

明宏治三年靈巖寺詩刻

山東按察副使涇陽趙鶴齡題

明宏治十年重修廟學記碑 記見藝文

四川道監察御史邑人王温撰文戶部河南司郎中王佐篆額

戶部江西司主事趙亮采書丹

宏治歲次丁巳八月之吉立石

按此刻正書文十九行前後題名五行在縣學內

明正德十六年靈巖寺詩刻

曾藩宏菴次王都憲前韻

明隆慶四年張元忭等靈巖題記

江陰黄道山陰張元忭自濟寍登陸之曲阜薦溪毛於孔林酹

清泉於顏巷乃涉洙泗登泰山排御帳叩天門振衣絕頂慨海

日之雲迷慨秦碑之沓沒徘徊四望乾坤何小已而下循山麓
踰長城嶺遊于靈巖探白雲之洞窮証明之龕觀覽既周幽懷
交暢黃子南旋張子北上臨歧書此以記勝遊時隆慶庚午三
月三十日
予於辛未冬遊靈巖至古佛堂見壁間有黃張二公筆跡揮毫
鋒利詞意清婉雖未覿其面亦可想其人也吾恐歲久壁壞字
畫湮沈因與如泉舒菴一修援筆志諸石以圖不朽倘有後會
亦得章本於此云十月望日錦川郡東山張繼業同表兄東溪
上人立石
明隆慶五年東遊記刻
山東左布政使臨海王宗沐撰

明隆慶六年靈巖寺詩刻

天馬衡寒登岱嶽祇承遺命謁方山諸天森列嵯峩上一逕岧嶢蒼翠開巖聳證明開寶鏡祠崇后土握塵寰東來不爲探奇槩願叶熊羆一解顏

隆慶壬申人日燕人樊克己題九月吉住持照普立石

明萬歷二年陰河清涼寺重修伽藍殿記碑

通明山人張永清撰泉陽司旅書丹

明萬歷五年遊靈巖記刻

大常寺少卿王世懋撰文

明萬歷九年重修勅賜清涼院記碑

戒珠寺住持襲祖沙門犁邱野老諄一菴撰并書

明萬歷十二年禮部尚書武英殿大學士殷公神道碑銘

吏部尚書潁陽許國撰同邑羅文瑞書

明萬歷十八年靈巖寺重修千佛殿記碑

傅光宅撰潘子雲書

明萬歷二十三年新立學田記碑 記見藝文

奉議大夫左春坊掌坊事左庶子兼侍讀温陵李廷機撰文中順大夫衛輝府知府邑人曹鉷書丹歸德府知府邑人董瀾篆額

萬歷乙未仲秋穀旦儒學教諭温陵林雨化等立石

按此刻正書文十三行前後題名年月五行在縣學內

明天啟六年重修清涼院記碑

耿濟郡增廣生員桂伯楊扶世撰

國朝順治七年重修五峯山記碑 記見藝文

前進士禮部觀政李雨霑撰文

順治十三年五峯山創建一天門迎恩閣記碑

朱廷升撰文

康熙二十六年于德含先生墓誌銘

武定鄰園李之芳撰文

康熙二十九年重修大覺寺記碑

禮部侍郎長洲韓菼撰文

康熙三十三年佛公井記碑

邑人夏文選等公立

乾隆四十二年重修廣濟橋記碑
邑廩生李其楹撰文
乾隆五十九年靈巖寺題名
乾隆甲寅仲冬侍家嚴至此觀諸石刻乙卯季春命段生松苓
手搨以歸學使詹事阮元題
嘉慶三年大學士劉石庵書心經石刻
戊午夏五月曹縣壩工爲潘亭書
嘉慶十六年重修張夏普濟橋記碑
內閣中書晉陵李錦撰文
道光七年重修聖濟橋記碑
知縣靖安舒化民撰文

道光十一年創修北普濟橋記碑

邑舉人任躋華撰文

道光十四年尙高屯新築障沙隄記碑

知縣舒化民撰文

陵縣

漢東方先生畫贊碑贊記並見藝文

漢太中大夫東方先生畫贊并序

晉夏侯湛撰　唐平原太守顏眞卿書

東方先生畫贊碑陰記

唐平原太守瑯邪顏眞卿撰并書及題額

天寶十三載季冬辛卯朔建

山左金石志云右畫贊文凡二十二行碑陽十八行碑陰四行後刻記文十四行行皆三十字徑二寸縣志載東方先生祠在神頭店卽漢之厭次縣也顏書八分惟見此額筆勢雄勁可貴錢辛楣少詹云記中采訪使東平王者安祿山也平冽李史魚

二八名見唐書祿山傳碑建于天寶十三載季冬其明年祿山亂作矣

金石萃編云此碑立于天寶十三載在祿山反之先一年正曾公陽會文士飲酒賦詩之時也而完城濬池等事亦即在此一年之內所謂祿山亦密偵之者殆即碑陰所記平冽諸人手設使此碑不書則過此一年遂不及作矣古今名蹟之傳誠有數在非偶然也畫象贊先有開元八年刺史韓思復碑自有曾公此碑而韓碑遂不復可攷

按此碑正書四面碑陽十五行碑陰十五行左側三行右側三行舊說以爲前後面各十八行誤也碑在神頭鎮後稷置縣署中

唐顏魯公畫象石刻

顏魯公奉使帖

眞卿奉命來此事期未竟止緣忠勤無有旋意然中心悵悵始終不改游于波濤宜得斯報千百年間察眞卿心者見此一事知我是行亦足達於時命耳

人心無路見時事只天知

觀此筆跡不顯歲月以事實攷之蓋使李希烈時也希烈以建中元年陷汝州盧杞建議遣公奉使至貞元元年八月丙戌公不幸遇害困躓賊庭者逾二年刃加於頸而色不變度無還期誓不易節蓋書此以自表云重既摹公之像於蒲繪而祠之又訪得此石本狀貌老矣公以乾元元年自同徙蒲至奉使時垂

三十年氣節不衰而狀貌非昔也乃刻石而寘之祠堂俾觀者有考焉靖康元年七月壬申朝散郎秘閣修撰知同州軍州事唐重書

金石文跋尾云案魯公以貞元元年乙丑爲李希烈所害時年七十六則乾元元年戊戌年止四十九故二像鬚眉不無壯老之別重字聖任眉州彭山人建炎初以天章閣直學士知京兆府與金人戰城陷死之蓋忠義得之性成宜其有慕於魯公也

按顏魯公像并奉使蔡州事本刻在同州府明人重摹刻於陵縣魯公祠內

宋徽宗賜辟廱詔書碑

皇帝賜辟廱詔 正書額二行字徑五寸

朕嘉在昔善天下之俗勸功樂事尊君親上莫不受成於學命鄉論秀比其德行而興其賢能崇德黜惡人有成材逮至後世士失所養家殊俗異未之有革惟我神考若稽先王建置學校罷黜詩賦訓釋六藝首善於京師矣朕追述先志夙興夜寐罔敢墜失思與有德有造之士共承之遂詔所司推原熙豐三舍之令播告之修誕彌率土郎國之郊作辟廱廢科舉以復里選之制非聖賢之書與元祐術學悉禁毋習乃涓日之良臨廱視學延見多士糜以好爵朕心庶幾焉傳不云乎以善養人者服天下朕之廸士至矣其丕應徯志以從上之欲則將一道德同風俗追成周之隆以駿惠我神考豈不韙歟付辟廱　四日

皇帝賜辟廱詔後序

承議郎試大司成兼侍講武騎尉保寍縣開國男食邑三百戶
賜紫金魚袋臣薛昂奉聖旨撰并書
崇寍元年上總覽庶政慨然欲大有爲將躋斯民咸底于道迺
下詔曰學校崇則德義著德義著則風俗醇其大興黌舍于天
下又詔即國近郊建置辟廱匠臣抗圖上曰古者學必祭先師
茲聚四方士多且數千宜增殿像于前徙經閣于後布講席于
四隅餘若爾規厥既得旨則經營越三年迺告成車駕幸焉祗
見夫子于大成又詔國子司業臣絪臣靜曰朕攄至懷親著翰
墨賜之璧水申勸無窮小大之臣下逮章布鼓舞頌咏咸以覩
所未嘗爲幸藏之層構勒之翠玉明年臣靜又請序其後上命
臣昂曰汝其爲之臣不獲辭乃拜手稽首言曰唐虞三代尙矣

歷世既遠教法不存然上下之庠東西之序左右之學與夫東
膠虞庠或在國或在郊又曰成均曰米廩曰瞽宗曰辟廱盖皆
設於王都者如此至於鄉遂則又各爲庠序學校嗚呼何其詳
且至也秦漢而降治失本原禮樂化微師友道喪人才卑陋有
媿成周盖無足怪於皇神考稽古御時闢太學建三舍論選有
德士變宿學而新美矣皇帝陛下祖述憲章咸在先帝收科舉
於學校推三舍於四方肇立司成專遣膚使燕見訓諭載色載
笑叡意所屬可謂至矣於是時也士患不學不患無所於學人
患不才不患無以成其才方策所傳歎不可得於今親見如出
其時豈不盛歟然昔備成於積世今掩迹於一時昔大比於王
畿今實興乎海寓非天錫聖上勇智照於理而不惑斷以義而

必行則希世墜典茲易悉舉哉臣待罪從官以總領師儒爲職誠不自揆仰聖政之丕成慶多士之幸會忘其淺陋昧冒稱述姑以塞明詔焉若夫雲漢之章河洛之畫顧豈筆舌所能形容彼目擊心諭得法象焉則無爲而成其猶天地歟臣謹序

奉議郎試辟廱司業武騎尉臣何昌言　承議郎守國子司業兼同編修國朝會要武騎尉賜緋魚袋臣强淵明　朝請郎守國子司業雲騎尉臣汪澥　奉議郎試辟廱司業臣余深　朝散郎試中書舍人雲騎尉賜紫金魚袋臣蔣靜　朝散郎試中書舍人飛騎尉賜紫金魚袋臣吳絪

司空尚書左僕射兼門下侍郎上柱國衛國公食邑六千八百戶食實封二千戶臣蔡京奉勑題額

從事郎知德州安德縣丞專切管勾學事教閱保甲權州學教
授臣葛長卿　通直郎通判德州軍州管勾學事察視保甲兼
管內勸農事借緋臣牛公達　右中散大夫知德州軍州管勾
學事兼管內勸農使上騎都尉滎陽縣開國男食邑三百戶賜
紫金魚袋臣賀宗賢奉聖旨立石　教練使臣孫延太臣耿著
摸刋
山左金石志云右碑正書上截詔書十五行下截後序及銜名
二十九行碑無立石年月攷宋史徽宗本紀崇寧三年十一月
甲戌幸太學遂幸辟廱賜國子司業吳絪等靜四品服學官推
恩有差則此碑當系之崇寧三年十一月也宋史無賜詔明文
得此可補其闕

元至元八年陵縣修署記石刻

德州修碑樓堂事記

至元五年朝命以天平軍爲十節度德其一也州之爲政者黄閻馬三侯也三侯同心政平訟理公事之外隨宜施設謂顏公字碑天下寶愛風雨剝蘚漸致殘缺乃作樓爲庇不以木以陶甓者慮非常也謂郡君之重不可無居于是營度爲德堂爲夾室爲東西嚮及廚庫之所糊以白壤甃以方甓不奢不儉者取中制也又以廊署戶口軍旅刑獄錢穀文簿咸在而茅茨披靡或有燈火之誤將如何乃復與長吏屬吏等以月俸具椽棟瓦甓左右連甍者各有五焉其戶牖欄檻丹漆雕鏤一切飾聽事者爲之一新夫臨民者不侵漁則善矣至于自菲薄以所有而

代官用成邦人之巨覩求之古今葢不多見也後之君子善於其職庶乎有繼於是焉至元八年三月下旬州學教授沈存中譔

按此碑正書文十五行題名七行在縣署大堂壁上

元至元八年按察使陳慶甫詩石刻

北疃南莊幾老翁力田還與子孫同倉箱歲計西成後水土君恩北望中磁甖瓦盆轟夜飲村簫社鼓賀年豐醉歸不記匡牀臥月上頹垣草屋東

飄蕭雙鬢似飛蓬朴野中存太古風雨宿雲耕爲出處麥秋蠶月見窮通雍熙自入唐虞化隱約能談禹稷功馬首不知緣底事洗柸來壽使君公

至元七載冬十一月二日節齋陳祐案部過此乃書老農二詩於平原之廨舍

嘉議大夫山東東西道提刑按察使陳公慶甫家世古趙爲河南道總管既久又以洛邑爲家焉性沈毅果斷不惑政事之名浮于文學好作古文字至于詩皆攟拾所見之實其蕩心溺志浮淫無據之語不作也探其源委皆從體國憂民處所發出故其動于中形于言者非黼黻王猷則簫勺人情者也公行案因書此詩于公館州牧黃侯彥文同知德州事金臺閻侯巨川德州判官古兗馬侯頤之暨長史渤海馬君國寶聚而言曰公之忠愛乃見于詩詩之質厚有章其化而楷墨不可以恒久於是召匠刋石庶承其傳嗚呼人之所以附青雲之士豈無所用其

心哉至元八年三月上旬州學教授長平宋景祁跋

按此刻正書詩十行跋十行陳慶甫名祜趙州寍晉人能詩文有節齋集事詳宦蹟

明成化十五年重修儒學記碑 記見藝文

邠州知州邑人高慶撰文教諭三山王陞篆額訓導古泖王轍書丹

按此碑正書文二十二行前後題名年月五行在縣學內

明正德五年重修城隍廟記碑 記見藝文

教諭番禺五羊何亦尹撰文訓導江右永寍周廷熙篆額訓導鳳陽懷遠楊賓書丹

按此碑正書文十五行前後題名年月四行在廟內

明嘉靖二年聖賢道統贊石刻　贊見歷城

巡撫都御史盧陵陳鳳梧撰

明嘉靖十年謁顏魯公祠詩刻

秋晚謁顏魯公祠　覃懷王暘

陵縣城邊魯郡祠勤王曾此建旌旗氣吞朔漠乾坤轉功在山河草木知藍面奸臣欺魏闕白頭元老賊湘纍瞻依不盡英雄淚灑向西風落木時

嘉靖十年辛卯夏四月朔旦勒石

按此刻正書詩十三行年月題名七行刻在顏魯公奉使帖上與畫象爲一石蓋明人重刻畫象時所題也

明嘉靖二十八年三泉書院記碑

知縣石巖修建獒獻科撰文

按石巖字仲容號創山灌陽人事詳宦蹟

明嘉靖三十二年邑令孫公去思碑

須瀾撰文

按孫公名昺榆林人事詳宦蹟

明嘉靖三十五年重修廟學記碑 記見藝文

濟南谷蘭宗撰文

按此碑正書文十二行題名年月三行在縣學內

明萬曆三年重修東方先生廟記碑 記見藝文

都察院左都御史德平葛守禮撰文中書舍人葛壽生篆額

按此碑正書文十三行題名年月五行在神頭鎮祠內

明萬歷三年重刻東方先生畫贊碑

陵縣神頭鎮鄉耆康福慶重立石工薛文煥鐫

按此刻王書贊十二行題名年月二行碑陰九行益後人以唐碑在縣署內復刻此於神頭鎮東方先生廟中則陵人之愛惜此文可謂至矣

國朝康熙十一年重修文廟記碑

知縣史颺廷撰文

康熙十一年重修奎樓記碑

知縣史颺廷撰文

康熙十三年重修城隍廟記碑

知縣前湖廣鄖安兩府推官平陵史颺廷撰文庚戌進士古瀨

王曰曾書丹

按此碑正書文十三行前後題名年月七行在廟內

乾隆四十四年重修學宮記碑記見藝文

知縣常熟趙玉棍者庭撰文命子貴犻書丹

按此碑正書文十四行前後題名四行在縣學內

乾隆四十五年重修廟學記碑記見藝文

前山東布政使按察使內閣中書 予告終養吳江陸燿朗

夫氏撰慈谿阮象鯉書丹濟南張洪基鐫

按此碑正書四層每層二十行前後題名年月八行在縣學內

乾隆四十八年三泉書院講學堂題額記碑記見藝文

德州李有基撰鴛湖陳秉第書

按此碑正書四層每層十六行題名四行在書院內

乾隆四十九年續捐書院膏火題名記碑 記見藝文

訓導金鄉王夢兆撰并書

按此碑正書文十六行題名二行在書院內

德州

北魏正光四年營州刺史高貞碑銘

魏故驃騎將軍營州刺史高使君懿侯碑銘

君諱貞字羽真渤海修人也其先葢帝炎氏之苗裔胄在黃唐是爲四嶽爰逮伯夷受命於虞舜曰典朕三禮汝作秩宗暨吕尚佐周克殷有大功於天下位爲太師俾侯齊國世世勿絶表乎東海其公族有高子者卽其氏焉自兹以降冠冕繼及世濟其德不隕其名祖左光祿大夫渤海敬公純嘏所鍾式誕文昭皇太后是爲世宗武皇帝之外祖考安東將軍青州刺史莊公有行有祀克荷克構卽文昭皇太后之第二兄也君稟岐嶷之姿挺珪璋之質清暉發於載弄秀格秉於齠齒黃中通理之名

卓爾不羣之目固已殊異公族見稱於匠者至於孝以事親則白華不能比其潔友于兄弟則常棣無以方其盛敬讓著自閨閫信義行於鄉黨若夫秉心塞淵砥礪名教伏膺文武不肅而成則繼軌於前修同類於先達者矣雖綺襦紈袴英華於王許龍馬流車陸離於陰鄧而不以富貴驕人必以謙虛業已是故夷門識慕蹇步知歸我德如風物應如響弱冠以外戚令望除秘書郎傺麟閣而來儀瞻石渠而式跂於是從容校文之職飛飛鵷鷺之閒容止此而可觀清風茲焉已穆既而重離載朗東朝始建杞梓備陳瑤金必剖僉求其可常曰爾諧遷太子洗馬夙夜惟寅媚茲儲后仰敷四德之美式揚三善之功同禁聯坊亡有出其右也于時六宮肇立百姓未繁延蔓大邦罔喻華姻

以君姑有柔嘉淑問拜爲皇后君咸愈貴志愈沖寵日益隆日
損出是有少君近謙之風無乎淵驕奢之思故赫赫之望具瞻
允集楨幹之期匪朝伊暮而不幸短命春秋二十有六以延昌
三年歲次甲午四月己卯朔廿六日乙巳遘疾卒於京師二宮
悲慟九族悼傷同位駿奔遐邇必至天子廼詔有司曰故太子
洗馬高貞器業始茂方加榮級而秀穎未實奄彫夏彩今宅兆
有期宜蒙追陟可特贈龍驤將軍營州刺史以旌感傷其墓次
所須悉仰本州營辦臨葬又特給東園龍輀加謚曰懿凡我僚
舊愛及邦人咸以君生而玉質至美也幼若老成至慧也孝友
因心至行也富貴不驕至謙也君以此終亦以此始烏可廢而
不錄使來茲無聞焉乃相與採石名山樹碑墓道其銘曰

厥緒皇祖其先勤王堯咨四嶽周佐呂望惟高振美世受龍光
自茲作氏不賈其芳於鑠光祿饗茲戩穀赫矣安東純嘏斯屬
或文或妹匪娀伊僕陟彼昭陽光我邦族山川降祉餘慶不已
敬公之孫莊公之子如琇如瑩爲山伊始人知其進莫見其止
古人有言膏粱難正於乎我君終和且令牧已謙謙與物無競
孝友因心能久能敬爰始來儀濯纓鱗沼翩翮儲局其榮皎皎
方搏九霄載飛載矯天道如何是壽是夭生榮死哀禮有加數
曷用寵終英英旂輅其人雖往其風可慕元石一刊清徽永鑄
大代正光四年歲次癸卯月應黃鐘六日下缺

碑陰

碑浮衛水兮移之學宫墓崩阤兮其人傳惟貴戚之尚德兮曷

藉勛名之烱然我無建樹於茲今獨好古以窮年愧峴首之羊
公今庶後人之守視乎碑前
嘉慶丙寅歲王孝廉保訓告我德州衛河第三屯出魏高貞碑
與知州原遜志庫大使沈志水移置學宫
賜進士及第山東督糧道陽湖孫星衍撰書列記

按此刻正書二十一行碑陰後又有臨泰山石刻秦李斯小篆二十字并跋茲不具錄

北魏神龜二年高植墓誌銘

魏故濟青相涼朔恒六州刺史缺

君諱植字子建渤海蓚人缺茂烈皆備之國籍家傳不復具錄缺君秉靈原之懿缺求至道於岡衿始此缺宣武皇帝缺絕白

駒之旌缺紹我以禮缺姦詐之輩缺神龜二年缺蒙痛彼蒼者

天喪此明公賢孝哲人惟義是依每見我君終始許師缺

大魏神龜二年下缺

長河志籍考云按景州城東十八里有村名大屯本蓨地割屬

德州河岸雨圮得一石土人取之置野寺中字跡殘闕什不存

一蓋北魏高植之墓石也考魏書外戚傳高肇之子植自中書

侍郎爲濟州刺史率州軍討破元愉別將有功當蒙封賞不受

歷青相朔恒四州刺史清能著稱

山左金石志云右碑文二十一行多漫漶僅辨百數十字此碑

存者字體精整鋒穎猶新爲顏魯公所祖洵可珍也

東魏元象二年贈齊州刺史高湛墓誌銘

魏故假節督齊州諸軍事輔國將軍齊州刺史高公墓誌銘

君諱湛字子澄渤海蓨人也靈根遠秀啟慶兆於渭川芳德遐流宣大風於東海作範百王垂聲萬古者矣故清公勢重鄭伯捐師元卿位尊管仲辭禮皆所以讓哲推賢遠明風軌祖冀州刺史勃海公文昭武烈望標中夏惠洽朝野愛結周行考侍中尚書令司徒公英風秀逸儁氣霄馳虬顧帝鄉威流宇縣君稟慶緒於綿基挹餘瀾於海澳幼而端凝長好文雅非道弗親惟德是與逍遥儒素之閒慕中和之遺風徘徊文史之際追枚馬之逸藻至於漫春灑翰席月抽琴遺昔哲以孤遊超時流而獨遠熙平啟運起家爲司空參軍事轉揚烈將軍羽林監天平之始襄城阻命君文武兩兼忠義奮發還城斬將蠻左同歸朝廷

嘉其能縉紳服其義假驃騎將軍行襄城郡事君著績既崇賞勞未允尋除使持節都督南荆州諸軍事鎮軍將軍南荆州刺史於時僞賊陳慶率旅攻圍孤城獨守載離寒暑終能克保邊隍全帖民境復除大都督行廣州事享年不永春秋四十三元象元年正月廿四日終于家皇上動哀能言灑淚迺有詔曰故持節都督南荆州諸軍事假鎮軍將軍揚烈將軍員外羽林監行南荆州諸軍事南荆州刺史當州大都督高子澄識用閑敏氣幹英發擁攝蕃翰誠効克宣臨難殉軀奄從非命言念遺績有惻于懷宜申追寵式光往烈可贈假節督齊州諸軍事輔國將軍齊州刺史粤元象二年十月十七日還葬於故鄉司徒公之塋千秋易往萬古難留故鐫石泉門以彰永久其詞曰

丹虬降祉姜水載清大人應期命世挺生垂竿起渭罷釣流聲
經綸宇宙莫之與京允司下蕃公衡上宰既顯營丘復標東海
四履流芳五城降綵繁柯茂葉傳華無改伊宗作輔忠義是依
淸盪昏霧橫掃塵飛日月再朗六合更暉玉帛斯集福祿攸歸
仁壽無遠積善空施風酸夏草霜結春池崑山墜玉桂樹摧枝
悲哉永慕痛矣長離

金石文跋尾云乾隆己巳德州衛第三屯運河決東岸得此石編修宋蒙泉弼遣人搨本見貽惜高君之名不見於魏史或云當是高肇之子肇爲尚書令司徒肇父颺贈渤海公與碑官位頗合地形志有荆州北荆州無南荆州通鑑東魏有東荆州西荆州蓋其時僑置州名甚多史家不能詳也

山左金石志云右碑正書文二十五行在德州封氏湛字子澄孝靜詔字而不名尊之之意亦制詔異例也碑字秀勁爲唐時虞褚諸家所本其中通用互用皆六朝人好異故變其體耳桂未谷跋云勃海滌人滌卽修字周禮注云修讀如滌是也漢地理志信都國修縣顏注修音條後漢修縣屬勃海晉勃海郡有修縣元和郡縣志云本漢條縣晉改爲修然功臣表已作修字惟亞夫傳作條耳誌中驪字從馬余在洛陽得銅印文曰驪驤將軍章字亦從馬案魏書世祖紀始光二年初造新字千餘頒下遠近永爲楷式驪卽新造之一也

唐德州安德縣丞李兼金夫人梁氏墓誌銘

翰林學士陸渾梁肅敬之撰文

元至元三十一年陵州興修學廟記碑 記見藝文

教授臺德璋撰文

元天曆二年重修昭惠靈顯眞君廟記碑

奉訓大夫應奉翰林文字同知制誥兼國史院編修官孟泌撰

文河間路陵州儒學正盧懋書丹并篆額

泰定丁卯秋七月博野林公善卿繇民曹幕出知陵州事下車越三日遍謁祠廟祝頌禱祈以興嗣歲遵故事也至昭惠靈顯眞君廟室覩其丹青殘缺基址傾側棟摧瓦裂上雨旁風無所蔽蔽歎曰人之事神本以爲民也神之歆祀以其能禦災捍患有功于民故也神昔守嘉州老蛟爲患河水泛溢漂沒民居迺不畏戎毒持白刃入水府斬蛟首以出其禦災捍患有功于民

也爲何如故歷唐迄宋累加封號載在祀典而未嘗闕也今其
祠宇若是神之居且未寍其何以享祀事神之禮未備又何以
爲民求福也國家明德恤祀無文咸秩況其當祀者乎慨然有
改作之意州之人士相率而告曰我公事神之意甚謹恤民之
意甚急吾輩豈能恝然忘慮乎於是工師獻技匠人効能赴功
趨事不日告成廟三楹堂敞陛峻榱題簷牙翬飛鳥革垣墉堅
茨光彩煥爛神像巍然起畏起敬非復前日蕪陋可虞也又於
其傍起龍神昆蟲之祠以備歲時蜡祭祈年順成亦公之意而
民奉承之也於戲公以一念之誠不大聲以色斯民應之如響
彼有威脅勢迫繼之以刑而人猶不從者亦獨何哉顧所存之
有間爾先是數歲蝗旱相仍饑饉薦臻民祠禱無所自是厥後

有祈必應甫賜時若來牟熟而受厥明豐年穰穰期享多福則人之所以事神神之所以澤物咸願祀實昭垂厥美俾來徵詞予職在史館記言載事不敢以骫骳辭結肴其大較若夫興學勵農均賦役恤煢獨獄無滯囚庭無留務皆公之善政善教州人將別刻諸石茲不暇及云

天歷二年孟冬末旬日記

按此碑正書二十七行在二郎廟内

元至正九年陵州重修儒學記碑記見藝文

禮部尚書荏平梁宜撰文

明永樂十一年蘇祿東王墓碑

成祖御製

明景泰五年重修學廟記碑記見藝文

戸部員外顧孟喬撰文

明景泰七年重修永慶寺記碑

禮部尚書州人張惠撰文儒學生張棨書丹修職郎耿昱篆額

按此碑正書二十一行在寺內

明宏治八年董子祠記碑

州人程敏政撰文

明正德七年戸部管倉分司題名記碑

戸部主事丁致祥撰文

明正德九年重修臺頭寺記碑

寶坻牛曾撰文

明嘉靖四年化龍池記碑
郭日休撰文
明嘉靖十一年衞學附州廩貢增額記碑記見藝文
翰林院檢討州人盧宗哲撰文行人司行人州人王楠書丹
按此刻正書十七行在州學內
明嘉靖二十六年儒學軍生歲貢題名記碑
戶部主事新城芹溪崔栽撰文戶部主事古徐朱乾亨書丹山
東左參政貫溪徐樾篆額
按此刻正書文二十九行題名四層在州學內
明嘉靖三十五年桑園鎮重修關帝廟記碑
州人王權撰文

明嘉靖三十四年重修天妃廟記碑

州人王權撰文

明隆慶四年新建北極廟記碑

都察院右僉都御史州人馬九德撰文陝西布政司右參議州人劉佐書丹戶部郎中州人丁永成篆額

按此刻正書二十三行在廟內

明萬歷八年重修東嶽廟記碑

江西布政使州人程珵撰文戶部員外州人翟澄書丹工部郎中州人吳思敬篆額

按此碑正書二十一行在廟內

明萬歷二十四年學宮建文昌閣記碑

臨邑邢侗撰文

明崇禎五年景顏斗室記石刻

州人程紹撰文

國朝康熙十七年義學記碑

知縣佟淮年創建提督學政桑開運撰文

康熙十八年新建浮梁記碑

分守濟東道常名揚撰文

康熙二十四年雁塔題名記碑

吏部左侍郎州人田雯撰文

雍正二年重修學宮記碑

州人孫勷撰文

乾隆四年重修學宮記碑
州人孫勷撰文
乾隆八年重修關帝廟記碑
知州永寍劉元錫修並撰記
乾隆十一年重修節孝祠記碑
州人宋弼撰文
乾隆十二年重修城記碑 記見藝文
國子監學正州人田同之撰文太學生田逢泰書丹
乾隆二十一年繁露書院記碑
督糧道汪漢倬建并撰文
乾隆三十四年重修長生閣記碑 記見藝文

州人古愚李世垣撰文程萱書丹

嘉慶二十二年菊子讀書臺碑

吏部尚書州人盧蔭溥書德州衛三韓朱廷蘭立

道光十二年雁塔續題名記碑 記見藝文

督糧道華亭張祥河撰文

道光十五年重修金龍四大王廟記碑 記見藝文

督糧道張祥河撰文

道光十五年元將軍顯佑記碑 記見藝文

督糧道張祥河撰文

德平

南朝宋元嘉二年夏河築堤記碑 文見藝文

明僧紹撰文

唐永徽三年濟州刺史趙公墓誌銘

君姓趙氏名寵字廷貴平昌人平原君勝之裔也祖㧞齊重平縣令父遵周安陵縣尉君秉靈秀出神機早悟檢迹飭躬非禮勿居迨隋運告終君操履堅貞窮斯不濫未嘗足蹈僞庭李乃擇君而事仕唐至恒濟二州刺史永徽三年年百有六歲而卒葬平昌西原銘曰

邈哉茂緒帝軒之允開國維周承家肇晉珠岸圓流璇源方折盛德必祀代有名哲昂昂夫子澄神毓德行捨其華言歸其黜

促晷何短厚夜何長佳城雖掩徽烈彌彰

宋元符二年朝奉郎劉公墓誌銘

德平監鎮黃庭堅撰文

君諱禹德州德平人字希儉年二十舉明法及第補欒城尉名能捕盜奏徙藁城尉藁城盜爲不發調德棣主簿兼縣事鹽井廢而征不除君爲歲蠲四十萬罷官民追送之又爲永州軍事推官權邵州武岡縣武岡溪洞蠻蜂出燒民積聚郡治兵令民入保君從數騎入其巢穴曉以禍福其酋請殺首事者二人溪洞以平以憂去服除授資州録事參軍兼司法事始至將佐皆易之見其決獄乃大驚郡有難辦事輒倚君改大理寺丞知海北縣俗喜屠牛私酤君陰籍其姓名區處具疏壁間民相告曰

是不可犯遷太子中舍知樂壽縣事遷殿中丞改奉議郎樂壽之
南皮縣金隄兩間使者度繕堤以障水利南皮而害樂壽南皮
令以私書誘樂壽仕家子得其願狀告部使者使者下書問抑
民狀君會民金隄乃得南皮私書而焚之曰南皮令亦欲自便
其民顧不善謀耳當報以德以願者寡不願者衆報使者通判
汾州遷承議郎恩加朝奉郎察舉吏曹不歧而趣辦汾水被隄
稱嚙永利西監君督護作暑雨中工休乃去以故得疾以元祐
八年七月丙辰卒得年五十有九喪過汾市多隕涕者君喜讀
書善射在官居家長者愛之德平王藇狀君行事如此藇言行
有物宜可信故紀焉君曾大父思齊大父誠父芝皆力田而芝
以君贈奉議郎娶張氏繼室趙氏安德縣君男曰槃案槃栗女

嫁苗栗張鴻郭彦佐張繹張頎有季居室以元符二年六月丁
酉葬于本縣擊壤鄉之西原宋罿衰來乞銘三反而不懈乃予
銘銘曰
吏優於檢姦或傾或殘勤民惠卹吏或無其筆嗚呼君潔可以
馭吏惠可以扶弱孰能不克修怨以德勤事怠食瘁不偷怠其
穡不遐力耕者不穡尚其子之食

元元貞元年重修廟學記碑 記見藝文

儒林郎秘書少監楊桓記并題額書丹

按此碑八分書文十七行題名二行碑陰題名二層上層肅
政廉訪司官德州官本縣官吏二十七行下層坊郭士夫六
鄉社長等四十一行在縣學內

元至大三年加封孔子制詞記碑 記見藝文

翰林學士承旨榮祿大夫知制誥兼修國史遥授平章政事臣閻復謹述承務郎德州德平縣尹王敬先書丹

山左金石志云案元史武宗本紀大德十一年七月辛巳封至聖文宣王爲大成至聖文宣王不詳預議者何人草制者又何人今案此碑乃知皆閻復爲之此記亦出復手筆復之拜翰林學士承旨在大德四年而其進階榮祿大夫遥授平章政事在武宗踐阼之初未幾疏乞歸里詔從其請碑立於至大三年正復致仕里居時也

按此碑上層正書制詞十四行下層述贊二十二行碑陰肅政廉訪使等題名二十二行在縣學內

明正德六年順天府尹蘭琦墓誌

大學士茶陵李東陽撰文

明正德十三年邑令申侯德政碑

翰林劉棟撰文

按申侯名惠字天益松陵人事詳宦蹟

明嘉靖五年敬一箴石刻 文見歷城

世宗御製御書

明嘉靖十七年重修城隍廟記碑

邑人葛守禮撰文

明嘉靖二十一年重修廟學記碑

禮部郎中邑人葛守禮撰文翰林院檢討安德盧宗哲篆額篆

平儒學教諭曾淦宗表書丹

明嘉靖二十五年建眞武廟記碑

都察院右都御史葛守禮撰文

明隆慶六年邑令袁侯德政碑

御史于鯨撰文

按袁侯名宏德字執甫曲周人事詳宦蹟

明萬曆十一年重修儒學記碑

知縣安肅鄭材撰文翰林院庶吉士邑人葛曦書丹河南河內

知縣邑人王麟題篆額

夫學宮以妥聖靈表文物賢士教化關焉假令湫隘囂塵不可以

居瞻望之謂何不可以育才俊矣余不佞承乏德平於文治未

嘗不有意乎其興之也顧廟貌旣壯人才極盛誰圖其始雖謂其戌邑士大夫爲余言曰往者學宮陋甚不足以蔽風雨科第論三十年不舉唯時戊辰彭侯來莅是邑嘅唶殘廢毅然廓舉不憚修繕以有今日職此之由哉於是相與覩學廟聖殿昔三間今增爲五間兩廡各七間增爲各十五間森如也名宦祠附戟門左鄉賢祠附戟門右苟簡特甚且南向非禮矣因創啓兩祠各三間列戟門左右一如弟子位翼如也戟門增兩間以闢賢路櫺星門退數武以藏風氣廓如也整如也樹之藩屏豐之泮池藹如也淵如也虛明爽塏飛甍鱗次嶒然巍然禮樂維新英賢蝟起如持左券叟手相符則彭侯大有造於吾邑矣又三年辛未袁侯至以门地未善乃於城之南隅建聚奎樓學之東

西豎興賢育才坊又一年壬申程侯至以學無主山復建一樓於城之北隅與南樓相對而高聳壯麗特甚又三年乙亥何侯至復於南門高其城樓曰文明而規制滋以備矣余不佞聞之踧踖曰不佞繼四公後猶之平陽代酇侯者耳法令具存較若畫一奉以周旋無敢失墜而已邑士大夫曰聚奎樓歲久漸頹宜重修學宮修且久未有記北樓建且久未有名余不佞於職無所辭於是修聚奎樓新其棟宇拓其規制磨石立碑取諸君子之成言而鐫之北樓不佞竊取之曰光嶽盖方學宮未修靈秀之氣無所憑依則科第詘焉自學宮諸樓相輝映乃始甲第連雲地靈人傑氣類蒸應豈偶然之故哉彭公時中壬子舉人直隸石埭人袁公宏德戊辰進士直隸曲周人程公沂戊辰進

士湖廣咸寧人何公倬甲戌進士河南杞縣人之四公皆海內

聞人余不佞以諸君子之命爲記實徵附青雲之士云

萬歷十一年歲次癸未季冬吉旦立

按此碑正書十九行在學內彭公袁公何公事詳宦蹟

明萬歷二十三年葛公祠堂記碑

兵部尚書安肅鄭洛撰文吳郡長洲吳應祈書并鐫尚寶司卿

嗣孫國子監生皓等立石

明萬歷二十四年重修眞武廟記碑

邑進士李東魯撰文

明萬歷四十九年邑令金侯生祠碑

邑進士葛如麟撰文

按金侯名陞浙之德清人事詳宦蹟

國朝康熙六年建同安樓記碑

知縣秦與季靜撰文

康熙十五年改建社學記碑

知縣沈志達撰文

康熙十六年申免緯夫記碑

吏部侍郎海豐王清撰文

康熙十六年重修關帝岱嶽兩廟記碑

邑進士劉允德撰文

康熙十七年建義塚記碑

進賢知縣邑人葛元祉撰文

雍正元年重修廟學記碑

邑舉人朱世官撰文庠生郭雲駒篆額邑庠生李三謀書丹

雍正二年指南二大字石刻

指南 正書二大字字徑一尺八寸

署德平縣事商河知縣吳曙重刊

雍正三年忠義孝悌祠記碑

知縣袁舜裔勒石教諭董得志書丹

乾隆二十七年重修廟學記碑

知縣江州文治光撰文國學生蘭芝篆額生員郭月提書丹

乾隆三十五年捐增書院宅地記碑

知縣長興鍾大受撰文

乾隆三十九年鄉賢葛端肅公專祠祀典記碑

余初讀明史見嘉隆間有尚書葛公者正色立朝得古大臣風度亦既心嚮往之癸巳夏余令德平始知公爲鄉先賢當時以端肅易名克顯其德後昆濟濟聚族于鄉而公之祠獨在邑中考其家集係前朝撫按兩臣允邑士人之請而建且歲撥本邑鄉賢祠項下公帑以備春秋二祭邑宰率所屬行事蓋有報功崇德之意焉我

朝定鼎以來尚仍明制蓋公之氣節文章上爲邦家之光下爲閭里之榮雖歷世久遠而猶食報于無窮宜也偶閱邑志有祠之祀典已奉裁汰之説夫公之爲鄉先賢莫得而議之也則公之祀典又孰爲而汰之也哉竊以爲公之子孫當以敬祖爲念公

之鄉人當以懷賢爲心而莅斯土者卽藉是以爲風勵則祀典
之應沿于弗替也審矣故爲之記俾勒石以垂不朽云
乾隆三十九年歲次甲午知德平縣事武進許承蒼撰知德平
縣事桐鄉陸震書德平教諭武城李謨篆

碑陰

葛端肅公專祠祀典碑題辭

乾隆壬申
詔訪遺書慶捧檄山左委校書局得葛端肅公文集讀其書想見其
人爰稽史傳公當高張相軋之際正已特立人以爲難于文定
公云嘉隆間大臣德望獨推葛公功名氣節一代仰之如泰山
北斗夫山屹不移斗運不息精光靈氣充塞天地開一方秩祀

奚榮焉顧尊鄉賢崇專祀勵人心而振風俗是有司之責也我
傳聞異辭妄爲裁汰之說者其將以碧雲殿手筆自命歟癸巳
夏我溪許君尹是邑覽誌疑之因爲考核作專祠祀典記命公
之裔孫勒石以垂永遠甲午春我溪量移去震適承乏茲土謁
公祠瞻嚴嚴氣象覩讀公集時神加悚焉益歎精光靈氣感於
人心者至深且遠而我溪表而彰之亦足與汝泉趙公次山王
公並傳不朽云德平使者桐鄉陸震撰

先公歿後撫院趙汝泉公按院王次山公據輿情咨奏准建鄉
賢專祠歲撥本邑祭鄉賢祠項下銀一兩八錢餘分備春秋兩
祭邑父母主之自萬歷八年二月始迄今如制歲癸巳邑侯許
我溪公作記正訛砅批附卷並更正新志所以表彰之者至矣

茲當立石故歷述巔末勒諸碑陰俾共見云乾隆甲午仲夏七

世孫周玉敬識

平原

宋祥符八年晉王子敬書洛神賦石刻

子敬好寫洛神賦人間合有數本此其一焉寶歷元年正月二十四日起居郎柳公權記

天祐元年五月六日堂姪孫中書侍郎同中書門下平章事判戶部棨續題王子敬洛神賦帖後

獻之洛神賦跡遺頭尾外得一十三行都二百五十字重加整背祥符八年六月十日周越記

宋搨洛神賦十三行此即元晏齋本也乾隆癸丑翁方綱識

按此刻正書十三行跋九行在平原張氏宅

金大定二十四年淳熙寺重建千佛大殿記碑

德州平原縣淳熙寺重建千佛大殿記

鬲津進士王鼎撰宦門仇定篆額起復登仕郎試德州平原縣令武騎尉借緋魚袋田時亨等立

山左金石志云縣志載淳熙寺在城西郭從前廢置不一金大定二十四年僧志深重建大殿碑在殿左即謂此碑也

按此碑正書二十行前後題名年月七行在寺內

元元貞元年重修廟學記碑 記見藝文

翰林學士太中大夫知制誥同修國史李謙撰前翰林修撰奉議大夫德州知州傅夢弼書丹奉訓大夫國子司業楊桓篆額

平原教諭李思誠勒石李庭祐刊

按此碑正書二十行題名五行在縣學內

元大德五年重修廟學碑陰記　記見藝文
大德五年五月七日教諭李思誠記并書
按此刻正書上層記文十四行題名五行下層豪貴名氏英
彦名氏司屬五鄉里正站提領等題名二十九行在碑陰
元大德九年縣尹紇石烈君新政記碑
翰林學士濟南總管東平王構撰文
元後至元三年重修宣聖廟記碑　記見藝文
儒林郎前太禧宗禋院民甸副使王士元撰并書
按此碑正書文二十一行前後題名年月三行在縣學內
元至正二年重修廟學記碑
國子司業恩州司庾撰文

元至正十三年重修城池記碑

邑人謝文禧撰文教諭馬天驥書并篆額

元至正十三年便移站赤去思記碑

德州知州李忽都不花譔并書中書兵部尚書郭好仁字世安篆棣州商河縣見寓齊河縣倫鎮廟學師儒王據德贊襄德州司吏趙惟善總提調監造

嘗聞治天下以任賢爲本立政事以便民爲先蓋任賢則明國家之治體識政事之根源便民則撫黎庶之樂安措事物之和平先儒有言用賢則萬事舉臨政則衆理明者此之謂也至正癸未春奉直大夫兵部員外郎拜公明善奉中書省選整治天下站赤以公素抱經濟之才而慨然獨以報國憂民爲念視站

民朝錢夕逕供役繁勞務支省部二次撥領官錢至正元寶交
鈔伍萬五千緡接濟諸處站赤而公雖當擾攘之中而有餘贍
之策往迴供需繁冗萬端而官無纖失民無秋毫之犯不勞而
辦矣原夫我朝混一區宇輿圖之廣兆民之衆事務之繁以至
朝貢計吏遞報邊境軍情或出使以傳王命或入貢以奉朝廷
況兼本站正當衝要北拱京師燕趙等處公務繁劇南通行省
行臺閩廣海南諸道邊運錢帛飛報軍情繁急尤甚是以參酌
古今之宜立便益常行之道相度平原西北自陵州至平原驛
九十里西南至高唐亦九十里途有宛轉之勞使有崎嶇之歎
自陵州直抵高唐通止一百一十五里二站中間減近六十五
里陵州高唐中路元有舊站基址地名太平站屬恩州部較之

地里均平於此復立站驛仍歸舊址實爲公當暨山東斜站爲城改立齊河縣倫鎭亦减省四十餘里兩處站路以遠就近以屈從直使免宛轉之勞馬减奔馳之苦人馬省力公事易辦站路塡直官民便益又於碑銘上照得本站元在太平店改立平原縣大德癸卯前又四十餘年迄今遞歷百有餘年矣其間公文申辨者舊趙璧等赴省部陳訴久不獲結噫夫人之常情循於故事憚於改作而公超然出於衆人之表不憚物勞雖事之至難而處之甚易乃建言移符呈省就領官錢二千五百緡牽領兩州僚屬親詣公同踏視置買館舍圍廐庖廚收拾營實工匠人夫不旬日而已落成矣而公政出於心物由於官故官民無毫忽之擾彼此無纖須之損使官民通受其賜矣公之政蹟

豈止於是而已哉公自壬午科賜進士及第歷仕以來治績昭
然郡邑僚屬僉舒誠懇表公之德特勒諸石以慰官民之思去
而不忘也仍復繫之以銘曰
治世以道亘古相傳樹功立業惟在任賢拜公明善事業昭然
清名居右政績居先站赤移此百有餘年仍歸舊跡實堪矜式
以屆從直官民便益報德頌功故勒諸石
至正十三年歲次癸巳夏四月上旬吉日立
按此刻正書文廿二行前後題名年月共十一行縣志載此
篇刪去銘辭茲依拓本錄之
明宏治十一年重修淳熙寺記碑
武選郎中濟南鄒襲撰文

明宏治十三年重修興旺寺記碑
教諭河間張澄撰文

明宏治十七年重建北極廟記碑
邑舉人李瓛撰文生員戴仲德篆額生員鄭蘭書丹
按此碑正書文十一行前後題名年月六行在廟內

明宏治十八年重修城隍廟記碑
知縣新淦朱㫤撰文山西靜樂知縣邑人齊高篆額署教諭博
羅甘秉倫書丹
按此碑正書文十行前後題名年月五行碑陰題名三層三
十七行在廟內

明宏治十八年重修縣治記碑

知縣新淦朱昆撰文

明正德八年重修城池記碑

邑人姚文淵撰文

明正德十年重修城隍廟記碑

訓導金臺曹嘉清撰文邑人齊高篆額縣丞光山王通書丹

按此刻正書文二十行題名年月四行碑陰知縣以下題名

三十二行在廟内

明嘉靖十八年重修三義廟記碑

山東右叅議鍾陵張臬撰文

明萬歷四年學田記碑

邑人宋仕撰文

明萬歷十一年新甃甎城記碑

邑人張惠撰文

明萬歷十八年重刻宋文丞相過平原詩 詩見藝文

東萊任狆書山海劉思誠刊

按此刻行書詩八行跋三行在顏曾公祠內

明萬歷十八年重修顏曾公祠堂記碑 記見藝文

殿中侍御史臨邑邢侗撰并篆書

按此碑正書文十三行題名年月四行在祠內

明萬歷二十三年重修碧霞行宮記碑

南京大理寺卿邑人宋仕撰文監察御史霍從教篆額陽曲知縣高知止書丹

按此刻正書文十行題名年月四行在廟内

明萬歷三十七年重修縣城記碑記見藝文

邑人宋仕撰文太學生趙時知書丹

按此刻正書文十四行題名年月三行

明天啟六年縣庠徐夫子祠堂記碑

知縣貴陽李嘉瑞撰文署教諭昆明楊師震篆額訓導滋陽劉

潤書丹

按此刻正書文十十行前後題名年月十三行徐夫子名汝正

宣城人任教諭事詳宦蹟

明崇禎二年重修廟學記碑

邑人趙見圖撰文

國朝康熙九年重修三義閣建醮記碑

邑人朱泗濱撰文

康熙二十一年重修城隍廟記碑

知縣高陽李瑢撰文

康熙二十五年重修城隍廟寢殿記碑

知縣李瑢撰文

按此碑正書文十行題名年月十行在廟内

康熙二十六年重建四城門樓併修城垣記碑記見藝文

兵部尚書總督江南江西等處前翰林侍讀學士董訥撰文拔

貢上谷李名世書丹特聘秣陵山人劉如玉非石鐫筆

按此碑正書文二十行題名年月八行在城垣上

康熙五十二年重修三元宮記碑
邑人姚一涇撰文
雍正十年重修奎樓記碑
邑人張拭撰文
乾隆元年重修城隍廟記碑
知縣湯溪張祖皋撰文
乾隆十三年重修文廟記碑
翰林院編修山陽周龍官撰文
乾隆十三年新建劉猛將軍廟記碑
知縣溧陽黃懷祖撰文
按此碑正書文三十五行前後題名年月二行在廟內

乾隆二十年平原守城十八家免役記碑
知縣太華張懷清撰文邑增生張世滋篆額邑廩生董承基書
丹
按此碑正書文六行題名年月九行守城有功姓氏題名二
十八行備載碑陰
乾隆二十九年重修文廟記碑
候補同知知平原縣事胡錦記
孔子六十九代孫內閣中書舍人孔繼涑書江寍萬傳鐫
按此碑正書文二十行前後題名年月二行在廟內觀此刻
爲孔谷園先生所書法兼顏柳體極工整臨池家可奉爲楷
模也

泉城文庫

傳世典籍叢書

尚書大傳
儀禮鄭注句讀（上中下）
漱玉詞　漱玉集
稼軒詞疏證（上中下）
靈岩志（上下）
趵突泉志
齊乘（上下）
濟南金石志（上中下）